KB110857

시크릿을 찾는
유무력의 법칙

시크릿을 찾는 유무력의 법칙

발행일   2021년 4월 30일

지은이   조성창
펴낸이   손형국
펴낸곳   (주)북랩
편집인   선일영   편집   정두철, 윤성아, 배진용, 김현아, 박준
디자인   이현수, 김민하, 한수희, 김윤주, 허지혜   제작   박기성, 황동현, 구성우, 권태련
마케팅   김회란, 박진관
출판등록   2004. 12. 1(제2012-000051호.)
주소   서울특별시 금천구 가산디지털 1로 168, 우림라이온스밸리 B동 B113~114호., C동 B101호
홈페이지   www.book.co.kr
전화번호   (02)2026-5777   팩스   (02)2026-5747

ISBN   979-11-6539-747 0 03320 (종이책)   979-11-6539-748-7 05320 (전자책)

꿈을 현실로 이루는 제1법칙, 원하라!

시크릿을 찾는 유무력의 법칙

조성창 지음

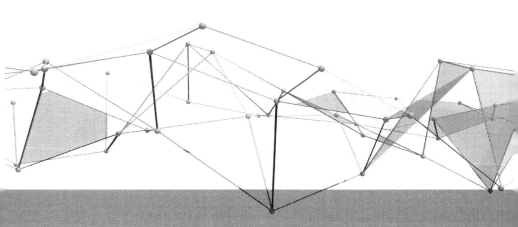

인생은 원하는 마음대로 흘러간다!

바라는 대로 인생을 설계하고 싶은 현대인에게 전하는 인생 계획 치트키!

북랩 **book** **Lab**

프롤로그

내 삶은 풀리지 않는 문제들로 꽉 차 있었다. 다른 사람들은 쉽게 잘 살아가고 있는데 나에게만 인생이 힘들게 진행되는 것 같았다. 그 문제들을 해결할 방법을 찾고 싶었다. 인생의 법칙을 찾아내서 나의 문제점들을 모두 해결하고 싶었다. 그렇게 인생의 법칙을 찾기 시작한지 10년이 넘게 흘렀다. 그 결과 모든 사람의 인생에 공통으로 적용되는 법칙을 찾게 되었다. 그 법칙을 통해 인생이 어떻게 흘러가는지 정리하게 되었다.

법칙을 정리하다보니 세상이 명확히 보이기 시작했다. '내가 우물 안 개구리였구나.' 우리 조상님들이 대단하게 보이기 시작했다. 대대로 내려온 속담, 명언들이 제대로 이해되기 시작한 것이다. 누구나 알고 있는 명언이나 속담에도 더 깊은 뜻이 있다는 것을 알게 되었다. 단지 그것을 읽는 사람에 따라 받아들이는 정도의 차이가 있을 뿐이었다. 처음에는 그 법칙을 내 인생에 어떻게 활용해야 할지를 잘 몰랐다. 그러나 시행착오를 겪으면서 이제는 그 법칙을 활용하는 방법도 알게 되었다. 내가 어떻게 할 때 원하는 것이 이루어지는 길을 가는지 알게 되었다.

법칙은 나에게만 인생의 문제가 발생하는 것이 아님을 알려주었다. 인생을 살아가는 사람이라면 풀어야할 숙제를 모두 가지고 있었다. 그래서 이 내용을 필요로 하는 분들을 위해 책으로 출간하게 되었다.

자신이 원하는 것이 아직도 이루어지지 않고 있다면 이 책을 읽음으로써 큰 도움이 될 것이다. 그 원하는 것이 무엇이든 마찬가지다. 아주 작은 것에서부터 아주 큰 것까지 모두 이 법칙의 적용을 받는다. 공부를 하고 있는 학생이 성적이 오르지 않고 있는 경우, 감기에서부터 암까지 질병에 걸렸는데 낫지 않고 있는 경우, 가난에서 벗어나지 못하고 있는 경우, 여기에 적혀 있지 않지만 자신에게 이루어지지 않고 있는 것이 하나라도 있다면 이 책의 내용이 그 해결책이 될 것이다. 그 어떤 경우에도 도움이 되는 이유는 이 법칙을 자신에게 맞게 응용할 수 있기 때문이다.

이 법칙을 앎으로써 자신에게 왜 원하는 것이 이루어지지 않고 있는지를 알 수 있다. 이를 통해 원하는 것이 이루어지는 길이 어떤 것인지를 알고 그 길을 따라갈 수 있다. 물론 그 길을 따라가는 것이 마냥 쉽지는 않다. 하지만 모든 것은 방향이 중요하다. 천천히 가더라도 방향만 맞으면 결국 목적지에 도착한다. 그러나 아무리 열심히 하더라도 방향이 틀리면 결국 목적지에 도착하지 못한다. 이 책에서 명확한 방향을 제시해줄 것이다.

이 책을 처음 읽으면 당황할 수도 있다. 기존의 설명 방식과 다를 수 있기 때문이다. 우리는 '열심히 해라. 끝까지 포기하지 마라.'라고 하기도 한다. 그러나 이 세상은 열심히 한다고 이루어지는 세상이 아니다. 포기하지 않는다고 이루어지는 세상이 아니다. 어제까지 잘 되던 방법이 오늘 되지 않을 수도 있다. 다른 사람이 적어놓은 방법을 따라해봤지만 나는 안 되는 경우가 많다. 그렇다면 명확히 이루어지는 다른 방법을 찾아야 한다. 그런데 그 다른 방법이 흔히 말하는 방법이 아니다. 그래서 믿지 못하는 마음이 생길 수도 있다. 그러나 그 원리도 같이 명확히 설명하고 있기 때문에 그것이 맞는지 스스로 판단할 수 있다.

사람들은 자신을 사랑하라고 말한다. 자신을 사랑하는 것은 큰 도움이 된다. 여기에서는 어떻게 하는 것이 자신을 사랑하는 것인지, 자신의 무엇을 사랑하는 것이 좋은지를 설명하고 있다. 사랑이 구체적으로 어떤 원리에 의해 어떤 효과를 나타내는지를 설명한다. 사람들은 신을 믿으라고 한다. 여기에서는 신과 원하는 것이 이루어지는 것의 관계를 명확한 원리에 따라 논리적으로 설명하고 있다. 신을 법칙으로 설명할 것이다. 이를 이해함으로써 원하는 것이 이루어지는 길을 갈 수 있다.

우리는 감사함을 갖는 것이 인생에 큰 도움이 된다는 것을 알고 있다. 여기에서는 감사함을 갖는 것이 왜 도움이 되는지 명확한 법칙에 의해 설명한다. 그 원리를 이해함으로써 원하는 것이 이루어지는 길을 갈 수 있다. 눈에 보이지 않는 세계를 설명하는 양자역학은 눈에 보이는 세계의 특성과 다르다고 말하기도 한다. 그러나 양자역학의 특성은 눈에 보이는 세계에도 그대로 일어나고 있다. 그것을 이해함으로써 원하는 것이 이루어지는 길을 찾아갈 수 있다. 이 책이 여러분 모두에게 큰 도움이 되기를 진심으로 바란다.

이 모든 것을 가능하게 해준 우주에게 감사드린다. 항상 내 옆에 있어주고 글을 쓰는 데 집중할 수 있도록 도와준 아내와 아들, 딸, 멀리서 응원해주시는 부모님과 동생에게 감사드린다. 원고를 작성하는 데 큰 도움을 주신 이상민 작가님과 책을 출판할 수 있도록 도와주신 북랩 가족분들께 감사드린다.

제 인생을 함께 해주신 모든 분들께 한 분도 빠짐없이 감사드립니다.

조성창 드림

차 례

프롤로그 004

| PART 01 |
지금부터 꿈은 현실이 된다

01. 왜 삶에는 법칙이 없을까? 내가 인생의 법칙을 연구한 이유 012

02. 모든 사람, 모든 존재의 잠재의식은 서로 연결되어 있다 017

03. 인생에 적용되는 법칙은 1개이다 024

04. 인생의 모든 것은 유무력의 법칙에 의해 흘러간다 028

05. 유무력의 법칙의 예시 038

06. 볼펜의 있음과 없음처럼 있음과 없음은 서로를 기준으로 한다 046

07. 있음과 없음 사이에는 힘이 존재한다 054

08. 냄새가 계속되면 무뎌져 냄새가 안 느껴지는 것처럼 인간은 오직 변화만
    인식한다 062

| PART 02 |
인생은 원하는 마음에 의해 흘러간다

01. 유무력은 원하는 마음과 같다 070

02. 무한대로 원할 때 이루어진다 - 우주는 무한순환구조에 있다 079

03. 잠재의식에 원하는 마음이 담겨 있고, 그 마음이 미래를 만든다 087
04. 감정은 항상 상대적이고, 나쁜 감정을 주는 상황도 과거에 자신이
    원했던 것이다 093
05. 고민을 통해 원하는 것을 이루어나가게 된다 101
06. 잠재의식과 충돌하지 않게 원하는 방법 108
07. 100% 보장해주는 방법은 존재하지 않는다 113
08. 물리학의 법칙도 미래를 100% 보장하지 않는다 120

| PART 03 |
원하는 마음의 특징을 알아보자

01. 원하는 마음은 서로 공유되고 있고, 하늘은 스스로 돕는 자를 돕는다 128
02. 이루어질 것이라 생각할 때 느껴지는 기쁨이 붕 뜬 기쁨인데,
    이 기분을 조심하자 134
03. 자신의 상태를 관측함으로써 원하는 마음을 만들어 나갈 수 있다 :
    양자역학의 의미 1 143
04. 마음에 들지 않는 상황은 포기함으로써 해결할 수 있다 : 양자역학의 의미 2 154
05. 가까이 지내려 하는 것은 멀어지게 된다 : 양자역학의 의미 3 162
06. 노자가 말한 것처럼 법칙을 법칙이라 말하면 법칙이 되지 않는다 170
07. 잠재의식으로 꿈이 이루어진다는 것을 모를 때만 꿈이 이루어진다 176
08. 나의 능력으로 이루는 것이 아니라 신의 능력으로 이루는 것이다 186
09. 믿음은 원하는 마음과 같다 199

| PART 04 |
사랑과 받아들임

01. 받아들임, 무엇인가를 원할 때 안 될 것 같은 생각을 받아들여야 이루어진다 210
02. 유무력의 법칙은 도덕경과 호오포노포노를 통해서 탄생되었다 217
03. 문제의 상황이 자신의 탓이라고 생각할 때만 해결할 수 있다 221
04. 어떤 모습을 대단하다고 생각할 때 내가 그 모습이 되어간다 228
05. 실패를 받아들이면 꿈이 이루어지고 실패를 거부하면 실패가 현실이 된다 235
06. 받아들인 것은 나와 일시되어 사라신다 243
07. 인생의 모든 문제가 문제인 이유는 기저 생각이 나타나기 때문이다 251
08. 자신에게 이루어진 것이 자신의 본질인 것처럼 생각하면 사라지게 된다 257

| PART 05 |
실천 적용편, 감사합니다, 미안합니다의 힘

01. "감사합니다"라는 말은 "이것을 원하고 있습니다"라는 말과 같다 264
02. 원하는 것이 이루어지는 데에는 과한 노력보다 감사함이 필요하다 274
03. 상상할 때는 부러운 느낌으로 상상하라 279
04. 천천히 하려고 할 때 빨리 이루어진다 285
05. 미안함을 느낌으로써 상황을 바꿀 수 있다 291

에필로그 299

PART
01

지금부터
꿈은 현실이 된다

01.
왜 삶에는 법칙이 없을까?
내가 인생의 법칙을 연구한 이유

나는 어릴 때부터 삶이 힘들다고 생각했었다. 물론 항상 괴로운 일만 있었던 것은 아니었다. 즐겁고 기쁜 일도 있었다. 나를 낳아주시고 항상 돌봐주시는 부모님이 계셨다. 그러나 나는 원하는 것이 많았던 것 같다. 원하는 것이 많았던 만큼 일이 뜻대로 되지 않는 경우도 많이 생겼다. 그래서 어린 시절의 삶은 불만으로 가득 차 있었다. 단지 그 상황에 적응해서 살고 있었을 뿐이었다. 지금에 와서는 그것이 문제는 아니라고 생각한다. 그러한 불만의 마음이 내 인생을 만들어주는 것이기 때문이다. 그러나 나의 어린 시절에는 이런 의문이 자주 들었다.

'왜 삶에는 법칙이 없을까?'

법칙을 알려주는 사람은 아무도 없었다. 가끔은 나 혼자 법칙을 발견했다고 생각하는 경우가 있었다. 친한 친구가 생길 때가 있다.

그렇게 한동안은 친구와 친하게 잘 지냈다. 그렇게 오랫동안 친하게 지내는 상황을 보고 친구가 나를 좋아한다고 생각했다. 그것이 정해진 것이라고 생각했다. '앞으로도 친구가 나를 좋아해 주겠지.'라는 생각을 했다. 그러나 그 생각은 얼마 지나지 않아 나를 배신했다. 친구가 다시 나를 싫어한다는 것을 느끼게 되었다. 친구가 나를 싫어하는 이유를 알 수 없었다. 그렇게 친구와 서서히 멀어지게 되었다.

고등학교 3학년이 된 지 얼마 되지 않았을 때였다. 고등학교 1, 2학년 때는 수학을 꽤 잘했었다. 국어, 영어보다는 높은 점수가 나왔다. 그렇게 고등학교 3학년이 되었다. '2년 동안 수학을 잘했으니까 앞으로도 수학 점수가 잘 나오겠지. 수학보다는 다른 과목에 조금 더 매진해야겠다.'라고 생각했다. 그랬더니 그 생각 또한 나를 배신했다. 수학 점수는 내 마음을 배려하지 않고 점점 내려갔다. '내가 잘못 생각했구나.' 그 뒤로 수학에 할애하는 시간을 다시 늘렸다.

내 인생에 이러한 사건들은 수시로 일어났다. 낙관적일 때도 있었지만 시간이 흐르면 꼭 문제가 생겼다. 이런 과정을 거치면서 인생이 참 힘들다고 생각했었다. 그렇게 괴로운 일을 겪다 보니 마음 한쪽에서는 인생의 법칙을 알고 싶다고 생각했었다. 법칙에 맞추어서 살면 훨씬 편한 인생이 될 것 같았기 때문이었다. 설령 법칙이 없다 하더라도 법칙이 생기면 좋겠다고 생각했었다. 하지만 법칙은 알 수 없었다. 약 11여 년 전 사랑하는 아내와 결혼을 하게 되었다. 그로부터 대략 3개월 후 우연히 『시크릿』이라는 영화를 보게 되었다. 나는 그 영화를 보고 나서 '헉! 생각이 현실을 만든다고? 이런 것이 있다고?'라는 생각이 들었다.

생각이 현실을 만든다는 말은 이전까지 전혀 들어본 적이 없었다. 기존에 전혀 몰랐던 새로운 세계를 보고 엄청난 전율을 느꼈다. 이것이 내 인생의 최대 발견이라는 생각이 들었다. 그동안 인생에 법칙이 없다고 생각하면서 살아왔다. 그런데 법칙이 있다는 이야기를 들으니 굉장히 새로운 기분이 들었다. 만화책을 보면 디읍게 간은 경우가 있다. 이쪽 세계에서 살다가 어떤 동굴을 통과하면 이쪽 세계와는 완전히 다른 저쪽 세계가 펼쳐진다. 나는 이쪽 세계에서 살다가 『시크릿』을 보고 저쪽 세계로 넘어가게 된 기분이었다. 우주의 법칙이 바뀐 것 같은 느낌이 들었다. 그때부터 나는 이것을 연구하기 시작했다. '끌어당김의 법칙'을 말이다.

그때부터 이 영화를 수십 번 돌려보았다. 끌어당김의 법칙은 인생에 '항상' 적용되고 있다는 내용이 인상적이었다. 주위 사람에게 보여주기도 했다. 보여주기 전에는 이 영화를 보고 깜짝 놀랄 것으로 생각했다. 그러나 이것을 보니 시큰둥한 반응을 보였다. 그 반응을 보고 약간의 좌절감을 느끼기도 했다. '나만 과한 반응을 보이는 것인가?'라는 생각이 들었다. 그러나 나는 이 내용을 계속 연구하였다. 영화의 제목대로 비밀이 있을 것 같았기 때문이었다. 영화에서 설명하는 대로 실천해 보기도 했다. '내가 그 비밀을 풀어보리라.'

한편으로는 이 법칙을 믿을 수 없었다. 이 법칙이 사실이기를 간절히 바랐으나 100% 믿어지지는 않았다. 내가 직접 겪은 것은 아니기 때문이었다. 태어나서 초, 중, 고, 대학교를 졸업하고 결혼을 하기까지 '끌어당김의 법칙'이라는 것을 단 한 번도 들어본 적이 없었다. 이 영화에서 처음으로 그 이야기를 들은 것이다. 그렇기에 그것을 완전히 믿을 수는 없었다. 하지만 믿고 싶은 마음은 매우 강했다. 이것을 이용해서 내 인생을 편안하고 성공적인 삶으로 이끌고 싶었기 때문이다.

내 마음에는 이 법칙을 믿는 마음과 믿지 못하는 마음이 공존하게 되었다. 만약 이 법칙이 사실이 아니라면 나는 닭 쫓던 개 지붕 쳐다보는 격이 된다. '끌어당김의 법칙을 오랫동안 연구했는데 끌어당김의 법칙은 없었다.'는 결론이 나올까봐 걱정되었다. 하지만 비밀을 파헤치는 작업은 진행되었다. 여러 가지 책을 읽어보았다. 『네빌 고다드의 부활』, 『신과 나눈 이야기』, 『호오포노포노의 비밀』 등등 여러 책을 밑줄을 치면서 읽었다. 궁금한 점이 있는 글에는 물음표를 표시해두었다. 이렇게 책을 읽으니 다시 고3으로 돌아간 기분이었다.

어린 시절에는 100% 적용되는 인생의 법칙은 없다고 생각하면서 살았다. 그러나 『시크릿』을 통해 100% 적용되는 법칙이 있다는 이야기를 듣게 되었다. 그렇게 그 비밀을 파헤치기로 마음을 먹었다. 그렇게 여러 책을 읽다 보니 새로운 세계가 보이기 시작했다. 그전에는 완전히 무시했었던 내용이 서서히 눈에 들어오기 시작했다. 책을 읽으면서 '이런 것이 실제로 존재해?'라는 생각이 들었다. 지금의 나는 이 당시의 나에게 이렇게 대답해주고 싶다. '어! 실제로 존재해.'

시크릿을 찾는 유무력의 법칙

02.
모든 사람, 모든 존재의 잠재의식은
서로 연결되어 있다

현실과 생각과의 관계

『시크릿』의 기본 원리는 생각이 현실을 만든다는 것이다. 생각이 현실을 만드는데, 현실은 오로지 생각으로만 만들어진다는 것을 의미한다. 나는 그전까지 생각이 현실을 만든다는 생각을 전혀 해보지 않았었다. 대부분 사람이 그렇게 생각하듯, 물질이 먼저 존재하고 그 물질에 맞추어서 생각이 떠오르는 것으로 알고 있었다. 예를 들어 책상 위에 컵이 놓여 있다고 해보자. 그러면 컵이 먼저 존재하고 있고, 그 컵을 보고 컵이 있다고 생각하게 된다.

이것은 너무나도 당연해서 의심해본 적이 없었다. 그런데 처음으로 생각이 현실을 만든다는 것을 알게 된 것이다. 이것을 치음에는 다음과 같이 이해했었다. 테이블 위에 아무것도 없다. 이때 '테이블 위의 컵이 생길 것이라고 생각하면 그 컵이 생겨난다.'는 것으로 이

해했었다. 이렇게 생각하니 굉장히 신선하다는 느낌이 들었다. 왠지 마법 같았다. 그런데 지금에 와서 보니 그때의 생각은 잘못된 것이었다. 다음과 같이 생각하는 것이 맞다.

① 컵이 필요해서 마트에서 컵을 사 오려고 마음을 먹는다.
② 그 후에 마트에서 컵을 사 와서 테이블 위에 컵을 놓는다.

컵을 사 오려고 마음먹은 것 자체가 컵을 생각한 것이다. 그 후 컵을 사 옴으로써 컵이 생겨난 상황이 된다. 이렇게 컵을 생각함으로써 컵이 생겨났다. 생각이 현실을 만든 것이다. 내가 '생각이 현실을 만든다.'라는 것을 특이하게 생각했던 이유는 '생각이 현실을 만드니까 내가 생각을 해서 현실을 만들어야지.'라고 생각했기 때문이다. 그러나 그것이 아니다. 위의 ①, ②번의 과정에서 '생각으로 컵을 만들어야지.'라는 생각은 전혀 하지 않는다. 실제로 컵을 어떻게 장만할지를 고민함으로써 생각이 현실을 만드는 상황이 이루어진다.

『시크릿』에는 자신의 생각을 지켜보라는 이야기가 나온다. 그 말을 듣고 할일이 생겼다고 생각했다. 그때부터 나 스스로의 생각을 지켜보기 시작했다. 나는 다음과 같이 생각했다. '생각이 현실을 만든다. 그렇다면 현실과 관계된 내 생각을 지켜보자. 그렇게 내 생각과 현실과의 관계를 파악하면 비밀을 찾아낼 수 있을 것이다.' 자신의 생각을 지켜본다는 것은 다음과 같다. 내가 평소에 어떤 생각을 할 것이다. 그 생각을 한 직후에 내가 방금 무슨 생각을 했는지를 떠올리는 것이다. 생각하는 나를 남 보듯이 보는 것이다.

　예를 들어 내가 어떠한 것에 즐거움을 느끼고 있다면 즐거움을 느끼는 나를 쳐다본다. '내가 즐거워하고 있구나.' 내가 부모님을 떠올렸다면 부모님을 떠올리는 나를 쳐다본다. '내가 조금 전에 부모님을 떠올렸구나.' 생각하고 있는 나를 다시 쳐다보는 것이다. 조금 전 생각뿐만 아니라 오래전 생각도 돌이켜봤다. 어떤 사건이 일어나기 전에 내가 어떤 생각을 했었는지를 기억하려 한 것이다. '내가 도대체 어떤 생각을 하고 있었길래 그 일이 일어난 것이지?'라고 질문하였다.

　친구와 우연히 길에서 만나게 되었다고 해보자. '나는 그 전에 이 친구에 대해서 어떤 생각을 하고 있었기에 이 친구와 우연히 만나게 되었을까?'라고 질문하였다. 내가 길을 걸어가다가 넘어졌다고 해보자. '나는 넘어지기 전에 넘어지는 것과 관련하여 어떤 생각을 하고 있었기에 넘어지게 되었을까?'라고 질문하였다. 나에게 일어나는 모든 상황에 대해서 이러한 질문을 하는 것이 가능하였다. 이러한 질문을 최대한 자주 하여 답을 찾으려고 했다.

　그렇게 귀납적 추론을 통해 모든 사건, 상황에 공통으로 적용할 수 있는 법칙을 찾아 나갔다. 귀납적 추론은 최대한 많은 사건을 분석해서 공통적인 결론을 내고 그것을 일반화시키는 것이다. 예를 들어 공자도 죽고, 노자도 죽고, 아인슈타인도 죽었으므로 사람은 모두 죽는다는 결론을 내리는 것이다. 물론 세 명이 죽었다고 해서 인간이 모두 죽는다고 말하기에 무리가 있다. 그렇다면 최대한 많은 사람이 죽게 된다는 것을 밝혀내면 된다. 이를 통해 인간은 모두 죽는다는 결론을 내릴 수 있게 된다.

지금까지 살펴본 인간이 모두 죽었다 하더라도 앞으로 죽지 않는 인간이 나올 수도 있다. 그러면 '인간은 모두 죽는다.'는 결론은 깨지게 된다. 그러나 미래의 일은 지금 알 수 없다. 과거의 사례라 하더라도 100% 완벽히 조사하기는 쉽지 않다. 그렇지만 가능한 한 최대한 많이 조사함으로써 법칙을 만들 수 있다. 죽지 않는 인간이 존재한다는 것이 밝혀지기 전까지는 '인간은 모두 죽는다.'는 결론은 계속 유효하게 된다. 이처럼 귀납적 방법으로 법칙을 찾기 위해 내 생각과 현실을 최대한 많이 관찰하였다. 나의 일상은 현실과 생각과의 관계에 대한 법칙을 찾는 것으로 꽉 차게 되었다.

모든 존재는 서로 연결되어 있다

여기에서 의문이 생겼다. 생각과 현실이 완벽한 법칙에 따라 돌아간다고 해보자. 그렇다면 내 인생에 나타나는 모든 현상은 내 생각에서 나온 것이 된다. 문제는 다른 사람들과의 관계에 있다. 예를 들어 내가 버스에서 옆 사람과 살짝 부딪혔다고 해보자. 옆 사람과 부딪힌 상황은 내 생각에서 나온 것이 된다. 내 생각이 내 현실을 만든 것이기 때문이다. 그런데 나와 부딪힌 그도 이 상황이 그의 생각에서 나온 것이어야 한다. 그래야만 모든 것이 맞게 된다.

따라서 내가 누군가와 부딪히는 상황을 만드는 생각을 하고 있었다면, 그도 다른 누군가와 부딪히는 상황을 만드는 생각을 하고 있었어야 한다. 그래야 나와 그 사람이 서로 만나서 부딪히게 되는 것이다. 나는 누군가와 부딪히게 되는 생각을 하는 상태에 있다. 이때 나와 부딪히게 되는 생각을 하는 사람이 전혀 없다면 나는 누구와도 부딪힐 수 없게 된다. 그러면 내 생각은 내 현실과 맞지 않게 된다. 생각이 현실을 만든다면, 내 생각과 나와 부딪힌 사람의 생각이 서로 연결되어 있어야 한다.

모든 사람은 서로 간의 사건에 대해서 연결되어 있게 된다. 모든 사람은 한 덩어리로 연결되어 있는 것이다. 그래서 '육감'이 존재할 수 있다. 서로 간에 연결되어 있으므로 느낌이 느껴진다. 누군가가 멀리서 나를 쳐다보면 그것을 느끼기도 한다. 물론 사람들끼리만 연결된 것은 아니다. 인간끼리만 연결되어 있고 그 외에는 연결되어 있지 않은 것은 사실상 불가능하다. 모두가 같은 우주 안의 존재인데 연결되어 있으려면 모두 연결된 것이 맞다. 인간뿐만 아니라 동물, 식물, 모든 비생명체는 서로 연결되어 있다. 이 우주는 한 덩어리로 연결되어 있다.

길을 걸어가다가 돌에 걸려 넘어지는 것도 나와 돌이 서로 연결되어 있는 것이다. 내가 돌에 걸려 넘어지는 상황도 내 생각으로부터 나온다. 이때 돌이 그 자리에 없었으면 내 생각은 현실화되지 않게 된다. 따라서 그 돌이 그 자리에 있는 것도 내 생각과 연결되어 있어야 한다. 이렇게 우주의 모든 존재가 연결되어 있으므로 내 생각이 모두에게 영향을 주는 것이 가능해진다. 내가 어떤 생각을 하는지에 따라 돌이 그 자리에 있을지 없을지가 달라질 수 있다.

나의 모든 생각은 내 잠재의식으로부터 나온다. 모든 사람의 생각이 연결되어 있다기보다는 잠재의식이 연결되어 있는 것이다. 잠재의식은 미래에 관한 정보가 저장된 곳이다. 잠재의식에 대해서는 뒤에서 계속 설명하겠다. 나는 돌에 걸려 넘어질 잠재의식 상태에 있었다. 돌의 입장에서도 어떤 사람이 자신(돌)에게 걸려 넘어질 잠재의식 상태에 있었다. 나와 그 돌이 만나서 잠재의식이 현실화된다. 이렇게 모든 존재의 잠재의식이 서로 연결되어 있고, 내 생각은 잠재의식으로부터 직접 나온다.

이 우주에는 커다란 1개의 잠재의식이 존재한다. 나는 우주의 잠재의식 중에서 나의 잠재의식 영역을 담당하고 있다. 우리들은 각자 본인의 잠재의식 영역을 담당하고 있다. 나를 넘어지게 만든 그 돌도 자신의 잠재의식 영역을 담당하고 있다. 동시에 우주의 모든 존재들의 잠재의식들은 서로 연결되어 있다. 이것은 내 몸을 하나의 우주라고 생각하는 것과 같다. '나'라는 존재의 잠재의식은 1개이다. 내 몸 안에는 수많은 단백질, 무기질 등이 있다. 그 단백질과 무기질도 각각 자신의 잠재의식을 가지고 있다. 수많은 단백질, 무기질의 잠재의식들이 모여서 '나'라는 존재의 단일 잠재의식을 형성하게 된다.

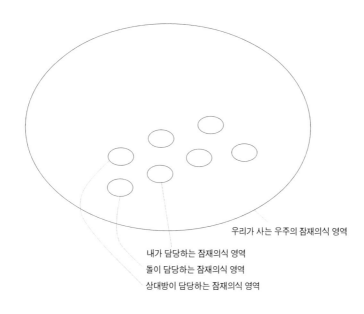

우리가 사는 우주의 잠재의식 영역

내가 담당하는 잠재의식 영역
돌이 담당하는 잠재의식 영역
상대방이 담당하는 잠재의식 영역

03.
인생에 적용되는 법칙은 1개이다

우주 안에 있는 모든 존재의 잠재의식은 서로 연결되어 있다. 그런데 잠재의식에는 미래에 관한 정보가 담겨 있다. 잠재의식 속 미래에 관한 정보는 현실화된다. 그렇게 모든 존재의 잠재의식은 이우주의 현실 상태를 만든다. 그중 내 잠재의식은 내 현실을 만든다. 이때 내 생각은 잠재의식에 영향을 준다. 내 생각이 잠재의식 속 미래에 관한 정보를 만드는 것이다. 결국 내 생각이 현실을 만들게 된다. 그래서 생각이 현실을 만든다고 표현할 수 있다.

여기에서 생각과 현실과의 관계에 대한 법칙이 몇 가지인지를 생각해볼 수 있다. 생각과 현실과의 관계에 대한 법칙이 여러 개일 수도 있고, 1개일 수도 있다. 만약 그 법칙이 1개라면 똑같은 생각을 할 때마다 똑같은 현실이 만들어지게 된다. 만약 법칙이 여러 개라면 법칙을 찾기에 매우 힘들 수 있다. 그러나 법칙은 1개일 것 같다는 생각이 들었다. 인생은 단일 법칙으로 돌아갈 것만 같았다. 그 이유를 다음과 같이 생각해봤다. 생각과 현실과의 관계에 관한 법칙의 개수는 다음과 같이 3가지의 경우가 있을 수 있다.

① 1개
② 2개 이상의 유한한 개수
③ 무한대 개수=0개

우선 ③의 경우를 생각해보자. 법칙이 무한대 개수라는 것은 매번 다른 법칙이 적용된다는 뜻이다. 결국 법칙이 없다는 뜻과 같다. 그런데 법칙이 없을 것 같지는 않았다. 우리는 과거의 경험을 통해 미래를 준비한다. 자신의 경험은 그 경험으로 끝이 아니다. 어떤 일이든 경험이 쌓이면 그것이 자산이 된다. 과거의 경험을 통해 미래를 준비할 수 있으려면 과거와 미래에 유사점이 있어야 한다. 우리의 삶은 뒤죽박죽인 것 같으면서도 무엇인가 규칙이 있는 듯하게 돌아간다. 따라서 법칙이 없는 것은 불가능하다.

②의 경우를 생각해보자. 법칙이 1개보다 많으면서 유한한 개수인 경우이다. 법칙이 2개라고 가정해보자. 그러면 다음과 같은 생각이 든다. '왜 하필 법칙이 2개일까? 아직 찾아내지 못한 1개가 더 있지 않을까?' 법칙이 3개라고 해보자. '법칙이 3개라면 왜 하필 3개일까? 4개이지는 않을까?' 어떤 개수를 정하더라도 그 개수인 것에 의문이 든다. 차라리 법칙의 개수가 1개인 것이 가장 어울린다. 우주도 1개이므로 법칙이 1개인 것이 가장 그럴 듯하다. 이 설명은 특별

한 근거가 없지만 이러한 이유로 법칙은 왠지 1개일 것 같았다.

동서양을 막론하고 여러 책을 읽어보면 유사한 점이 많다. 모든 책은 결국 같은 것을 이야기하고 있다고 생각했다. 인간에게 적용되는 인생의 법칙은 1개이고 모두 그것을 설명하는 것이다. 이를 다음과 같이 설명해볼 수 있다. 어떤 '눈에 보이지 않는 사과'가 있다. '생각'을 통해서만 인식할 수 있는 사과이다. 이 사과는 모두에게 보이는 것이 아니었다. 생각을 통해 그 사과를 인식할 수 있다고 생각하는 사람에게만 보였다. 어떤 사람이 생각을 통해 그 사과를 인식하였다. 자신의 관점으로 본 사과의 형태를 글로 적어서 다른 사람들에게 알려주었다.

그런데 사람들은 그것을 믿지 않았다. 자신에게는 그 사과가 느껴지지 않기 때문이었다. 또 다른 어떤 사람이 그 사과를 인식하고 자신이 느낀 대로 사과를 글로 설명해 주었다. 그렇게 여러 사람이 사과를 인식하였고, 자신이 느낀 사과를 글로 적어서 사람들에게 알려주었다. 그러나 일부 사람들은 사과의 존재를 계속 믿지 않았다. 어찌 됐든 자신에게는 보이지 않았기 때문이다. 그 사과가 실제로 존재한다는 생각이 드는 사람들은 사과를 설명한 글을 읽기 시작했다.

이때 사람들은 사과를 설명한 많은 글이 서로 다른 것을 이야기하고 있다고 생각했다. 글들의 내용이 많이 달랐기 때문이다. 그래서 사람들은 사과가 여러 종류라고 생각하였다. 여기에서 나는 사과가 1개만 있다고 생각한 것이다. 각자 자신의 관점에서 사과를 적다 보니 서로 다른 이야기처럼 보인 것이라 생각하였다. 여기에서 말하는 사과는 사람들의 인생에 적용되는 법칙을 말한다. 많은 책에는 '인생이 어떻게 돌아가더라.'라고 설명이 되어있다. 그 설명들이 모두 같은 법칙을 이야기한다고 본 것이다.

법칙이 1개라는 것은 다음과 같은 뜻이다. 축구에서 골을 넣는 것과 직장에 취직하는 것이 같은 법칙으로 진행된다는 것이다. 아이를 출산하는 것과 자동차를 사는 것이 같은 원리로 진행된다는 것이다. 수능 시험에서 좋은 성적을 거두는 것과 감기에 걸렸다가 낫는 것이 같은 원리로 진행된다는 것이다. 이러한 것들이 서로 다르게 돌아가는 것처럼 보일 수 있다. 그러나 원리는 같다는 것이다. 물론 법칙이 오직 1개라고 확신할 수는 없었다. 그러나 법칙이 1개일 가능성을 생각하면서 법칙을 계속 찾아 나갔다.

오랜 시간이 지나 지금에 와서는 인생에 공통된 법칙이 1개 있다는 것을 알게 되었다. 그것은 '유무력의 법칙'이다. 이 법칙은 인생의 모든 것에 적용된다. 이 법칙이 적용되지 않는 것은 없다. 이 책은 『노자의 도덕경』, 『시크릿』, 『호오포노포노의 비밀』의 내용을 인용하고 있다. 이들의 내용이 합쳐저 유무력의 법칙이 민들어졌다. 그 외에도 인생의 모든 것은 이 법칙을 이용하여 설명할 수 있다. 다음 장부터 책 전체에 걸쳐 유무력의 법칙을 설명하겠다.

법칙을 앎으로써 얻게 되는 장점

자신의 인생에 있는 모든 것은 '유(有)'와 '무(無)'로 이루어져 있다. '유(有)'는 '있음'이고, '무(無)'는 '없음'이다. 우리의 인생은 굉장히 복잡하다. 복잡한 인생을 하나하나 잘게 나누면 있거나 없는 것 둘 중의 하나의 상태가 된다. 나는 '유(有)'와 '무(無)' 사이에 법칙이 있다는 것을 알게 되었다. 그 법칙을 이해함으로써 인생을 이해할 수 있다. 동시에 원하는 것이 더 잘 이루어지는 길을 갈 수 있다. 법칙을 적용하기 위해서 법칙을 명확히 이해하는 것이 필요하다. 이를 하나하나 자세히 설명하겠다.

인생의 모든 것은 '유(有)'와 '무(無)' 둘 중의 하나로 현실화되어 있다. 가방을 가지고 있다면 '유(有)'의 상태가 현실화된 것이다. 가방을 아직 가지고 있지 않다면 '무(無)'가 현실화되어 있는 상태이다. 지금 행복하다면 행복함이 '유(有)'의 상태이다. 행복하지 않다면 행복함이 '무(無)'의 상태이다. 안 쓰던 가방을 팔아서 기쁨이 느껴졌다고 해보자. 이것은 가방을 소유하지 않게 된 것이므로 '가방을 소유함'이 '무(無)'의 상태가 된 것이다. 동시에 기쁨이 '유(有)'의 상태가 되었다. 만약 감기에 걸려 있었다면 '감기에 걸림'이 '유(有)'의 상태이다. 감기에서 나았다면 '감기에 걸림'이 '무(無)'의 상태가 된다. 이처럼 인생은 '유(有)' 또는 '무(無)'의 상태로 되어 있다.

'유(有)'와 '무(無)' 둘 중에 현실화되는 쪽을 결정하는 것은 '유무력'이다. '유(有)'와 '무(無)' 사이에는 힘이 작용하는데 그 힘을 '유무력(有無力)'이라 하겠다. 항상 유무력이 도착하는 쪽이 현실화된다. 유무력이 '유(有)'를 출발하여 '무(無)'에 도착할 수도 있고, '무(無)'를 출발하여 '유(有)'에 도착할 수도 있다. 가방을 가지고 있지 않다면 '유(有)'를 출발하여 '무(無)'에 도착하는 유무력이 작동 중이다. 유무력의 방향이 바뀌어 '무(無)'를 출발하여 '유(有)'에 도착하게 되면 가방을 가진 상태가 된다. 무(無)를 향하던 유무력을 '유(有)'를 향하게 바꾸는 것이 우리의 목표이다.

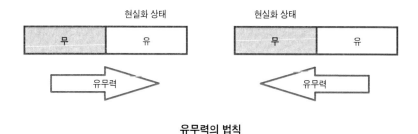

유무력의 법칙

유무력에 관한 이 법칙을 〈유무력의 법칙〉 또는 〈유무의 법칙〉이라고 이름 붙였다. 그 내용은 매우 간단하다. 미래에 당연히 '유(有)'가 나타날 것이라고 생각할 때 '무(無)'가 나타나고, 당연히 '무(無)'가 나타날 것이라고 생각할 때 '유(有)'가 나타난다. 예를 들어 가방을 당연히 갖게 될 것이라고 생각할 때 가방을 갖지 못하게 된다. 가방을 갖지 못할 것 같은 생각을 받아들일 때 가방을 갖게 된다. 인생은 단정지어 생각하는 것과 '반대로' 나타난다. 이 법칙에 맞지 않는 것은 인생에 단 한 가지도 없다.

유무력의 법칙은 현재의 생각과 미래와의 관계를 설명한다. 내가 어떤 생각을 하는지에 따라 어떤 미래가 현실화되는지를 나타낸 법칙이다. 이 법칙을 알 때 도움이 되는 점을 3가지로 이야기해보겠다. 첫 번째, 인생의 불안감을 해소할 수 있다. 원하는 것을 이루어나가는 길은 항상 불안하다. 이때 '나만 불안한 것 아닌가?'라는 생각이 들 수 있다. 그런데 누구라도 그 불안한 상태에 있을 때만 원하는 것이 이루어진다. 그 내용이 법칙에 담겨 있다. 그것을 이해함으로써 자신만 불안한 것이 아님을 알 수 있다. 동시에 원하는 것이 이루어지는 과정을 이해할 수 있다.

두 번째, 아무도 해결책을 제시해주지 못하는 문제가 나타났을 때 그것을 해결하는 방법을 찾아나갈 수 있다. 법칙을 알면 그 상황을 어떻게 개선해야 할지를 알 수 있게 된다. 세 번째, 새로운 것을 이루어나갈 수 있게 된다. '인생이 이런 방식으로 진행되는 것이었구나. 그렇다면 이렇게도 이루어지지 않을까?'라고 응용할 수 있게 된다. 당연히 불가능하다고 여겼던 것들도 법칙을 응용하여 이루어나갈 수 있다. 이를 위해 우선 법칙을 이해하는 과정이 필요하다.

유무의 법칙

이제부터는 '유무력의 법칙'에서 '력'을 빼고 간단하게 '유무의 법칙'이라고 표현하겠다. 이 법칙은 단순하지만, 인생의 모든 것을 설명할 수 있다. 법칙으로 원하는 마음, 신의 존재, 믿음, 사랑, 감사함, 미안함, 건강과 질병, 부유와 가난 등에 관해 설명할 것이다. 내 인생에서 유무의 법칙에 맞지 않는 것은 아직 발견하지 못했다. 물질, 생각, 감정, 경향, 마음, 상태, 상황, 힘 등 인생의 모든 것은 유무의 법칙에 맞게 흘러간다. 때에 따라 책의 내용을 반복해서 읽었는데도 명확히 이해되지 않을 수도 있다. 그때는 우선 넘어가는 것도 좋다. 뒤의 내용을 읽다 보면 앞의 내용이 잘 이해될 수 있기 때문이다. 최대한 이해하기 쉽도록 적어보겠다.

우리의 인생은 미래에 당연히 나타날 것으로 생각하는 것과 반대로 나타난다. 그 이유는 유무력 때문이다. 유무력은 내가 생각한 것을 출발하여 반대쪽으로 향하고, 유무력이 도착하는 쪽이 현실화된다. 미래에 '유(有)'가 나타날 것이라고 단정지어 생각할 때 '유(有)'

에서 '무(無)'를 향하는 유무력이 작동한다. 그 결과 '무(無)'가 현실화된다. 미래에 '무(無)'가 나타날 것이라고 단정지어 생각할 때 '무(無)'에서 '유(有)'를 향하는 유무력이 작동한다. 그 결과 '유(有)'가 현실화된다. '유무력'이라는 단어를 빼고 적으면 다음과 같다.

① 미래에 '유(有)'가 나타날 것이라고 단정지어 생각하는 상태일 때 '무(無)'가 나타난다.
② 미래에 '무(無)'가 나타날 것이라고 단정지어 생각하는 상태일 때 '유(有)'가 나타난다.

'건강함'을 '유(有)'에, '건강하지 않음'을 '무(無)'에 대입할 수 있다. 유무의 법칙에 의해, 당연히 건강할 것이라고 생각할 때 건강해지지 않게 된다. 당연히 건강할 것이라는 생각은 건강이 보장되어 있다고 생각한다는 뜻이다. 그때 건강에 신경쓰지 않게 된다. 자신도 모르게 건강에 좋지 않은 행동을 하게 된다. 자신도 모르게 건강에 좋지 않은 음식을 먹게 된다. 그래서 건강을 점점 잃어간다. 건강하지 않을 것이라고 생각하는 사람이 오히려 건강해진다. '나는 어릴 때 자주 아팠어. 나는 약한 사람이므로 건강하지 않을 것이야.'라고 생각하는 것이다. 그때 건강해지는 깃에 계속 신경쓰게 된다. 신경씀으로써 자신도 모르게 점점 건강해진다.

취직을 한 후에 '취직했으니 당연히 행복할 것이다.'라고 생각한다고 해보자. 유무의 법칙에 의해, 취직했으니 당연히 행복할 것이라고 생각할 때 취직해도 행복하지 않게 된다. 취직했으니 행복할 것이라고 생각하는 순간에는 기쁜 마음이 든다. 그런데 이렇게 생각하면 행복해지는 것에 신경쓰지 않게 된다. 당연히 행복할 것이니 굳이 행복을 찾는 것에 신경쓸 필요가 없는 것이다. 행복을 찾는 것에 신경쓰지 않으면 행복해지지 않는다. 취직과 행복은 직접적인 연관성이 없다. 취직한 이후에도 행복을 찾으려는 마음을 가질 때 행복해질 수 있다.

취직한 후에 자꾸 괴로운 일이 나타나게 되었다. '취직해도 괴로운 일만 나타나는구나. 시간이 지나면 행복한 일이 나타나겠지.'라는 생각이 들었다. 그러나 시간이 지나도 행복한 일은 벌어지지 않았다. 그래서 '앞으로도 행복한 일은 나타나지 않겠구나.'라고 좌절감을 느끼게 되었다. 그때 행복한 일이 나타나게 된다. 좌절감 속에서 행복이 나타나는 것이 인생이다. 유무의 법칙에 의해, 앞으로 행복하지 않을 것이라고 생각할 때 행복하게 된다. 이처럼 미래를 단정지어 예측하는 상태일 때 반대쪽의 미래가 나타나게 된다.

이렇게 유무의 법칙은 미래를 예측할 수 없음을 알려준다. 가끔 미래를 예측했다는 생각이 들기도 한다. 예전에 생각했던 것이 현실로 나타난 것이다. 어느 날 갑자기 A라는 친구와 만나는 상황이 떠올랐다고 해보자. 그런데 며칠 후에 실제로 A 친구와 길에서 우연히 만났다. 이때 '며칠 전에 A 친구와 만날 것을 예측했었다.'고 생각할 수 있다. 그러나 이 생각은 A 친구를 만나고나서 한 생각이다. A

친구를 만나기 전에는 A 친구를 만날 것임을 명확히 예측할 수 없다. '나는 미래에 A 친구와 당연히 만나게 될 것이다.'라고 생각하는 것이 미래를 예측하는 것이다. 유무의 법칙에 의해, A 친구와 '당연히' 만날 것이라고 생각할 때 만나지 못하게 된다. 당연히 만날 것이라는 생각이 없을 때만 만날 수 있다.

본질을 규정하면 그 본질은 나타나지 않게 된다

우리는 무엇인가의 본질을 규정하려고 한다. 본질은 원래부터 가지고 있는 성질이나 모습을 말한다. 본질을 규정하면 그 본질은 나타나지 않게 된다. 그래서 본질은 계속 바뀐다. 그 이유를 유무의 법칙으로 설명할 수 있다. 예를 들어 '나는 원래부터 착한 사람이다.'라고 자신의 본질을 규정할 수 있다. 본질을 규정한다는 것은 앞으로도 그 본질이 나타날 것이라고 단정지어 생각한다는 뜻이다. '나는 착한 사람이다.'라고 본질을 규정한다는 것은 '나는 앞으로도 착한 사람일 것이다.'라고 생각한다는 뜻이다.

'나는 지금까지 착한 사람이었는데 앞으로는 착한 사람이 아닐 것이다.'라고 생각한다고 해보자. 그러면 자신을 착한 사람으로 규정하지 않는 것과 같다. 나는 앞으로 착한 사람이 아닐 것인데 '나는 착한 사람이다.'라고 규정하는 것은 불가능하다. 따라서 '나는 착한 사람이다.'라고 규정한다는 것은 '나는 앞으로도 착한 사람일 것이다.'라고 생각한다는 뜻이다. 미래에 관한 생각은 유무의 법칙의 적용을 받는다. 유무의 법칙에 의해, '나는 착한 사람일 것이다.'라고 단정지어 생각할 때 착한 사람이 되지 않게 된다.

자신이 착하다고 생각하는 사람은 상대방에게 요구하게 된다. '나는 착한데 넌 나한테 왜 그렇게 행동해?'라고 생각하게 된다. 상대방을 비난하는 마음이 생긴다. 그러면 착한 사람이 될 수 없다. 오히려 '나는 나쁜 사람이다.'라고 규정한 사람이 착한 사람이 된다. 내가 나쁜 사람이니 상대방에게 요구하지 않게 된다. 자신에게 조금만 잘 해줘도 '나같이 나쁜 사람한테 이렇게 잘해주다니.'라고 생각하게 된다. 그래서 상대방에게 항상 좋은 감정이 생긴다. 상대방에게 항상 좋은 감정을 가진 사람은 주위 사람들이 착하게 본다.

① 나는 약한 사람이야 - 현재형
② 나는 앞으로도 약할 것이다 - 미래의 의미

위에서 '나는 어릴 때 자주 아팠어. 나는 약한 사람이므로 건강하지 않을 것이야.'라고 생각할 때 건강해진다고 하였다. 현재형으로 표현하는 것은 미래의 의미를 포함한다. '나는 약한 사람이야.'라고 생각한다는 것은 '나는 앞으로도 약한 사람일 것이다.'라고 생각한다는 뜻이다. '나는 지금까지 약했는데 앞으로는 약하지 않을 것이다.'라고 생각한다면 자신을 약하다고 규정할 수 없다. 따라서 '나는 약한 사람이야.'라는 것은 '나는 앞으로도 약한 사람일 것이다.'라는 뜻이다. ①은 ②의 의미를 포함한다.

  유무의 법칙에 의해, 내가 앞으로도 약할 것이라고 생각할 때 약하지 않게 된다. 내가 약할 것이라고 생각할 때 건강하기를 원하는 마음이 생긴다. 건강에 신경쓰게 된다. 그럼으로써 점점 건강해진다. 따라서 '나는 약한 사람이다.'라고 자신의 본질을 규정할 때 건강해진다. 규정한 본질은 나타나지 않고, 반대의 특성이 나타나게 된다. 이 세상의 모든 것은 본질을 규정할 때 그 본질과 반대의 특성이 나타나게 된다.

  자신이 높은 위치에 올랐다고 해보자. 이때 '나는 높은 위치에 오를 만한 위대한 본질을 가지고 있다.'고 생각한다면 그 위대함은 사라지게 된다. '나는 위대하니 너는 나를 존중해야 해. 그런데 너는 나를 존중하지 않는구나.'라고 생각하게 된다. 상대방에게 좋지 않은 감정을 갖게 되는 것이다. 자신은 낮은 사람인데 높은 위치에 오르게 되었으니 감사하다고 생각하는 것이 필요하다. 자신이 위대하지 않으니 상대방에게 요구하지 않는다. 자신이 위대하지 않다고 생각하니 위대해지는 것에 신경쓰게 된다. 그때 위대함이 커진다. 벼는 익을수록 고개를 숙인다. 이것을 '자신이 위대하지 않다고 생각할 때 위대해진다.'라고 해석할 수 있다.

  미래에 나타날 것이라고 단정지어 생각한 것은 나타나지 않게 된

다. 반대로 미래에 나타나지 않을 것이라고 단정지어 생각한 것은
나타나게 된다. 이것이 유무의 법칙이다. 원하는 것이 미래에 나타
날 것이라고 단정지어 생각할 때 신경쓰지 않고 방치하게 된다. 그
결과 그것은 나타나지 않게 된다. 원하는 것이 나타나지 않을 것이
라고 생각할 때 신경쓰게 된다. 그때 그것이 이루어진다. 어떤 것의
본질을 규정할 때도 그 본질은 나타나지 않게 된다. 본질을 규정한
다는 것은 그 본질이 앞으로도 당연히 나타날 것이라고 생각하는
것과 같다. 그 결과 그 본질은 나타나지 않게 된다.

05.
유무력의 법칙의 예시

부유와 가난

본질과 관련하여 '부유와 가난', '건강과 허약'에 대해 이야기해보자. 앞에서 이야기하였듯이 본질을 규정하면 그 본질과 반대의 특성이 나타나게 된다. 자신을 부유한 사람이라고 규정하면 점점 가난해지게 된다. 반대로 자신을 가난한 사람으로 규정할 때 돈이 모이게 된다. 자신을 건강한 사람으로 규정하면 허약해지게 된다. 반대로 자신을 허약한 사람으로 규정할 때 건강해지게 된다. 이를 유무의 법칙과 관련하여 어떤 방식으로 진행되는지 살펴보겠다. 이어서 실제로 우리의 삶에서 어떠한 생각의 흐름이 나타나는지 살펴보자.

'나는 (경제적으로) 부자이다.'라는 본질을 규정한다고 해보자. 이것은 '나는 앞으로도 부자일 것이다.'라고 생각하는 것과 같다. '나는 지금까지는 부자인데 앞으로는 부자가 아닐 것이다.'라고 생각한다면 자신을 부자라고 규정하지 않는 것과 같다. 따라서 '나는 부자다.'라고 규정한다는 것은 '나는 앞으로도 당연히 부자일 것이다.'라고 생각하는 것과 같다. 유무의 법칙에 의해, 앞으로도 당연히 부자일 것이라고 생각할 때 부자가 되지 않는다. '부자인 상태'를 출발하여 '부자가 아닌 상태'로 향하는 유무력이 작동하는 것이다. 유무력이 도착하는 쪽이 현실화되어 실제로 가난해지게 된다.

자신을 부자라고 생각한다는 것은 스스로 돈이 많다고 생각한다는 뜻이다. 그 마음이 돈을 쓰고 싶은 마음을 만든다. '돈이 많으니까 이 정도는 써도 되겠지.'라고 생각하면서 돈을 쓰게 된다. 언제까지 돈을 쓰게 되는가 하면, '나는 부자가 아니다.'라고 깨달을 때까지 돈을 쓰게 된다. '나는 돈을 적게 가지고 있다.'는 생각이 돈이 줄어드는 것을 막아준다. 돈이 많다는 생각이 돈을 쓰게 만드는데, 돈을 쓰고 싶어서 돈이 많다고 생각하는 것이기도 하다. 돈을 쓰고 싶은데 돈이 적다고 생각하면 돈을 쓸 수 없게 된다. 그래서 돈을 쓰고 싶은 마음을 정당화하기 위해 돈이 많다고 생각하게 된다. 돈이 많다는 생각과 돈을 쓰고 싶은 마음은 동시에 나타난다.

'나는 가난하다.'고 본질을 규정한다고 해보자. 이것은 '나는 앞으로도 가난할 것이다.'라고 생각하는 것과 같다. 앞의 내용과 같은 원리에 의해, 가난하다고 규정하는 것은 앞으로도 당연히 가난할 것이라고 생각하는 것과 같다. 유무의 법칙에 의해, 앞으로도 당연히 가난할 것이라고 생각할 때 가난한 상태가 되지 않는다. '가난한 상태'를 출발하여 '가난하지 않은 상태'를 향하는 유무력이 작동하는 것이다. 유무력이 도착하는 쪽이 현실화되어 실제로 가난하지 않은 상태가 되어간다.

가난하다고 생각할 때 돈이 모인다. 가난하다고 생각한다는 것 자체가 돈을 모으고 싶다는 뜻이다. 그 마음이 돈을 아끼게 만든다. 가난하다는 생각이 돈을 어떻게 모을지를 고민하게 만든다. 돈을 벌 수 있는 아이디어가 생각나게 만든다. 돈을 벌 수 있는 능력을 키우도록 만든다. 자연스럽게 돈을 모으는 방향으로 생각과 행동과 주위 환경이 나타나게 된다. 취직을 할 수도 있고, 사업을 할 수도 있다. 취직을 한다고 하면 나에게 맞는 직장을 찾게 된다. 사업을 한다고 하면 나에게 맞는 사업 아이템이 나타나게 된다. 그 모든 상황이 돈을 모으고자 하는 간절한 마음으로부터 만들어진다.

물론 의식주 등의 중요한 것들에는 돈을 쓸 수밖에 없다. 중요한 것에는 돈을 써도 된다. 돈을 쓰는 것 자체는 문제가 없다. 돈을 쓰면서도 '앞으로도 돈이 많을 것이다.'라고 생각할 때 돈이 줄어들게 된다. 돈을 쓰면서 '나는 부자가 아니다.'는 생각을 한다면 괜찮다. 그 마음이 돈을 과하게 쓰지 않도록 해준다. 돈을 효율적으로 쓸 궁리를 하게 된다. 그런데 돈을 쓰고 있음에도 그 돈이 계속 유지될 것이라고 생각하면 돈을 거리낌 없이 쓰게 된다. 돈을 모을 생각을 하지 않게 된다. 그때 돈이 사라지게 된다.

현재 돈을 많이 가지고 있을 때만 '앞으로 돈을 많이 가지고 있을 것이다.'라고 생각하는 것은 아니다. 지금 돈이 없더라도 '나는 앞으로 돈을 많이 벌 사람이다.'라고 생각할 수 있다. 유무의 법칙에 의해, 앞으로 당연히 돈을 많이 벌 것이라고 생각할 때 돈을 많이 벌지 못하게 된다. 돈을 당연히 많이 벌 것이라고 생각하면 돈을 벌 궁리를 하지 않게 된다. 반대로 생각해야 돈을 벌 수 있다. 돈을 버는 것은 쉽지 않다고 생각하는 것이 필요하다. 그때 돈을 벌 궁리를 하게 된다.

실제로 부자인 사람이 부자인 상태를 계속 유지하기 위해서는 '나는 부자가 아니다.'라는 생각을 놓지 않아야 한다. 돈을 많이 모았어도 언제든지 부를 잃을 수 있음을 아는 것이 필요하다. 그때 자신을 부자로 규정하지 않게 된다. 부자로 규정하지 않을 때 부를 유지할 수 있다. 돈을 더 모으고 싶다면 자신을 가난하다고 생각하는 것이 필요하다. 자신을 부자로 생각하지 않는 것은 경제에 관한 위기의식을 갖는 것으로 볼 수 있다.

고인이 되신 삼성전자 이건희 전 회장은 1993년 신경영 선언에서 "우리는 자만심에 눈이 가려 위기를 진정 위기라고 생각하지 않는다. 자기 자신의 못난 점을 알지 못하고 있다. 이대로 가다간 망할지도 모른다는 위기를 온몸으로 느끼고 있다. 내가 등허리에 식은땀이 난다."고 지적했다. 그 당시 삼성이 만든 제품은 동남아 시장에서 성공을 거두었다. 하지만 삼성은 아직 성공하지 못한 부분을 생각했다. 위기의식을 가진 것이다. 그후 삼성 제품은 더 많은 국가에서 인정받게 되었다.

건강과 허약

우리는 몸이 아프기도 하다. 대략 6개월 전쯤이었다. 어쩌다 보니 무거운 카트를 온종일 끌고 다닌 적이 있었다. 그 다음 날부터 오른쪽 손목이 아프기 시작했다. 처음에는 손목이 왜 아픈지 전혀 알 수 없었다. 며칠 지나고 나서 깨달았다. 무거운 카트를 끌고 다녔던 기억이 난 것이다. '손목에 무리를 줘서 아픈 것이구나. 무리를 주지 않으면 낫겠구나.'라고 생각했었다. 그런데 1주가 지나고 2주가 지나도 손목이 낫지 않는 것이었다. '지금까지 평생 손목이 아픈 적이 없었는데 왜 이럴까?' 병원에도 다녔다. 손목에 주사를 맞았다. 주사를 맞고 나니 좀 나아지는 듯했다. 그러나 소용이 없었다. 며칠 지나니 줄어들었던 통증은 다시 커졌다.

생각해보니 직장에서 오른손을 많이 쓰는 일을 한다는 것을 깨달았다. 카트를 끌었을 때만 손목에 무리가 간 것이 아니었다. 평소에도 계속 손목에 무리가 가고 있었는데 손목이 버티고 있었던 것이다. 그런데 카트를 끌고 다니면서 손목에 가해지는 스트레스가 평소보다 폭발적으로 많이 증가하였다. 그때부터 통증이 시작된 것이다. 그후 이 책을 쓰기 시작했다. 블로그에 적었던 내용, 머릿속에 있던 것들을 정리했다. 알던 것들을 정리하다 보니 새삼 다시 깨닫는 것들이 많았다. 이 책에 쓰여 있는 대로 실천해보려고 하였다. 손목이 허약하다고 생각하려고 했다. 하지만 아무런 효과가 없었다. 오랫동안 손목은 낫지 않았다.

손목이 아프고 난 후 6개월 즈음 지났을 때였다. 어느 순간 문득 '내 손목은 원래 허약하구나.'라는 것을 깨닫게 되었다. '손목이 아프니 손목이 허약한 것은 당연한 것이 아닌가?'라고 생각할 수 있다. 그러나 손목이 오랫동안 아팠지만, 손목이 '원래부터' 허약하다는 생각을 아주 뒤늦게 한 것이다. 살아오면서 손목이 아팠던 적이 없었다. 내 손목은 원래 튼튼한데 무리가 가서 아프게 된 것으로 생각했다. 그런데 다시 생각해보니 내 손목은 원래부터 약했던 것이다. 그것을 깨닫는 데까지 6개월이 걸렸다.

그때부터 손목이 아파도 아픈 느낌이 잘 들지 않았다. 원래 손목이 허약한 것이기 때문에 그러려니 한 것이다. 그렇게 생각하고 나서 며칠이 지났다. 그런데 손목이 정말 아프지 않게 되었다는 것을 알게 되었다. 이 며칠 동안에는 치료를 받지 않았는데도 손목이 많이 나은 것이다. 손목을 움직여 봐도 아픈 느낌이 거의 들지 않았다. 기존에 느꼈던 통증의 강도를 대략 5라고 했을 때 1 정도의 통증만 느껴지는 상황이 되었다. '손목이 원래부터 허약하구나.'라고 깨닫게 된 이후로 6개월간 아팠던 손목이 단 며칠 만에 거의 나아진 상황이 되었다.

위의 내용은 내가 직접 경험한 상황이다. 이 내용을 한마디로 줄이면 다음과 같다. "손목이 허약하다고 본질을 규정하니 손목이 건강해지게 되었다." 본질을 규정하니 그 본질과 반대의 상황이 된 것이다. 처음에 '지금까지 평생 손목이 아픈 적이 없었는데 왜 이럴까?'라고 생각한 부분으로 돌아가 보자. 이 말은 내 손목은 원래 튼튼하다고 생각한다는 뜻이다. '손목은 원래 튼튼한데 왜 낫지 않을까?'라는 뜻이다. '왜 낫지 않을까?'라는 생각 자체가 손목의 본질이 튼튼하다고 생각한다는 뜻이다. 손목이 원래 약하다고 생각했으면 '왜 낫지 않을까?'라는 의문이 생기지 않는다. 손목이 약하니 아픈 것은 당연하기 때문이다.

그런데 손목이 약하다고 생각할 때 손목이 아프지 않게 된다. 내 손목은 원래 허약한데 단지 조심해서 쓰고 있었을 뿐이다. 원래부터 건강한 사람은 없다. 자신의 신체가 허약하다고 생각하고 조심해서 사용할 때 건강한 상태를 유지할 수 있게 된다. 반대로 자신의 신체가 튼튼하다고 생각하면 조심하는 마음이 사라진다. '이 정도는 사용해도 별문제 없겠지.'라고 생각하게 된다. 그때 무리를 하게 되는 것이다. 나 또한 무거운 카트를 들고 다니는 날 다음과 같이 생각했었다. '카트를 하루 징도 끌고 다닌다고 문제가 되진 않겠지.' 이 생각을 했다는 것은 내 몸이 튼튼하다고 생각했다는 뜻이다. 그때 무리를 하게 된다.

이를 유무의 법칙으로 정리해보자. '내 손목은 허약하다.'라고 본질을 규정한다는 것은 '내 손목은 계속 허약할 것이다.'라고 생각하는 것과 같다. 유무의 법칙에 의해, 손목이 허약할 것이라고 생각할 때 손목은 허약하지 않게 된다. 따라서 손목이 허약하다고 본질을 규정할 때 허약하지 않게 된다. 반대로도 마찬가지다. 유무의 법칙에 의해, 손목이 튼튼할 것이라고 생각할 때 손목은 튼튼하지 않게 된다.

이처럼 본질을 규정하면 그 본질과 반대의 것이 나타나게 된다. 자신을 (경제적) 부자라고 규정하면 가난해지게 된다. 자신을 부자라고 생각할 때 돈이 나가는 것을 인식하지 못하게 된다. '이 정도 쓰는 것은 문제없겠지.'라고 생각하게 된다. 그때 자신도 모르는 사이 돈이 서서히 사라져간다. 자신을 가난하다고 규정할 때 돈이 모이게 된다. 가난하기 때문에 돈을 과하게 쓰지 않는다. 돈이 새어 나가는 부분이 있으면 인식을 하고 대처하게 된다. 돈을 모을 궁리를 하게 되고, 돈을 모을 아이디어가 떠오르게 된다. 그래서 돈이 점점 모이게 된다.

자신을 허약한 존재라고 규정할 때 건강한 상태가 된다. 허약하다고 생각할 때 신체에 무리가 가는 상황을 만들지 않게 된다. 감기도 쉬면 낫게 된다. 쉰다는 것은 자신이 허약하다는 것을 인정한다는 뜻이다. 결국 스스로 허약하다고 생각할 때 건강한 상태가 된다. 자신이 허약하다는 것을 인정하지 않으면 질병은 계속 낫지 않게 된다.

06.
볼펜의 있음과 없음처럼
있음과 없음은 서로를 기준으로 한다

인생은 '유(有)'와 '무(無)'로 이루어져 있다

　유무력의 법칙은 '유(有)'와 '무(無)'로 이루어진 법칙이다. 우리 인생은 하나하나 '유(有)'와 '무(無)'로 이루어져 있다. 인생에 '유(有)' 또는 '무(無)'가 아닌 것은 없다. '유(有)'와 '무(無)'는 항상 같이 존재한다. 따로 존재할 수 없다. '유(有)'와 '무(無)'는 서로를 기준으로 하기 때문이다. 서로를 기준으로 하는 '유(有)'와 '무(無)' 사이에는 힘이 존재한다. 이 힘이 유무력이다. 우리 인생은 항상 유무력에 의해 진행된다. 유무력에 의해 진행되는 것을 설명하는 법칙이 유무력의 법칙이다. 이번 장에서는 '유(有)'와 '무(無)'의 특징을 살펴보자.

　'유(有)'와 '무(無)'는 우리가 항상 생각하는 개념이다. 〈돈이 있다-돈이 없다, 자동차가 있다-자동차가 없다, 건강한 상태이다-건강한 상태가 아니다, 알다-모르다, 행복하다-행복하지 않다, 친하다-친하지 않다〉와 같이 모든 것은 '유(有)'와 '무(無)' 둘 중의 하나다. 내가 생각하는 모든 것은 '유(有)' 또는 '무(無)'로 나타낼 수 있다. 한 가지를 표현하면 그 표현한 것이 없는 상태도 반드시 있다. 그것이 '유(有)'와 '무(無)'이다. 1개의 '유(有)'와 1개의 '무(無)', 그 사이의 유무력을 합쳐서 '유무요소'라 하겠다. 설명을 위해 단어를 만들었다. 1개의 유무요소 안에서 '유(有)'와 '무(無)' 둘 중에 한쪽만 현실화된다.

〈아기가 태어남-아기가 태어나지 않음〉을 〈유(有)-무(無)〉에 대입할 수 있다. 아기가 태어났다면 '아기가 태어남'이 현실화되고 있는 중이다. 내가 아기를 보면서 귀여움을 느끼고 있을 수 있다. 〈아기를 보고 있음-아기를 보고 있지 않음〉 중에서 〈아기를 보고 있음〉이 현실화되는 중이다. 동시에 〈귀여움을 느낌-귀여움을 느끼지 않음〉 중에서 〈귀여움을 느낌〉이 현실화되고 있다. 아기가 웃고 있다면 〈아기가 웃고 있음-아기가 웃고 있지 않음〉 중에서 〈아기가 웃고 있음〉이 현실화되고 있다.

이렇게 인생의 모든 것은 하나하나 '유(有)'와 '무(無)'로 나타낼 수 있다. 이것은 컴퓨터의 정보가 '1'과 '0'으로 이루어져 있는 것과 같다. 컴퓨터 게임을 한다고 해보자. 게임 세계 안에는 내가 조종하는 캐릭터가 있다. 이 캐릭터는 여러 공간을 돌아다니면서 임무를 수행한다. 이때 게임 내의 모든 정보는 빠짐없이 '1'과 '0'으로 처리되고 있다. 컴퓨터 게임도 사실 '유(有)'와 '무(無)'로 처리된다고 볼 수 있다. '유(有)'를 '1'로, '무(無)'를 '0'으로 표현할 뿐이다. 컴퓨터는 이 우주 안에 있는 발명품이므로 우주의 특성과 컴퓨터의 특성이 서로 비슷할 수 있다.

우리는 일반적으로 '유(有)'를 원한다. 가방을 사기를 원한다. 합격하기를 원한다. '무(無)'를 원할 때도 있다. 쓰레기가 없어지기를 원한다. 질병이 사라지기를 원한다. '유(有)'와 '무(無)'를 바꿀 수도 있다. 질병이 사라지는 것은 건강이 생기는 것과 같다. 쓰레기가 없어지는 것은 깨끗함이 생기는 것과 같다. '유(有)'와 '무(無)'를 서로 바꿀 수 있으므로 헷갈릴 수 있다. 따라서 이 책에서는 일괄적으로 '유(有)'를 원한다고 설명하겠다. 질병이 사라지기를 원하면 건강이 생기기를 원한다고 생각하고 '유(有)'에 대입하면 된다. 그러면 건강이 없는 것은 '무(無)'가 된다. 특별한 언급이 없다면 '무(無)'가 사라지고 '유(有)'가 나타나기를 원하는 것으로 표현하겠다.

'있음'과 '없음'은 항상 같이 존재한다

노자는 지금으로부터 약 2500년 전 중국의 춘추전국시대에 살았던 사상가이다. 노자는 도덕경을 남겼다. 도덕경의 전체 내용은 도덕경 2장에 나오는 '유무상생(有無相生)'을 기반으로 한다. '유(有)'와 '무(無)'는 서로 살게 해준다는 뜻이다. 이 세상은 '유(有)'와 '무(無)'가 동시에 존재한다. '유(有)'와 '무(無)'는 한쪽만 존재하는 것이 불가능하다. '유(有)'와 '무(無)'는 서로 상대편을 기준으로 하는 상대적 개념이기 때문이다. '있음'은 '없음'을 기준으로 한다. 마찬가지로 '없음'은 '있음'을 기준으로 한다. 서로를 기준으로 하므로 반드시 같이 존재하게 된다.

'유(有)'와 '무(無)'의 관계는 자석에서 N극과 S극의 관계와 같다. N극은 S극을 기준으로 하고 S극은 N극을 기준으로 한다. S극만 존재하는 것은 불가능하다. 마찬가지로 N극만 존재하는 것도 불가능하다. 큰 자석을 반으로 쪼개면 N극만 있는 부분과 S극만 있는 부분으로 나뉘지 않는다. N극과 S극이 모두 있는 작은 자석 2개가 만들어진다. 이 작은 자석을 다시 반으로 쪼개면 N극과 S극이 모두 있는 더 작은 자석이 된다. 자석을 아무리 잘게 잘라도 N극과 S극은 항상 같이 존재한다. 원자 1개가 남을 때까지 잘라도 자석의 특성은 남아있다.

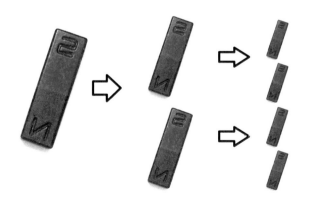

자석과 마찬가지로 '유(有)'와 '무(無)'도 언제나 항상 같이 존재한다. 방 안에 책장이 있다면 책장을 바라보자. 다른 가구나 물건을 봐도 좋다. 그 책장은 지금 있는 상태이다. 그런데 그 책장이 있다는 생각을 하기 위해서는 책장이 없을 수도 있다는 생각을 해야만 한다. 그 책장은 그냥 있는 것이 아니고, 없을 수도 있는데 있는 것이다. 책장을 바라보고 '책장이 없을 수도 있는데 있다.'라고 생각해보자. 그때 '책장이 있다.'는 느낌이 확 들어올 것이다. '책장이 있어서 감사하다.'는 느낌도 들 수 있다,

〈알고 있다-모르고 있다(알고 있지 않다)〉를 〈유(有)-무(無)〉에 대입할 수 있다. 안다는 것과 모른다는 것도 항상 같이 존재한다. 딸에게 "3+2가 뭔지 알아?"라고 물어보았다. 그랬더니 딸은 "5"라고 대답했다. 이번엔 딸보다 두 살 많은 아들에게 "3+2가 뭔지 알아?"라고 물어보았다. 그랬더니 아들은 "내가 모를 것이라고 생각해?"라고 대답했다. 이렇게 안다는 것은 모른다는 것을 동반하는 개념이다. 상대방에게 무엇인가를 아는지 물어봤다면 '나는 당신이 그것을 모를 가능성도 있다고 생각합니다.'라는 말을 같이 전달하는 결과를 낳는다.

'있음'과 '없음'은 서로를 기준으로 한다

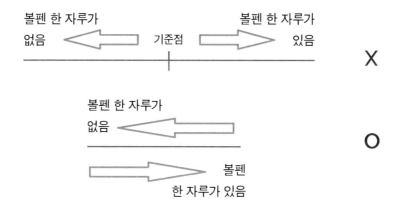

  '유(有)'와 '무(無)'는 같은 것을 기준으로 하지 않고 상대편을 기준으로 한다. '유(有)'는 '무(無)'를 기준으로 하고, '무(無)'는 '유(有)'를 기준으로 한다. 볼펜을 한 자루 갖고 싶을 수 있다. 〈볼펜 한 자루가 있음-볼펜 한 자루가 없음〉의 유무요소가 있다. 이때 볼펜 한 자루가 있는 것은 '유(有)', 볼펜 한 자루가 없는 것은 '무(無)'가 된다. 볼펜 한 자루가 있는 것과 한 자루가 없는 것의 차이가 볼펜 두 자루라고 이야기할 수도 있다. 그러나 서로를 기준으로 하므로 이 둘의 차이는 볼펜 한 자루이다.

  지금 볼펜이 없다고 해보자. 볼펜이 필요하지 않다면 '지금 볼펜이 없다.'라고 생각하지 않는다. '지금 볼펜이 없다.'라고 생각했다면 왜 이렇게 생각했을까? 볼펜이 있기를 원하기 때문이다. 원하는 상태를 기준으로 지금은 그 원하는 것이 없는 상태이다. 지금의 상태는 원하는 상태를 기준으로 한다. 〈볼펜 한 자루가 없음〉의 기준 상태는 〈볼펜 한 자루가 있음〉이다. 볼펜 한 자루를 갖게 되었다고 해보자. 볼펜이 없던 상태를 기준으로 지금 〈볼펜 한 자루가 있음〉 상태가 되었다. 따라서 〈볼펜 한 자루가 있음〉 상태의 기준 상태는 〈볼펜 한 자루가 없음〉이다. 이렇게 〈볼펜 한 자루가 있음〉과 〈볼펜 한 자루가 없음〉은 서로를 기준으로 한다.

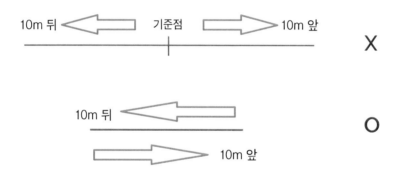

〈10m 뒤-10m 앞〉라는 유무요소가 있다. 이때 10m 앞과 10m 뒤의 차이는 20m라고 생각할 수 있다. 그러나 이 둘의 차이는 10m이다. 서로를 기준으로 하기 때문이다. 내가 지금 어딘가에 서 있다. 그리고 10m 앞으로 걸어갈 예정이라고 해보자. 나는 지금의 상태를 기준으로 10m 앞으로 걸어갈 것이다. 이때 나는 목적지를 기준으로 10m 뒤에 있는 상태이다. 〈10m 뒤〉라는 것은 10m 앞으로 걸어가 있는 상태를 기준으로 하여 10㎡만큼 뒤에 있는 것이다.

　그후 10㎡ 앞으로 걸어갔다고 해보자. 나는 〈10㎡ 앞〉의 상태에 있게 된다. 〈10㎡ 앞〉이라는 것은 걸어가기 전의 상태를 기준으로 한다. 이렇게 〈10㎡ 뒤-10㎡ 앞〉의 유무요소는 서로를 기준으로 한다. 유무요소의 한쪽은 변화의 전을 말하고, 다른 한쪽은 변화의 후를 말한다. 〈10㎡ 뒤〉는 걸어가기 전을 말하고, 〈10㎡ 앞〉은 걸어간 후를 말한다. 〈볼펜 한 자루가 없음-볼펜 한 자루가 있음〉도 변화의 전과 후를 말한다. 볼펜이 없었는데 생겼을 수도 있고, 볼펜이 있었는데 잃어버렸을 수도 있다. 걸어가는 것, 볼펜을 갖게 되는 것은 모두 변화에 해당한다. 유무요소는 변화를 의미한다.

　우리 인생은 모두 '유(有)'와 '무(無)', 즉 유무요소로 이루어져 있다. 인생은 유무요소의 총집합 상태이다. '유(有)'와 '무(無)'는 서로를 기준으로 한다. 〈볼펜이 있음〉과 〈볼펜이 없음〉은 서로를 기준으로 한다. 〈10㎡ 앞〉과 〈10㎡ 뒤〉는 서로를 기준으로 한다. 그래서 한쪽만 존재할 수 없다. 반드시 동시에만 존재한다. '유(有)'와 '무(無)'는 동시에 존재하면서 그사이에 힘을 가지고 있게 된다. 그 힘이 유무력이다. 우리 인생은 유무력으로 흘러가는 중이다. 다음 장에서 유무력에 대해 이야기해보겠다.

07.
있음과 없음 사이에는 힘이 존재한다

'유(有)'와 '무(無)' 사이에는 힘이 작동한다

'유(有)' 또는 '무(無)'에 치우쳐져 있을 때 기준 상태로 변하게 된다. 이것이 유무력의 법칙이다. 기준 상태로 변하게 하는 그 힘을 '유무력有無力'이라고 이름 붙였다. '유(有)'의 기준상태는 '무(無)'이다. '무(無)'의 기준상태는 '유(有)'이다. '유(有)'의 상태에 치우쳐져 있으면 '무(無)'를 향하는 유무력이 작동한다. 그 결과 '무(無)'가 현실화된다. 반대로 '무(無)'의 상태에 치우쳐져 있으면 '유(有)'를 향하는 유무력이 작동한다. 그 결과 '유(有)'가 현실화된다. 항상 유무력이 도착하는 쪽이 현실화된다.

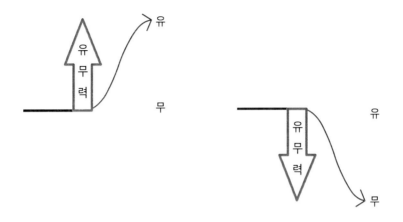

왜 '유(有)' 또는 '무(無)'에 치우치면 기준 상태로 변하는지 질문할 수도 있다. 10년간 나의 인생을 계속 관찰해보니 그렇다는 것을 알 게 되었다. 지금까지 관찰해본 바를 토대로 귀납적 추론에 의해 인생의 모든 요소들이 현재 상태에서 기준 상태로 변한다. 그래서 법 칙으로 만들었다. 인생에는 엄청나게 많은 유무요소가 있다. 그 유 무요소마다 유무의 법칙이 각각 적용된다. 내 신체에 어떤 세포가 존재한다면 〈그 세포가 존재함-그 세포가 존재하지 않음〉 중에서 〈그 세포가 존재함〉이 현실화되는 중이다. 이 상태는 〈그 세포가 존재하지 않음〉에서 〈그 세포가 존재함〉을 향하는 유무력이 작동 중인 상태이다.

어떤 청년이 있다. 이 청년은 자동차를 갖고 있지 않은데 자동차 를 한 대 갖기를 원한다. 시간이 흘러 청년이 자동차를 갖게 될 운 명이라고 해보자. 그렇다면 이 청년은 〈자동차가 한 대 없음〉 상태에 치우쳐져 있었던 것이다. 그래서 〈자동차가 한 대 없음〉에서 〈자동차가 한 대 있음〉으로 향하는 유무력이 작동하는 중에 있었다. 그 결과 〈자동차가 한 대 있음〉이 현실화된다. 자동차를 직접 구매했거나 누군가에게 받았을 수 있다.

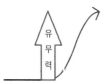

자동차가 1대 있음(자동차가 없었을 때를 기준으로 1대 생겨남)

자동차가 1대 없음(자동차가 1대 있을 때를 기준으로 1대 부족함)

자동차를 구매하는 것에는 수많은 요소가 담겨 있다. 어떤 브랜드의 자동차를 구매할지, 어떤 경로를 통해 구매할지, 구매비용은 어떻게 마련할지 등 모든 것이 개인마다 다르다. 이와 같은 것들도 하나하나 유무요소로 존재하고 각각 유무력이 작동한다. 사람에 따라, 시기에 따라 자동차를 갖게 되는 과정은 모두 다를 것이다. 그렇다 하더라도 누구나 〈자동차가 한 대 없음〉에 치우쳐져 있다면 〈자동차가 한 대 있음〉 상태로 바뀌게 된다. 한 개의 유무요소에는 다른 유무요소와 상관없이 개별적으로 유무의 법칙이 적용된다. 유무의 법칙이 각각 적용되는 유무요소들의 변화가 동시에 진행되는 것 뿐이다.

'나는 자동차가 없는 사람이다.'라고 자신을 규정할 때 〈자동차가 없음〉상태에 치우치게 된다. 자동차의 소유에 관련하여 '무(無)'의 상태가 된다. '자동차가 없다.'고 생각한 이유는 자동차를 갖고 싶기 때문이다. 그때부터 자동차를 갖기 위한 고민을 하게 된다. 돈이 필요하다면 돈을 어떻게 벌지를 고민하게 된다. 돈을 벌기 위해 직장을 구해야 한다면 직장을 구할 고민을 할 것이다. 꼭 자동차를 사기 위한 것이 아니더라도 먹고 살기 위해 직장을 구할 수도 있다. 그러면 직장을 구하는 것이 먹고 사는 것도 이루면서 자동차를 사는 방법이 된다. 때로는 자동차를 사기 위해서만 직장을 구할 수도 있다. 이 모든 상황은 '나는 자동차가 없는 사람이다.'라고 규정함으로써 나타나게 된다.

자동차가 없지만 '나는 자동차가 없는 사람이다.'라고 생각하지 않을 수도 있다. 그러면 자동차를 갖는 것에 관심이 없는 것이다. 그러면 자동차가 없지만 자동차를 갖기 위한 고민을 하지 않을 것이다. 자동차를 갖고 싶은 마음이 있을 때에 '나는 자동차가 없는 사람이다.'라고 규정하게 된다. '무(無)'를 생각한다는 것은 '유(有)'를 원한다는 뜻이다. 그때 '무(無)'에서 '유(有)'를 향하는 유무력이 발생한다. 그 결과 '유(有)'가 현실화되어 간다.

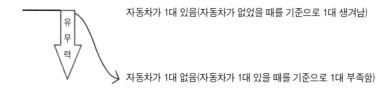

자동차가 1대 있음(자동차가 없었을 때를 기준으로 1대 생겨남)

자동차가 1대 없음(자동차가 1대 있을 때를 기준으로 1대 부족함)

지금 자동차를 한 대 갖고 있다고 해보자. 이때 〈자동차가 한 대 있음〉의 생각 상태에 치우치게 되면 기준 상태인 〈자동차가 한 대 없음〉으로 향하는 유무력이 발생한다. 그리고 〈자동차가 한 대 없음〉 상태로 변하게 된다. 있던 자동차가 사라지는 것이다. 자동차를 판매하거나 교통사고로 인해 폐차시키는 경우이다. 자동차를 갖게 되었어도 〈자동차가 있음〉에 치우치지 않을 수 있다. 자동차를 갖게 된 것에 감사함을 느끼는 상태라면 〈자동차가 있음〉에 치우치지 않는다, 자동차를 갖고 있음에 감사함을 느낄 때 자동차를 가진 상태를 유지한다. 감사함과 유무의 법칙과의 관계는 PART 05에서 이야기하겠다.

만약 자동차를 갖고 있는 것에 감사함을 느끼지 않는 상태라면 〈자동차가 있음〉에 치우친 것이다. '나는 자동차를 당연히 가질만한 사람이다.'라고 자신의 본질을 규정한 것과 같다. 이런 경우 이것을 '초심을 잃었다.'라고 말하기도 한다. 처음에는 〈자동차가 없음〉 상태에 치우쳐져 있어서 자동차를 갖게 되었다. 그런데 자동차를 가진 다음에 감사하는 마음이 없이 〈자동차가 있음〉 상태에 치우치게 되었다. 그 결과 유무력이 반대로 바뀌게 되어 자동차는 사라지게 된다. 본질을 규정하면 그 본질은 나타나지 않게 된다. '나는 자동차를 당연히 가질 만한 사람이다.'라고 본질을 규정하면 그 본질은 사라신다. 자동사를 갖지 못하게(않게) 된다.

자신의 본질이 '무(無)'인 것을 알 때 '유(有)'가 생성된다

'내가 초심을 잃었구나.'라는 생각이 들었다는 것은 그동안 누리고 있던 것이 사라졌다는 뜻이다. 경각심을 갖게 된 것이다. 누리고 있던 것을 자신의 본질인 것처럼 생각했기 때문에 사라지게 되었다. 가진 것이 언제든지 사라질 수 있음을 아는 것이 중요하다. '유(有)'를 자신의 본질로 생각하면 '무(無)'가 현실화된다. 처음에 '무(無)'를 자신의 본질로 생각하는 것이 초심을 갖는 것이다. '무(無)'를 자신의 본질로 생각했었기 때문에 '유(有)'가 현실화되었던 것이다. 그런데 시간이 흘러 '무(無)'가 자신의 본질인 것을 잊고, '유(有)'가 자신의 본질인 것처럼 생각하게 되었다. 그 결과 '유(有)'가 사라지게 되었다. 이제부터라도 '무(無)'가 자신의 본질임을 알면 된다.

도덕경 제1장에는 '무명천지지시(無名天地之始)'라는 말이 나온다. '무(無)'는 이 세계의 시작을 가리킨다는 뜻이다. 이 세계뿐만 아니라 자신이 갖게 된 모든 것은 '무(無)'로부터 나왔다. 본질이 '무(無)'라고 생각함으로써 그것이 생겨난 것이다. 『호오포노포노의 비밀』에는 토르 노레트랜더스의 말이 나온다. "우주는 무(無)가 거울에 비친 자신의 모습을 보았을 때 비로소 시작되었다." 자신의 본질이 '무(無)'임을 알 때만 '유(有)'가 생성된다. 자동차를 갖는 것과 이 우주가 생성된 것은 똑같이 '무(無)'에서 '유(有)'를 향하는 유무력에 의해 진행된다. 이 세상 모든 것들은 하나하나 유무력에 의해 생성되고 사라진다.

이 우주는 중간 상태를 회복하려는 경향이 있다. 〈실패〉의 상태에 치우쳐져 있을 때 〈성공〉을 향하는 유무력이 작동하고 성공하게 된다. 그런데 성공을 하고 나선 그 성공을 즐기는 마음이 생긴다. 그러면 서서히 〈성공〉에 치우치게 되고 〈실패〉를 향하는 유무력이 작동하게 된다. 그리고 실패가 나타난다. 그렇게 좌절을 느낀다. 그 상태가 유지되면 서서히 〈실패〉에 치우치게 되고 〈성공〉으로 향하는 유무력이 작동하게 된다. 이렇게 파동을 그린다. 파동을 움직이는 힘은 유무력이다.

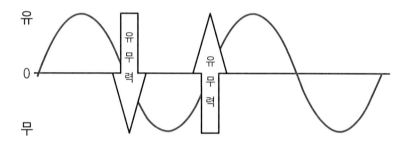

그런데 오랫동안 성공하는 사람도 있다. 그것은 오랫동안 실패를 경험했기 때문이다. 유무력을 쌓고 쌓고 쌓아온 것이다. 그래서 함부로 〈성공〉에 치우치지 않는다. 만약 실패를 거의 하지 않은 사람이 성공하면 금방 〈성공〉에 치우치게 되고 바로 〈실패〉를 향하는 유무력이 작동하게 된다. 그래서 쉽게 얻은 것은 쉽게 나간다. 나의 현재 상태가 내 생각 상태를 바꾸게 되어 반대쪽으로 다시 돌아가게 된다. 이렇게 인생은 항상 중간 상태를 회복하려 한다.

유무력을 느껴볼 수 있다. 2㎡ 정도로 가까이에 떨어진 곳을 목적지로 정한 후에 그곳을 향해 걸어보자. 일부러 목적지까지 걸어가면 된다. 출발하기 전에는 〈2㎡ 뒤〉의 상태에 있게 된다. 〈2㎡뒤-2㎡ 앞〉의 유무요소 중에서 〈2㎡ 뒤〉에 치우친 상태가 되는 것이다. 목적지에 도착하면 〈2㎡ 앞〉의 상태가 된다. 직접 〈2㎡ 뒤〉에서 〈2㎡ 앞〉을 향하는 유무력을 느껴보는 것이다. 걸어가는 힘은 다리에게 맡긴 상태로 아무 생각이 없이 자신의 상태를 느껴보자. 내가 내 발로 걸어가고 있지만 내가 나를 다시 느끼는 것이다. 그러면 목적지를 기준으로 부족한 위치만큼을 채워나간다는 느낌이 난다. 목적지를 향해 부족한 부분을 채워나가는 힘이 유무력이다.

우리의 삶은 유무력에 의해 진행된다. '무(無)'에 치우친 상태에 있게 되면 '유(有)'가 현실화된다. '유(有)'에 치우친 상태에 있게 되면 '무(無)'가 현실화된다. 자신의 본질이 '유(有)'라고 생각할 때 그 '유(有)'는 사라지게 된다. 자신의 본질이 '무(無)'인 것을 아는 것이 필요하다. 그 마음이 초심이고, 원하는 것을 만들어가는 과정이다. 그리고 그것을 갖게 되었더라도 그것을 갖게 됨에 감사함을 느끼는 것이 필요하다. 그것이 '유(有)'에 치우치지 않는 방법이다.

08.
냄새가 계속되면 무뎌져 냄새가
안 느껴지는 것처럼 인간은 오직 변화만 인식한다

오감은 변화량을 느끼는 기관이다

우리는 지금의 상태를 알 수 있다고 생각한다. 컵이 놓여있다면 컵이 놓여있다는 것을 알 수 있다. 어디선가 냄새가 나면 냄새가 난다는 것을 알 수 있다. 감각기관에 특별한 문제가 없다면 지금의 상태를 알 수 있다. 그런데 감각기관은 사실 지금의 상태 자체를 느끼는 것이 아니다. 변화량을 느끼는 것이다. 우리는 변화만을 인식하고 생각할 수 있다. 정지된 것은 생각으로 떠오르지 않는다. 이것을 이해하는 것이 필요한 이유는 생각이 언제 떠오르는지를 알기 위해서이다. 유무의 법칙은 현재의 생각 상태와 미래와의 관계를 설명한 것이다. 그래서 생각에 관한 특징을 아는 것이 필요하다.

오래된 화장실에 갔다고 해보자. 처음에는 냄새가 고약하다고 생각할 것이다. 그런데 화장실 안에 계속 있으면 냄새가 서서히 나지 않게 된다. 냄새가 무뎌지는 것이다. 이때 냄새가 나는 물질이 사라져서 냄새가 나지 않게 되는 것이 아니다. 냄새가 나는 물질은 계속 화장실 안에 퍼져 있다. 그 물질은 내 코를 계속 자극하고 있다. 단지 내가 그 냄새를 더 이상 느끼지 못하는 것이다. 우리는 변화량만을 느낄 수 있는 존재이기 때문이다. 화장실에 처음 들어갈 때 냄새가 났던 이유는 냄새가 나지 않다가 났기 때문이다.

냄새가 나지 않았을 때의 냄새의 정도를 (0)이라고 해보자. 냄새가 날 때 냄새의 정도를 (5)라고 해보자. 냄새가 나지 않다가 냄새가 나면 (5)만큼의 냄새가 나게 된다. (5)에서 (0)을 뺐을 때의 그 차이인 (5)만큼 냄새가 나는 것이나. 그런데 냄새의 크기가 계속 유지되면 기존 냄새와 지금의 냄새의 차이가 점점 줄어든다. 정말 오랫동안 있으면 지금의 냄새와 기존의 냄새의 정도가 완전히 같아져 냄새가 나지 않는다. 지금의 냄새도 (5)가 되고, 기존의 냄새도 (5)가 된다. (5-5)가 되어 (0)만큼 느끼게 되는 것이다. 우리는 평소에 공기의 냄새가 없다고 생각한다. 기존의 냄새와 지금의 냄새가 같기 때문이다.

이번에는 종이컵을 앞에 두고 그것을 계속 쳐다보자. 종이컵 대신 다른 물건을 봐도 된다. 그 물건을 하나하나 세세하게 쳐다보는 것이다. 그 물건에 그려져 있는 것들, 질감, 빛이 반사되는 느낌까지 하나하나 쳐다보자. 그러면 서서히 그 물건이 보이지 않게 된다. 내 눈은 그 물건을 보고 있는데, 그 물건이 보이지 않는다. 멍한 상태가 된다. 그 이유는 그 물건의 모양을 세세하게 관찰해서 그 모양에 관한 정보를 이미 알고 있기 때문이다. 이미 알고 있는 정보는 인식이 되지 않는다. 굳이 인식할 필요가 없는 것이다. 가지고 있던 기존의 시각 정보와 지금의 시각 정보에 차이가 없게 되면 더 이상 보이지 않게 된다.

같은 소리도 지속되면 들리지 않는다. 처음에 자동차를 타고 출발할 때는 자동차 엔진 소리가 크게 들린다. 그러나 자동차를 계속 타고 있으면 자동차 엔진 소리가 잘 들리지 않게 된다. 반복적으로 들리는 소리는 점차 들리지 않게 된다. 같은 음식을 계속 먹게 되면 점점 맛이 느껴지지 않게 된다. 맛도 무뎌지게 된다. 촉감도 마찬가지다. 만지던 것을 오랫동안 만지고 있으면 내가 무엇인가를 만지고 있다는 느낌이 서서히 들지 않는다. 이렇게 후각, 시각, 청각, 미각, 촉각의 오감은 변화량을 느끼는 기관이다. 기존의 감각 정보와 지금의 감각 정보에 차이가 있을 때만 느껴지게 된다.

오감 외에도 변화와 차이만을 느낄 수 있다

직장을 갖지 못하고 있는 사람은 직장을 갖기를 갈망한다. 직장에 취직하게 되면 엄청 기쁜 마음이 든다. 직장에 취직하지 못하고 있었던 기억이 나기 때문이다. 직장에 취직하지 않은 상태와 취직한 상태의 차이를 느끼는 것이다. 그러나 직장에 취직하고 나면 그 기쁨이 서서히 줄어든다. 직장에 취직한 상태가 유지되기 때문이다. 1년 전에도 직장에 취직한 상태였고, 지금도 직장에 취직한 상태라고 해보자. 그만큼 변화가 적기 때문에 적은 변화량을 느낀다.

월급을 200만 원 받던 사람은 월급을 300만 원 받으면 정말 좋을 것으로 생각한다. 시간이 흘러 월급이 300만 원으로 오르게 되면 정말 기쁜 마음이 든다. 그러나 이것 또한 서서히 무뎌진다. 5년 전에도 월급이 300만 원이고 지금도 월급이 300만 원이라고 해보자. 별 감흥이 없다. 오히려 뒤처진다는 느낌까지도 든다. 물가는 상승했는데 월급은 그대로이기 때문이다. 물가가 상승한 것만큼 월급이 오르지 않았으므로 상대적으로 월급이 내려간 꼴이 된다. 월급이 내려갔다고 생각되는 만큼 기분이 가라앉을 수도 있다.

이번에는 책을 통해 A라는 지식을 얻었다고 해보자. 책을 읽기 전에는 A라는 지식을 모르는 상태였다. 그런데 책을 읽음으로써 A라는 지식을 알게 되었다. 책을 읽는 동안은 머릿속에 무엇인가 떠오르는 중이다. 책을 읽으면서 책에 쓰여있는 A라는 지식을 생각함으로써 A라는 지식을 알게 되는 것이다. 이때 A라는 지식을 읽고 생각함으로써 A라는 지식을 모르는 상태에서 아는 상태로 변화하는 것이다. 책을 읽는다는 것은 무엇인가 알지 못하는 상태에서 아는 상태로 변화한다는 뜻이다. 책을 통해 감동을 느낄 수도 있다. 그러면 감동이 없는 상태에서 감동을 느낀 상태로 변화하는 것이다.

책에서 A라는 지식을 읽으려고 한다. 이때 A 지식을 이미 완벽하게 알고 있을 수도 있다. 그러면 A 지식이 적혀 있는 부분을 읽으려고 해도 읽을 수가 없게 된다. 억지로 읽으려고 해도 지겹다는 생각이 들면서 읽지 않게 된다. 읽고 싶지 않은 것이다. 그래서 변화는 나타나지 않게 된다. 이미 가지고 있는 정보는 유지할 뿐이다. 만약 기존에 읽었던 내용이 다시 잘 읽어지면 아직 완벽히 알고 있는 상태가 아니라는 뜻이다. 책을 반복해서 읽는 이유는 읽었어도 완벽히 알지 못했기 때문이다. 책을 읽는 행위가 어떠한 변화도 일으키지 못한다면 책을 읽을 수 없게 된다. 책을 읽으면서 생각한다는 것은 지식이나 감동의 변화가 나타나고 있다는 뜻이다. 생각은 변화를 말한다.

어딘가로 가기 위해 걷기 시작한다. 처음 걷기 시작할 때는 걷기 시작했다는 생각이 든다. 걷지 않은 상태에서 걷는 상태로 바뀌었기 때문이다. 상태가 바뀌는 만큼 느껴지게 된다. 그러나 계속 걷다 보면 걷는다는 생각이 들지 않게 된다. 계속 걷는 상태이긴 하지만 걷는 상태에 변화가 없기 때문이다. 걷는 속도를 증가시키면 걷는 속도가 증가한다는 것이 느껴진다. 변화가 나타났기 때문이다. 움직임도 변화할 때만 느껴진다. 움직임이 계속 느껴지는 것이 아니라 움직임이 변화한 만큼만 느껴진다.

감정도 변화될 때만 느낄 수 있다. 내가 불행을 느끼는 상태에서 행복을 느끼는 상태로 변화할 때 행복을 느끼게 된다. 행복을 계

시크릿을 찾는 유무력의 법칙

속 느끼고 있으면 행복하다는 느낌을 서서히 느끼지 못하게 된다. 원래 그런 줄 알게 되는 것이다. 반대로 불행을 계속 느끼고 있으면 불행한 느낌을 서서히 느끼지 못하게 된다. 행복을 느끼려면 반드시 불행한 적이 있어야 한다. 반대로 불행을 느끼려면 행복을 느꼈던 적이 반드시 있어야 한다. 모든 감정은 그 감정을 느끼기 위해 반드시 반대 감정을 필요로 한다.

모든 생각은 변화를 뜻한다. 변화가 있을 때만 그것이 생각으로 떠오른다. 변화하지 않으면 생각이 들지 않는다. 감각기관을 통해 느끼는 오감도 생각의 일종이다. 뇌가 느끼는 것이기 때문이다. 감정도 뇌가 느끼는 것이다. 뇌가 느끼는 것은 모두 변화만을 느낀다. 변화한 양이 아닌 전체의 양을 생각하는 때도 있다. 그렇다 하더라도 '전체가 얼마만큼인가?'라는 질문의 답을 모르는 상태에서 알고 있는 상태로 변화하고 싶다는 뜻이다. 변화가 아닌 것을 얼마든지 생각할 수 있지만, 생각 자체는 변화이다. 머릿속에 무엇인가 떠오르거나 느껴진다면 변화가 나타나는 중이라는 뜻이다.

PART
02

인생은 원하는
마음에 의해 흘러간다

01.
유무력은 원하는 마음과 같다

원한다는 것은 이루어지지 않을 수도 있는데
이루어지기를 원하는 것이다

우리는 무엇인가 이루어지기를 원한다. 부자가 되고 싶을 수도 있고, 건강해지기를 원할 수도 있다. 그런데 원하는 것이 항상 이루어지는 것은 아니다. 원하는 것이 항상 이루어지기만 한다면 걱정이 없을 것 같기도 하다. 중동지역의 설화 『알라딘과 요술램프』에는 신기한 요술램프가 나온다. 요술램프 안에는 자신의 소원을 들어주는 지니가 살고 있다. 우리는 이 지니가 실제로 있었으면 좋겠다는 생각을 하기도 한다. 지니가 이루지 못하고 있는 소원을 이루어줄 것 같기 때문이다. 그런데 인생은 이미 자신이 원하는대로 이루어지고 있다. 그것도 무조건 100% 말이다. 이에 대해 PART 02와 03에 걸쳐 이야기할 것이다. 먼저 다음의 두 가지를 보자.

① 인생은 원하는대로 이루어지기도 하고, 이루어지지 않기도
   한다.
② 인생은 항상 100% 원하는대로 이루어진다.

이 두 가지는 서로 논리적으로 맞지 않다. 그러나 우리가 살고 있는 이 우주에는 이 두 가지가 모두 존재한다. 우리는 ①번처럼 생각하면서 살아간다. 하지만 실제 인생은 ②번처럼 진행된다. '생각'과 '원하는 마음'은 별개이다. 인생은 ②번과 같이 100% '원하는 마음'에 의해서 진행된다. 인생은 생각과 상관없이 진행된다. 그런데 생각은 원하는 마음과 긴밀하게 연결되어 있다. 인생이 ②번처럼 진행되기 위해서 우리는 ①번처럼 생각하고 있어야 한다. ②번처럼 생각하면 ②번과 같이 진행되지 않는다. ①번처럼 생각하고 있어야 ②번과 같이 진행된다. 그 이유를 알아보자.

인생이 ②번과 같이 진행된다면 우리는 원하는 상태에 있기만 하면 된다. 이때 원하는 상태에 있기 위해서는 조건이 필요하다. 그 조건은 '이루어지지 않을 수 있다는 생각'이다. 원한다는 것은 이루어지지 않을 수도 있기 때문에 이루어지기를 원하는 것이다. 당연히 이루어질 것이라고 생각한다면 이루어지기를 원하는 마음이 생기지 않는다. 자동으로 이루어질 것이므로 애써 원할 필요가 없는 것이다. 무엇인가를 원한다는 것은 그것이 이루어지지 않을 수도 있다고 생각한다는 뜻이다.

등산을 좋아한다고 해보자. 산의 정상까지 가기 위해 산 밑에 와 있다. 이때 나는 산의 정상까지 도달할 수 있을지 알 수 없는 상태에 있다. 정상에 도달하지 못 할 수도 있다고 생각하게 된다. 그래야만 정상에 도달하기를 원하는 마음을 가질 수 있다. 만약 '나는 당연히 정상에 도달할 것이다.'라고 생각한다고 해보자. 그러면 정상에 도달하기를 원하는 마음이 사라지게 된다. 당연히 도달할 것인데 굳이 도달하기를 원할 필요가 없어지는 것이다. 원한다는 것은 그것이 이루어질지 모른다고 생각할 때 나타나는 마음이다.

③ A 상황이 나타나지 않을 수도 있다는 생각
④ A 상황이 나타나기를 원하는 마음

인생의 흐름을 뒤에서부터 거꾸로 돌려보겠다. 나에게 어떤 A라는 상황이 나타날 운명이라고 가정해보자. 위에서는 산의 정상에 도달하는 것이 A 상황이 될 수 있다. 우주는 나에게 A 상황을 현실화시키기 위해 ④번의 원하는 마음을 갖게 만든다. 이때 원하는 마음은 그것이 이루어지지 않을 수도 있다는 생각을 필요로 한다. 우주는 나에게 ④번의 마음을 갖게 하기 위해 ③번의 생각을 하도록 만든다. ③번의 생각을 하는 상태에 있을 때 ④번의 원하는 마음이 생긴다. 그 결과 A 상황은 현실화된다. 이것이 우리 인생이 흘러가는 방식이다. 인생은 항상 원하는 대로 이루어지고 있다. 그러나 인생이 원한다고 해서 이루어지는 것은 아니라고 생각하게 된다. 우리의 목표는 ④번의 마음을 갖기 위한 ③번의 생각이 어떤 것인지 명확히 아는 것이다.

유무력과 원하는 마음은 같다

앞에서 인생은 100% 유무의 법칙에 맞게 진행된다고 하였다. 어떤 것의 '무(無)'에 치우친 상태에 있게 되면 '유(有)'의 상태로 변화한다. 그 변화의 힘은 유무력이다. '무(無)'의 상태에 있을 때 '무(無)'에서 '유(有)'를 향하는 유무력이 작동한다. 그 유무력에 의해 '유(有)'의 상태로 변화한다. 인생은 항상 유무력에 의해 진행된다. 이때 '무(無)'에서 '유(有)'를 향하는 유무력은 '유(有)'를 원하는 마음과 완전히 같다. 그 결과 인생은 항상 '원하는 마음'에 의해서 진행된다고 말할 수 있다. 유무력이 어떻게 원하는 마음과 같은지 알아보자.

우리가 '유(有)'를 원할 때는 '무(無)'를 생각할 때이다. 예를 들어 가방을 갖기를 원한다는 것은 가방을 갖고 있지 않다고 생각할 때이다. 가방을 1개 갖고 싶은 상태라고 해보자. 가방을 가지고 있지 않을 때 가방 1개를 갖고 싶은 마음이 든다. 이때 가방을 1개 갖게 되었다면 가방을 갖고 싶어 하는 마음은 사라지게 된다. '유(有)'의 상태에서 '유(有)'를 원할 수 없다. '무(無)'의 상태에서만 '유(有)'를 원할 수 있다. 가방을 1개 갖고 싶다면, 가방이 없는 상태에서만 가방을 갖기를 원할 수 있다.

가방을 2개 갖고 싶을 수 있다. 그렇다 하더라도 없다고 생각하는 만큼만 있기를 원하게 된다. 가방을 갖고 있지 않을 때 2개를 갖고 싶다면 가방을 2개 갖고 싶은 마음이 든다. 가방을 2개 갖고 싶은데 이미 1개가 있다면 가방을 1개 더 갖고 싶은 마음이 든다. '유(有)'를 원하는 마음을 갖는 것은 무조건 '무(無)'의 상태에 있는 만큼만 가능하다. 〈가방이 있음〉을 원하는 마음은 〈가방이 없음〉 상태에 있는 만큼만 가능하다. 유무의 법칙에서 〈가방이 없음〉 상태에 있을 때 〈가방이 없음〉에서 〈가방이 있음〉으로 향하는 힘이 유무력이다. 〈가방이 없음〉에서 〈가방이 있음〉으로 향하는 유무력과 가방을 갖기를 원하는 마음은 같다.

부유해지기를 원하는 것은 가난하다고 생각하고 있는 상태에서만 가능하다. 내가 부유하다고 생각하는데 부유해지기를 원하는 것은 불가능하다. 부유한 상태에서 더 부유해지기를 원하기도 한다고 말할 수도 있다. 실제로 부유한 사람이 더 많은 돈을 원하기도 한다. 그렇다 하더라도 부유해지기를 원하기 위해서는 가난하다고 생각하고 있어야 한다. 지금보다 더 부유해지기를 원하는 것이다. 따라서 상대적으로 지금 가난한 상태가 된다. 가난하다는 것은 부유해지기를 원하는 만큼을 기준으로 그만큼 가난한 것이다.

내가 3천만 원을 갖고 있는데, 상대방이 1억 원을 갖고 있다고 해보자. 이때 상대방이 1억 원이 있는 것을 보고 나도 1억 원을 갖고 싶을 수 있다. 그렇다면 나는 상대적으로 7천만 원만큼 가난한 상태가 된다. 3천만 원을 갖고 있으면서 동시에 7천만 원만큼 가난한 상태이다. 7천만 원을 갖고 싶기 때문에 7천만 원만큼 가난한 상태가 되었다. 부유해지기를 원하는 만큼 가난한 것이다. ⟨7천만 원이 없음-7천만 원이 있음⟩의 유무요소 내에서 ⟨7천만 원이 없음⟩ 상태에 있을 때 ⟨7천만 원이 없음⟩에서 ⟨7천만 원이 있음⟩으로 향하는 유무력이 발생한다. 이 유무력은 7천만 원이 갖기를 원하는 마음과 같다.

건강해지고 싶은 마음은 허약하다고 생각하는 상태에서만 생긴다. 건강하다고 생각하고 있으면 건강하기를 원하지 않게 된다. 이미 건강한데 건강해지기를 원하는 것은 불가능하다. 허약하다고 생각하는 만큼만 건강해지기를 원할 수 있다. 물론 지금도 건강하지만, 지금보다 더 건강해지고 싶을 수 있다. 예를 들어 건강한 상태이지만 근육량을 더 키우고 싶을 수 있다. 그렇다 하더라도 더 키우고 싶은 근육량만큼 지금은 근육량이 부족한 상태이다. 원하는 상태를 기준으로 지금 상대적으로 허약한 것이다. ⟨허약함-건강함⟩의 유무요소 내에서 ⟨허약함⟩ 상태만큼 ⟨건강함⟩으로 향하는 유무력이 작동하게 된다. ⟨건강함⟩으로 향하는 유무력은 건강하기를 원하는 마음과 같다.

버스를 기다리고 있는데 버스가 도착하여 문이 열렸다. 나는 버스 위로 올라가기를 원한다. 버스 아래에 있는 위치에서 버스 위의 위치로 올라가는 변화량을 A라고 해보자. 버스에 올라탄 후의 위치는 버스 아래의 위치에 비해 +A만큼의 위치이다. 버스 아래에 있는 나의 위치는 버스 위를 기준으로 -A만큼의 위치이다. 버스에 타기 전에는 위치적으로 A만큼 부족한 상태가 되는 것이다. 〈'-A'의 위치에 있음-'+A'의 위치에 있음〉의 유무요소 내에서 〈'-A'의 위치에 있음〉 상태에 있을 때 〈'+A'의 위치에 있음〉 상태로 향하는 유무력이 발생한다. 이 유무력이 바로 버스 위로 올라가고 싶은 마음이다.

나의 현재 상태는 내가 원하고 있는 상태를 기준으로 한다. 그 기준에 비해 현재는 원하는 만큼 부족한 상태이다. 내가 '유(有)'를 원하면 그 '유(有)'만큼 부족한 상태가 된다. 그 부족한 만큼 '무(無)'의 상태가 되는 것이다. 앞에서 이야기하였듯이 '무(無)'의 기준상태는 '유(有)'이다. 기준상태로 변화하는 힘이 유무력이다. 내가 '무(無)'의 상태에 있게 되면 유무력에 의해 기준상태인 '유(有)'로 변화한다. 동시에 내가 '무(無)'의 상태에 있게 되면 '유(有)'가 나타나기를 원하는 마음이 든다. 그 원하는 마음이 '유(有)'를 현실화시켜준다.

이와 같이 유무력과 '원하는 마음'은 같다. 만약 인생이 100% 유무력의 법칙에 따라 진행된다면, 인생은 항상 원하는 대로 이루어지고 있는 것이다. 그런데 우리는 스스로 원하는 마음을 일부러 생각하면서 살아가지는 않는다. 버스를 타려고 마음먹었어도 '나는 버스를 타기를 원한다.'라고 일부러 생각하지 않는다. 단지 버스를 타기를 원하는 마음을 가질 뿐이다. '원하는 마음을 갖는 것'과 '원한다고 생각하는 것'은 다르다. 내가 원한다고 '생각'하는 것이 이루어지는 것이 아니다. 그래서 '내가 원하는 것이 반드시 이루어지는 것은 아니다.'는 생각이 들게 된다. '원하는 마음'이 존재하게 되면 그것이 이루어진다.

원하는 마음(유무력)을 가지면 그 마음이 실제로 자신의 행동을 만든다. 자신의 행동은 자신의 원하는 마음이 작용한 것이다. 이때 원하는 마음인 유무력은 가상의 힘이 아니다. 원하는 마음(유무력)은 실존하는 물리적인 힘이다. 버스 위로 올라갈 때 다리를 포함한 신체에 있는 근육의 힘을 이용한다. 근육을 움직이는 힘은 근육을 움직이고 싶은 마음에서 나온다. 이 상황에서 근육을 움직이고 싶은 마음은 버스를 타고 싶은 마음에서 나온다. 버스를 타고 싶은 마음이 근육을 움직이는 힘을 제공하는 것이다. 이뿐만 아니라 버스를 타는 힘은 여러 가지 원하는 마음에서 나온다.

'목적지에 도착하고 싶은 마음'이 버스를 타는 힘을 만들어준다. 목적지가 직장이었다면 '직장에 도착해서 일하고 싶은 마음'이 버스를 타는 힘을 만들어준다. 직장에서 일하는 이유가 돈을 벌고 싶은 마음 때문일 수 있다. 그러면 '돈을 벌고 싶은 마음'이 버스를 타는 힘을 만들어준다. 직장에서 돈을 벌어서 아이 장난감을 사고 싶을 수 있다. 그렇다면 '아이 장난감을 사고 싶은 마음'이 버스를 타는 힘을 만들어준다. 자신은 무수히 많은 유무력이라는 '원하는 마음'을 지금, 이 순간에 갖고 있다. 그 유무력들이 동시에 같이 작동하여 내 행동과 생각을 하나하나 만들어나간다. 내가 가진 유무력들이 모여서 나의 인생을 만들어나간다.

　이처럼 유무력의 법칙에서의 유무력은 원하는 마음과 같다. 인생은 100% 원하는 마음에 의해 흘러간다. 그런데 원하는 마음을 갖기 위해서는 이루어지지 않을 수도 있다고 생각해야만 한다. 원한다는 것은 이루어지지 않을 수도 있는데 이루어지기를 원하는 것이기 때문이다. 인생은 항상 자신이 가진 '원하는 마음'에 의해 흘러간다. 하지만 우리는 인생이 원하는 대로 이루어질지 알 수 없다고 생각하면서 살아가게 된다. 이에 대해 다음 장에서 더 알아보자.

자신이 말하는 법칙은 자신에게도 적용되어야 한다

인생은 항상 유무력의 법칙의 적용을 받는다. 이때 적용되는 유무력은 원하는 마음과 같다. 따라서 인생은 원래부터 원하는 대로 이루어지고 있다. 그러나 우리는 원한다고 해서 이루어지는 것은 아니라고 생각한다. 이번에는 이를 다른 방식으로 설명해보겠다. 원하는 것이 이루어지지 않는 이유는 이루어진다는 생각이 없는 것만 이루어지기 때문이다. 이루어질 것이라는 생각이 전혀 없이 원하고 있는 것만 이루어진다. 그 이유는 법칙이 법칙 스스로의 적용을 받기 때문이다. 이를 이해하기 위해 먼저 다음의 예시를 보자.

내가 A라는 사람과 B라는 사람 산의 대화를 듣게 되었다. 그런데 A라는 사람이 B라는 사람에게 기분이 썩 좋지 않게 말을 하는 것이었다. 그래서 나는 A에게 '기분 나쁘지 않게 이야기해야지.'라고 하였다. 그랬더니 A는 다시 나에게 '너의 말이 더 기분이 나빠.'라고 하였다. 나는 '기분 나쁘지 않게 이야기해야지.'라는 말을 법칙처럼 이야기하였다. 그런데 이 말이 법칙이라면 그 법칙은 나에게도 적용되어야 한다. 그래야만 그 법칙이 누구에게나 적용되는 진짜 법칙이 된다. 따라서 나도 '기분 나쁘지 않게 이야기해야지.'라는 말을 기분 나쁘지 않게 이야기하여야 한다. 차라리 이 말을 하지 않는 것이 더 나았을 수도 있다.

　우주의 모든 현상에 공통으로 적용되는 법칙을 자연법칙이라고 할 수 있다. 자연법칙은 우주에 존재하는 것이라면 모두 적용된다. 나에게도 적용되고, 옆 사람에게도 적용된다. 내가 보고 있는 책에도 적용된다. 우주 안에 있는 것이라면 원자 한 개도 빼놓지 않고 모두 적용된다. 그래야만 공통으로 적용되는 자연법칙이 된다. 자연법칙은 물질뿐만 아니라 '생각'에도 적용된다. 생각도 이 우주 안에 존재하는 것이기 때문이다. '게임을 하고 싶다.'라고 생각했다면 그 생각에도 자연법칙이 적용된다. 자연법칙에 예외는 존재하지 않는다.

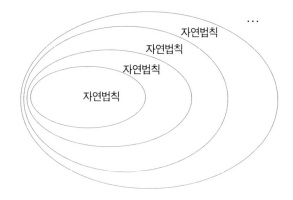

자연법칙을 어떤 한 문장으로 정리했다고 해보자. 이때 자연법칙을 정리한 문장을 내 머리로 생각하면 그 생각에도 자연법칙이 적용되어야 한다. 그래야만 완벽한 법칙이 된다. 따라서 자연법칙은 자연법칙 스스로의 적용을 받게 된다. '자연법칙(1)은 자연법칙(2)의 적용을 받는다.'라는 문장에서 (1)의 '자연법칙'은 내가 생각한 자연법칙을 말한다. (2)의 '자연법칙'은 실제 우주의 현상인 자연법칙을 말한다. (1)과 (2)는 같은 것이다. 말로(생각으로) 했느냐 안 했느냐의 차이만 있다. 자연법칙을 잘못 설명했다는 뜻이 아니다. 자연법칙을 잘 설명했어도 말이나 생각으로 표현했느냐 안 했느냐의 차이를 말한다. 언어로 표현한 자연법칙도 우주 안에 속해 있으므로 자연법칙의 적용을 받는다.

한 단계 더 나아가보자. '자연법칙의 적용을 받는 그 자연법칙'도 내가 생각한 것이다. 따라서 '자연법칙의 적용을 받는 자연법칙'도 자연법칙의 적용을 받게 된다. '자연법칙의 적용을 받는 자연법칙의 적용을 받는 자연법칙'도 자연법칙의 적용을 받게 된다. 따라서 앞의 그림과 같이 무한대로 계속 적용받게 된다. 내가 그 자연법칙을 생각하지 않는다면 이런 복잡한 과정은 필요 없다. 하지만 그 자연법칙을 생각하고 싶다면 이 과정을 거쳐야만 한다. 이렇게 인간이 생각하는 우주의 법칙은 '무한순환구조'에 있게 된다. 우주 전체에 적용되는 자연법칙을 생각할 때는 '무한순환구조'에 있게 됨을 알고 생각해야 한다.

'인생은 항상 원할 때만 이루어진다.'라는
법칙도 스스로의 적용을 받는다

앞에서 인생은 항상 원하는 마음에 의해 진행된다고 하였다. 항상 적용되므로 '인생은 항상 원할 때만 이루어진다.'는 것은 자연법칙이 된다. 원하고 있으면 이루어지고, 원하고 있지 않으면 이루어지지 않는다. 자연법칙이 적용되는 대상에 예외는 없다. 따라서 이 법칙 자체도 법칙 스스로의 적용을 받게 된다. 그래야만 우주 전체에 적용되는 법칙이 된다. 따라서 '인생은 항상 원할 때만 이루어진다.'는 법칙도 원할 때만 이루어진다. 법칙도 원할 때만 이루어진다.

① 인생은 항상 원할 때만 이루어진다.
② ①의 문장도 원할 때만 이루어진다.
③ ①의 문장도 원할 때만 이루어진다는 ②의 문장도 원할 때만 이루어진다.
④ ③의 문장도 원할 때만 이루어진다.
⑤ ④의 문장도 원할 때만 이루어진다.
　　　…
　　　…

이렇게 계속 무한대로 나가게 된다. 여기에서 '인생은 원할 때만 이루어진다.'라는 말을 생각하지 않는다면 이런 과정은 필요하지 않다. '인생은 원할 때만 이루어진다.'는 법칙을 생각하지 않아도 인생은 자동으로 원할 때만 이루어지는 중이다. 그런데 이 법칙을 내가 생각하려고 하다 보니 무한순환구조가 발생하게 된다. 그래서 이 법칙은 법칙 스스로의 내용을 무한대로 적용받게 된다. 무한대로 적용된 법칙이 진짜 법칙이 된다. 이 법칙을 무한대로 적용하면 다음과 같이 된다.

∞ 인생은 항상 원할 때만 이루어진다…는 것도 원할 때만 이루어진다…는 것도 원할 때만 이루어진다…는 것도 원할 때만 이루어진다…는 것도 원할 때만 이루어진다…는 것도 원할 때만 이루어진다…는 것도 원할 때만 이루어진다…는 것도 원할 때만…

'인생은 원할 때만 이루어진다.'라는 문장을 무한대로 적용하면 '이루어진다.'고 말할 수 없게 된다. 이루어진다고 말하려는 순간에 그것 또한 원해야만 이루어지기 때문이다. 이루어진다고 말하지 못하고 계속 원하기만 하는 것이다. 이것을 '무한대로 원한다.'고 표현해보겠다. 무한대로 원한다는 것은 이루어질 것이라고 생각하지 못하고 원하기만 하는 것을 말한다. '인생은 원할 때만 이루어진다.'는 법칙에서 '무한대로 원한다.'는 결론이 도출되었다. 우주는 '인생은 원할 때만 이루어진다.'는 법칙대로 흘러간다. 그러나 우리는 무한대로 적용된 법칙을 생각하면서 살아가게 된다.

- 우주의 법칙 : 인생은 원할 때만 이루어진다.
- 우리가 생각할 때의 법칙 : 무한대로 원한다.

우리가 무한대로 원하고 있으면 우주의 법칙에 따라 이루어지게 된다. 예를 들어 어떤 비싼 물건을 사기를 무한대로 원하면 이루어진다고 봐야 한다. 다른 것은 다 제쳐두고 그것만은 사겠다는 마음이 있는데 어떻게 사지 못할 수가 있겠는가? 그러나 그 물건을 사기를 무한대로 원한다고 하더라도 그 물건을 꼭 산다는 보장은 할 수 없다. 보장을 하지 못할 때만 무한대로 원할 수 있다. 이루어진다는 생각이 전혀 없을 때만 무한대로 원할 수 있게 된다. 무한대로 원하면 사실상 이루어지지만, 무한대로 원한다고 해서 이루어진다고 생각할 수는 없다. 이것이 무한대로 원한다는 것의 특성이다.

'무한대로 원한다.'는 표현을 '진심으로 원한다.'고 표현하기도 한다. 진심으로 원하면 이루어진다. 그러나 진심으로 원한다고 해서 이루어진다고 생각할 수 없다. '이루어진다.'고 정하는 순간 원하는 마음이 사라진다. '이루어진다.'는 말에는 원하지 않는다는 뜻이 포함되어 있다. '이루어질 것이다.'라고 생각하면 원하지 않게 된다. 이루어질 것인데 무엇 하러 원하겠는가? 이루어지지 않을 것 같으므로 원하는 마음을 갖는 것이다. 0.1%만큼 이루어질 것이라고 생각하면 0.1%만큼 원하는 마음이 사라진다. 따라서 이루어질 것이라고 전혀 생각하지 않고 원하기만 하고 있을 때 이루어지게 된다.

'원하는 마음'은 말로 표현할 수 있는 것이 아니다. '나는 성공하기를 원해.'라고 생각하는 것은 아무 의미 없다. 진짜 원하는 마음을 갖는 것이 원하는 것이다. 생각과 원하는 마음은 별개이다. 원하는 마음을 가질 때에는 그것을 원한다고 생각하지 않는다. 실제로 원할 뿐이다.

처음 원하기 시작하는 순간에는 원하고 있다는 느낌이 든다. 하지만 그 느낌은 금방 사라진다. 그래서 원한다는 느낌이 느껴지지 않게 된다. 우리는 변화만을 느끼는 존재이다. 처음 원할 때는 원하지 않고 있다가 원하는 상태가 되므로 원하는 마음이 느껴진다. 그러나 계속 원하고 있게 되면 변화가 없어져 더 이상 원한다는 느낌이 느껴지지 않는다. 원하는 순간에 원한다는 느낌이 느껴지는 시간은 1초 이하이다. 그 이후에는 원하는 마음이 이어지더라도 원하고 있다는 것을 느낄 수 없게 된다.

무한대로 원한다는 것의 의미를 다음과 같이 적어볼 수 있다. "이루어질 것이라는 생각이 전혀 없이 원하는 마음을 갖는다." 성공을 원한다면, 성공할 것이라는 생각이 전혀 없이 성공하기를 원하는 마음을 갖는다. 이것이 원하는 것을 이루는 방법이다. 만약 '성공할 것이다.'라는 생각이 있다면 성공하지 못하게 된다. 성공할 것이라는 생각만큼 성공하기를 원하는 마음이 사라지기 때문이다. 유무의 법칙에 의해서도, 성공할 것이라고 생각할 때 성공하지 못하게 된다. 성공할 것이라는 생각이 없이 성공하기를 원하는 마음을 가진 상태에서만 성공하게 된다.

'성공할 것이라고 단정지어 생각하는 것도 성공하기를 원해서 하는 것이 아닌가?'라고 질문할 수도 있다. 그러나 생각과 원하는 마음은 별개로 존재한다. 다음과 같은 경우가 있을 수 있다. '나는 당연히 성공할 것이다.'라고 당당하게 생각했는데, 바로 이어서 '성공하지 못하면 어쩌지?'라는 생각이 드는 것이다. '성공하지 못하면 어쩌지?'라는 생각이 성공하기를 원하는 마음을 만든다. 그 마음이 작동하여 성공의 길로 갈 수 있다. 그러나 '나는 당연히 성공할 것이다.'라고 생각하고 거기에서 끝난다면 성공하기를 원하는 마음은 없는 것이다.

'인생은 원할 때만 이루어진다.'는 것은 자연법칙이다. 자연법칙은 자연법칙 스스로의 적용을 받는다. 그래서 '인생은 원할 때만 이루어진다.'는 생각도 원할 때만 이루어진다. 무엇인가를 무한대로 원한다면 이루어지게 된다. 그러나 무한대로 원한다고 해서 이루어진다고 생각할 수는 없다. 무한대로 원한다는 것은 이루어진다는 생각이 전혀 없는 것을 말하기 때문이다. 이루어질 것이라는 생각이 전혀 없이 무한대로 원하는 것이 원하는 것을 이루는 방법이다.

03.
잠재의식에 원하는 마음이 담겨 있고,
그 마음이 미래를 만든다

잠재의식은 숨겨져 있는 미래의 정보이다

인간에게는 표면의식과 잠재의식이 있다. 표면의식은 머릿속에 떠오르는 모든 생각을 말한다. '표면'이라는 것은 겉에 있다는 뜻이다. 잠재의식은 보통 '마음'이라고 표현한다. 잠재의식은 속에 숨겨져 있다. 숨겨져 있는 자신의 잠재의식의 정보를 알 수 없다. 표면의식은 잠재의식과 긴밀하게 연결되어 있다. 생각과 마음이 긴밀하게 연결되어 있는 것이다. 표면의식을 통해 잠재의식을 형성한다. 그렇게 형성된 잠재의식의 정보 그대로 나의 인생이 펼쳐진다. 잠재의식의 정보와 나의 미래는 같다.

인생은 100% 원하는 마음(유무력)에 의해 진행된다. 그 원하는 마음이 저장된 곳이 잠재의식이다. 인생은 잠재의식 속 원하는 마음에 의해 진행된다. 잠재의식의 정보가 곧 나의 미래이다. 그런데 잠재의식의 정보는 알 수 없으므로 나의 미래도 미리 알 수 없다. 그 이유는 잠재의식의 정보를 아는 순간 잠재의식의 정보가 바뀌기 때문이다. 그 정보를 생각의 형태로 아는 순간 그 정보가 바뀌게 되므로 그 정보를 알지 못하는 상태가 된다. 잠재의식의 정보는 생각의 형태로 명확히 알 수 없고, 마음의 형태로만 느낄 수 있다.

예를 들어 잠재의식에 '내일 선물을 받음'이 저장되어 있다고 해보자. 그러면 내일 선물을 받게 된다. 잠재의식의 정보가 미래이기 때문이다. 그런데 나는 '내일 선물을 받음'이라는 정보를 알 수 없다. 내일 선물을 받게 될 것이라는 것을 알게 되었다고 해보자. 그러면 '내일 선물을 받음'이라는 정보가 '내일 선물을 받지 않음'으로 바뀌게 된다. 그 결과 선물을 받지 않게 된다. 선물을 받을 것이라는 생각이 없는 상태에서만 선물을 받게 된다. 이것은 무한대로 원하고 있을 때 이루어지는 것과 같다.

"이루어질 것이라는 생각이 없이 원하는 마음을 갖는다." 이것이 무한대로 원하는 것이다. 선물을 받을 것이라는 생각이 없이 '선물을 받기를 원하는 마음'이 잠재의식에 저장되어 있으면 그것이 현실화된다. 선물을 받을지 몰랐기 때문에 선물을 받고 기쁜 마음이 들게 된다. 잠재의식의 정보와 현실의 상태를 매칭시켜 볼 수 있다면 내 인생이 내 잠재의식에 의해서 흘러간다는 것을 알 수 있을 것이다. 그러나 자신의 잠재의식을 스스로 확인할 수 없기에 자신의 인생이 어떤 알 수 없는 힘에 의해 흘러간다고 생각하게 된다. 사실 그 힘은 자신의 잠재의식 안에서 나온다.

『책쓰기의 정석』을 집필한 이상민 작가는 다음의 이야기를 하였다. "저는 책을 쓰고 강의를 하고 싶다는 생각을 25살에 했고, 지금 그 인생을 살고 있습니다. 한 때는 '내가 왜 지금 책 쓰기 강의를 하고 있을까? 전혀 생각도 해보지 않은 일인데.'라고 생각했습니다. 그러나 가만히 들여다보니 오래전에 책을 쓰고 강의를 하기를 원했었다는 생각이 듭니다. 제가 평소 강렬하게 습관적으로 원해왔던 것은 제가 평소에 보는 글, 이미지 등을 보면 알 수 있습니다. 그것을 볼 때 그러한 것들이 거의 다 이루어졌고, 이루어져 가고 있음을 느낍니다."

잠재의식의 정보는 숨겨져 있다. 그래서 지금의 상황이 자신이 원하고 있던 것이라는 것을 직접 확인하는 방법은 없다. 자신이 적어두었던 글이나 붙여두었던 사진을 통해 간접적으로 아는 수밖에 없다. 『시크릿』을 보면 자신이 오래전 붙여놓았던 사진을 우연히 발견하고 우는 장면이 나온다. 사진에는 그 당시에 자신이 살고 싶어 했던 집의 모습이 찍혀 있다. 그런데 지금 그 사진 속의 집에 이사를 와서 살고 있었던 것이다. 집을 계약하고 이사를 오는 동안에도 그 집에서 살기를 원하고 있었다는 사실을 까맣게 잊고 있었다. 사진을 통해 지금의 집이 자신이 과거에 원했었던 집이라는 사실을 깨닫고 눈물을 흘리게 된다.

잠재의식과 표면의식은 긴밀하게 연결되어 있다

① 이루어지지 않을 것이라는 생각
② 이루어지기를 원하는 마음

①번은 표면의식이고, ②번은 잠재의식이다. ①번의 생각을 할 때만 ②번의 마음이 존재할 수 있게 된다. 이루어지기를 원하는 마음은 이루어지지 않을 것이라고 생각할 때만 나타난다. 이루어지기를 원하지 않는다면 '이루어지지 않을 것이다.'라고 힘들게 생각할 필요가 없다. 원하지 않는다면 아무 생각도 하지 않으면 된다. '이루어지지 않을 것이다.'라고 힘들게 생각한다는 것은 이루어지기를 원한다는 뜻이다. 반대로 당연히 이루어질 것이라고 생각한다면 원하지 않게 된다. 이루어질 것인데 애써 원할 필요가 없는 것이다. 잠재의식과 표면의식은 반대이다.

이와 같이 표면의식과 잠재의식은 완전히 매칭되어 있다. 표면의식은 잠재의식으로부터 나오고, 표면의식은 다시 잠재의식에 영향을 준다. '이루어지기를 원하는 마음'이 존재하면 반드시 '이루어지지 않을 것이라는 생각'을 하게 된다. 반대로, '이루어지지 않을 것이라는 생각'을 하는 중이면 '이루어지기를 원하는 마음'이 반드시 존재하게 된다. 이것은 유무의 법칙의 내용이다. '무(無)'가 나타날 것이라고 생각할 때 '무(無)'에서 '유(有)'를 향하는 유무력이 생긴다. 그 유무력은 '유(有)'를 원하는 마음과 같다. 그 결과 '유(有)'가 현실화된다.

'무(無)'가 나타날 것이라고 생각할 때 '유(有)'를 원하는 마음이 생긴다. 이루어지지 않을 것이라고 생각할 때 이루어지기를 원하는 마음이 생기는 것이다. '무(無)'가 나타날 것이라는 생각과 '유(有)'를 원하는 마음은 세트이고, 동시에 나타난다. 그래서 반대로 '유(有)'를 원하는 마음이 나타나면 '무(無)'가 나타날 것이라고 생각하게 된다고 말할 수도 있다. 이와 같이 표면의식과 잠재의식은 서로 맞추어져 있다. 그래서 생각을 통해 잠재의식이 변화되고, 잠재의식에 의해 생각이 떠오른다. 내가 생각하려고 하지 않아도 생각이 막 떠오른다. 생각이 떠올랐으면 잠재의식 속 원하는 상태가 바뀌는 중이라는 뜻이다.

잠재의식이 신체의 특정 부분에만 있는 것은 아니다. 잠재의식의 정보인 원하는 마음은 여기저기에 모두 저장되어 있다. 뇌에도 저장되어 있고, 심장이나 콩팥 등 장기에도 저장되어 있다. DNA(유전물질)에도 저장되어 있다. 내 DNA에는 내가 인간이라는 정보가 들어 있다. 이것도 원하는 마음 상태이다. 내가 인간으로 태어나고 싶은 잠재의식을 가지고 있었기에 인간으로 태어난 것이다. DNA를 통해 조상으로부터 전달받은 것이 있다면 그것을 전달해주고 싶은 마음에 의해 전달된 것이다. 신체의 모든 곳에 저장된 '원하는 마음' 상태를 모두 합쳐서 잠재의식이라고 부른다. 잠재의식의 공간은 따로 없고 내 신체를 포함한 우주 자체가 잠재의식의 공간이다.

잠재의식은 숨겨져 있는 나의 정보이고, 표면의식은 나의 모든 생각이다. 잠재의식에는 원하는 마음(유무력)이 들어 있다. 그 원하는 마음에 의해 미래가 펼쳐진다. 그런데 저장된 원하는 마음은 확인할 수 없다. 그래서 내 인생이 알 수 없는 힘에 의해 진행된다고 생각된다. 그러나 내 인생을 만드는 힘은 모두 나의 원하는 마음에서 나온다. 잠재의식(원하는 마음)은 표면의식(생각)과 완전히 연결되어 있다. 내 생각이 잠재의식에서 영향을 주고, 내 생각은 잠재의식으로부터 나온다. 그래서 내 생각이 원하는 마음을 바꿀 수 있다. 반대로 원하는 마음에 의해 지금의 생각이 형성된다.

04.
감정은 항상 상대적이고, 나쁜 감정을 주는 상황도 과거에 자신이 원했던 것이다

감정은 항상 상대적이다

인생은 100% 자신의 잠재의식 속 원하는 마음에 의해 진행된다. 원하는 것이 이루어져 기쁠 때도 있다. 그러나 마음에 들지 않는 상황이 나타나 괴롭기도 하다. 지금 겪고 있는 상황이 마음에 들지 않을 수 있다. 그렇다 하더라도 그 상황 또한 과거에 자신이 원했었던 일이다. 단지 지금의 상황이 지금 생각했을 때 마음에 들지 않는 것뿐이다. 인생에는 마음에 드는 것만 나타나지 않는다. 마음에 드는 것과 들지 않는 것이 모두 나타난다. 감정은 항상 상대적이기 때문이다.

우리는 '기쁨'과 '슬픔'을 둘 다 느끼면서 살아간다. 자신의 인생 전체를 보면 기쁨과 슬픔은 같은 양만큼 존재한다. 기쁨과 슬픔은 서로를 기준으로 하기 때문이다. '유(有)'와 '무(無)'가 서로를 기준으로 하는 것과 같다. 자신의 어떤 상황이 기쁘기 위해서는 슬픈 적이 있어야 한다. 슬펐던 적이 있었기 때문에 기쁨도 느끼는 것이다. 만약 계속 기쁜 상태면 그 기쁨은 점점 느껴지지 않게 된다. 이것은 냄새가 무뎌지는 것과 같다. 우리는 변화만을 느끼는 존재이다. 감정은 항상 상대적 차이만큼만 느껴진다. 기쁜 상태가 유지되면 그것이 기쁜 상태인지 모르게 된다. 실제로 기쁘기 위해서는 슬펐던 적이 있어야 한다.

최근 며칠 동안 기쁜 상황이 계속 나타났다고 해보자. 처음에는 기쁨을 느끼는 것에 감사하는 마음이 들었을 수도 있다. 과거에 슬픈 경험을 했던 상황이 기억나기 때문이다. 그때는 슬펐는데 지금 기쁜 상황이 나타나니 기쁜 것이다. 그런데 계속 기쁨이 반복되면 슬픔이 나타날 수 있음을 점점 잊어버리게 된다. 지금까지 기쁨을 계속 느꼈어도 곧 슬픔이 나타날 수 있는 것이 인생이다. 그러나 기쁨을 계속 느끼면 그것을 잊게 된다. 기쁨에 빠지면 이 기쁨이 계속 이어질 것이라는 생각이 들게 된다. 지금까지도 기뻤으니 기쁨이 계속 유지될 것으로 생각하는 것이다. 그때부터 슬픈 상황이 나타나게 된다.

유무의 법칙에 의해, 앞으로도 기쁠 것이라고 생각할 때 기쁘지 않은 상태가 된다. 〈기쁨〉에 치우친 상태에 있을 때 〈기쁨〉에서 〈슬픔〉으로 향하는 유무력이 작동한다. 그 결과 〈슬픔〉이 현실화된다. 그렇게 슬픈 상황이 나타나게 된다. 슬픔을 느끼는 초반에는

'지금은 슬프지만 얼마 지나지 않아 기쁜 상황이 다시 나타나겠지.'라고 생각한다. 하지만 그 생각은 나를 배신한다. 슬픈 상황이 계속 나타난다. 그렇게 슬픈 상태가 반복되면 기쁨이 나타날 수 있음을 서서히 잊어버리게 된다. 좌절감 속으로 들어가는 것이다. 그러면 '앞으로도 계속 슬플 것이다.'라는 생각을 하게 된다.

〈슬픔〉에 치우치면 〈슬픔〉에서 〈기쁨〉으로 향하는 유무력이 작동한다. 유무의 법칙에 의해, 앞으로도 계속 슬플 것이라고 생각할 때 슬프지 않게 된다. 슬픔 속에서 괴로워하고 있을 때 다시 기쁜 상황이 나타난다. 이렇게 슬픔과 기쁨은 서로 번갈아 가면서 반복된다. 감정이란 상대적 차이를 느끼는 것이다. 같은 것이 유지되는 상황에는 절대 감정이 나타나지 않는다. 만약 기쁨을 느끼고 싶다면 반드시 슬픔도 느껴야 한다. 슬픔을 느끼지 않으면 기쁨도 절대 느낄 수 없다.

인간은 누구나 위와 같이 기쁨과 슬픔이 반복된다. 그런데 기쁨과 슬픔이 매우 강렬하게 반복될 수도 있다. 그 감정을 스스로 통제하지 못해 자신이나 타인에게 피해를 주기도 한다. 이것을 조울증이라고 한다. 조울증은 정신이 상쾌하고 흥분된 상태와 우울하고 억제된 상태가 반복되는 것을 말한다. 조울증이 나타나는 이유는 기쁨을 너무 크게 느끼려고 하기 때문이다. 기쁨을 느끼기 위해서는 슬픔이라는 대가를 치러야 한다. 아주 큰 기쁨을 느끼기 위해서는 아주 큰 슬픔도 느껴야 한다.

그래서 소소한 기쁨만을 느끼기를 원하는 것이 좋은 방법이 된다. 큰 슬픔을 스스로 감당하지 못한다면 감당할 수 있을 만큼의 작은 슬픔만 느끼면 된다. 작은 슬픔을 느끼기 위해 작은 기쁨만을 느끼는 것이다. 우월감과 열등감도 같은 방식으로 느껴진다. 나는 어린 시절에 열등감을 많이 느꼈다. 열등감 때문에 많이 괴로웠다. 지금에 와서 생각해보니 열등감을 많이 느꼈던 이유는 우월감을 많이 느끼려고 했기 때문이다. 열등감이 느껴지는 나를 조금이라도 회복하기 위해서 우월감을 느끼려고 노력한 것이나. 이제는 우월감을 느끼려는 마음을 내려놓으니 열등감도 그만큼 느껴지지 않게 되었다.

좋지 않은 감정을 주는 상황도 내가 원한 것이다

친구와 만나기로 하고 약속 장소에서 기다렸다. 그런데 약속 시간보다 1시간이 지났는데도 친구가 계속 나타나지 않는 것이었다. 이 상황은 원하지 않는 상황이라고 볼 수 있다. 약속 시간을 넘겨서 한참 기다리고 있는데 우연히 마음에 드는 이성이 지나가는 것이었다. 그 이성에게 말을 걸었고, 연락처를 주고받게 되었다. 그 후로도 만남이 오랫동안 이어졌다. 좋은 결과가 나타난 것이다. 그렇다면 친구를 오랫동안 기다린 상황은 원하는 대로 이루어진 상황인가?

결과가 좋으면 원하는 대로 이루어졌다고 생각하게 된다. 결과가 좋지 않으면 원하지 않는 대로 이루어졌다고 생각하게 된다. 과거에 실제로 원했었는지와 상관없이 지금 느끼는 감정에 의존해서 판단할 뿐이다. 그 이유는 그 상황을 자신이 원했었는지 직접 알 수 없기 때문이다. 자신이 붙여놨던 사진 등을 통해 간접적으로 확인할 수밖에 없다. 그렇다면 지금 마음에 들지 않는 상황이 모두 내가 과거에 원했었던 것일까? 예전에 이러한 궁금증을 가진 적이 있었다. 그때 다음과 같은 경험을 하였다.

오래전에 직장을 다니면서 1년 정도 지각을 전혀 하지 않은 적이 있었다. 어느 날 뜬금없이 '내가 오랫동안 지각을 안 했구나.'라는 생각이 들었다. 그전에는 5분 정도 지각을 하는 상황이 가끔은 벌어지곤 했었다. 이번에는 1년 넘게 지각을 전혀 하지 않았다는 것을 알게 된 것이다. 기분이 좋아서 웃음이 나왔다. 동시에 '지각을 너무 오래 안 한 것 아냐?'라는 생각을 했었다. 그런데 그 생각을 하고 나서 2일 뒤에 실제로 30분 정도 지각을 하게 되었다. 일부러 지각하려는 생각은 없었는데 지각을 하게 되었다.

그 날따라 평소보다 5분 정도 늦게 출발하게 되었다. 하지만 '5분 정도 늦게 나왔다고 지각하지는 않겠지.'라고 생각했다. 지각할 것을 대비해서 항상 15분 정도 넉넉하게 일찍 출발했기 때문이다. 그런데 도로에서 공사를 하는 바람에 늦어지게 되었다. 일부 구간에서 심한 정차가 일어나서 더 늦어지게 되었다. 그 결과 지각하게 되었다. 지각한 상황이 불편하다는 느낌이 들었다. '나한테 왜 이런 일이 일어나는 거야?'라는 생각도 들었다. 그런데 지각한 것이 내가 원해서 이루어졌다는 것을 며칠 뒤에 알게 되었다. '지각을 너무 오래 안 한 것 아냐?'라는 생각을 했었다는 것이 떠오르게 된 것이다.

이 생각을 잘 분석해보면 지각을 하기를 원하는 마음이 포함되어 있다. '지각을 너무 오래 안 한 것 아냐?'라는 생각은 지각을 어느 정도 하는 것이 나에게 맞다는 뜻이다. 지각하기를 원하는 마음이 담겨 있는 것이다. 만약 지각을 계속 하지 않기를 원하고 있었다면 '지각을 하지 않아서 다행이다.'라고 생각했을 것이다.

지각한 후에 '나한테 왜 이런 일이 일어나는 거야?'라고 생각하게 되었다. 내가 지각을 원했었다는 것을 기억하지 못하는 것이다. 지각한 상황에서 느끼는 불편한 감정 때문에 '나한테 왜 이런 일이 일어나는 거야?'라고 생각하게 된다. 어떤 상황에서 좋지 않은 감정을 느끼면 내가 원하지 않는 상황이라고 생각하게 된다. 앞에서 이야기하였듯이 어떤 상황이 실제로 원했었던 것인지 직접 확인할 수는 없다. 단지 지금 느끼는 감정이 좋지 않으면 원하지 않는 상황이라고 생각하는 것뿐이다. 반대로 지금의 상황에 기쁨을 느끼면 원하는 대로 일어났다고 생각하게 된다.

예전에 이런 생각을 한 적이 있었다. 겨울이었다. '요즘 몇 년간 감기에 안 걸렸네. 몸이 약한 내가 오랫동안 감기에 안 걸리니 신기하다. 그런데 요즘에 삶이 너무 무료하다. 감기에 한번 걸려보는 것도 재미있겠다.'라는 생각을 실제로 했었다. 그런데 다음 날 정말로 감기에 걸리게 되었다. 감기에 걸리기를 원했던 것을 후회하는 마음이 들었다. 그 뒤로는 원하는 것도 조심하려고 한다. 재미로 원하는 것도 실제로 일어난다. 지금 어떤 상황 때문에 괴로워한다면 과거에 재미로 원했었던 것이라고 보면 된다. '지각을 너무 오래 하지 않은 것 아냐?'라는 생각도 재미를 느끼려는 생각이다.

이와 같이 마음에 들지 않는 상황도 자신이 원했던 대로 일어난 것이다. 그렇다면 지각을 한 후에 '나한테 왜 이런 일이 일어나는 거야?'라는 생각을 한 것은 잘못된 것인가? 잘못된 것이 아니다. 지금의 상황에 후회를 하기 때문에 이제라도 지각을 하지 않기를 원할 수 있다. 마음에 들지 않는 어떤 상황이 이제 일어나지 않기를 원하면 된다. 그때 그 상황이 일어나지 않을 수 있다. 그러기 위해서는 그 상황이 마음에 들지 않아야 한다. 그 상황이 마음에 든다면 그 상황이 계속 나타나기를 원하는 것과 같다. 지금의 모든 상황은 내가 과거에 원해서 일어난 것이다. 이제 그 상황이 마음에 들지 않으면 그 일이 더 이상 일어나지 않기를 원하면 된다.

원하지 않는 상황이 나타나서 괴로운 이유는 원하는 상황이 나타나서 기쁘기를 원했기 때문이다. 기쁨은 항상 슬픔을 필요로 한다. 내가 무엇인가에 기쁘기 위해서는 먼저 슬픔을 느끼고 있어야 한다. 그 슬픔과 기쁨의 차이만큼이 기쁨으로 느껴지는 것이다. 원하는 것이 이루어져서 기쁘기 위해서는 원하지 않는 것이 일어나서 슬픈 상황을 경험해야 한다. 그래야만 원하는 것이 이루어짐으로써 기쁜 감정을 느낄 수 있다. 지금 슬픈 상황이 나타난 것은 미래에 기쁨을 느끼기 위한 것이다.

감정에는 항상 반대 감정이 있다. 기쁨에는 슬픔이 있고, 우월감에는 열등감이 있다. 반대 감정이 존재할 수밖에 없는 이유는 감정이 상대적이기 때문이다. 한쪽 감정을 느끼기 위해서는 반대 감정을 느끼고 있어야 한다. 원하지 않는 상황이 나타나서 괴로운 이유는 원하는 상황이 나타나서 기쁘기를 원했기 때문이다. 그리고 원하지 않는 대로 일어났다고 생각하는 상황도 사실은 자신이 원했었던 일이다. 이제 그 상황이 마음에 들지 않으면 그 일이 더 이상 일어나지 않기를 원하면 된다.

05.
고민을 통해 원하는 것을 이루어나가게 된다

원하는 마음들이 충돌하는 경우 고민을 통해 해결하게 된다

우리는 오늘도 무엇인가를 원한다. 인생은 100% 잠재의식 속 원하는 마음에 의해 진행된다. 오늘 원하는 것이 잠재의식에 저장되면 이루어진다. 잠재의식에 저장되지 않으면 이루어지지 않는다. 잠재의식 속 원하는 마음들은 논리적으로 저장되어 있다. 그래서 원하는 마음이 논리적으로 맞지 않으면 저장되지 않는다. 원하는 마음 간에 충돌이 되지 않도록 조정하는 과정이 '고민'의 과정이다. 무엇인가 고민을 한다는 것은 원하는 것들을 논리적으로 맞추기 위함이다.

오늘 무엇인가를 원했다고 무조건 이루어지지는 않는다. 그 이유는 과거에 원했던 것도 모두 이루어져야 하기 때문이다. 어제, 저번 주에, 작년에, 어린 시절에 원했던 것 등 태어나서 지금까지 원했던 것들이 모두 이루어져야 한다. 그래야만 인생이 100% 원하는 마음에 의해 흘러가는 것이라고 말할 수 있다. 태어나서 지금까지 원해왔던 것들은 잠재의식에 저장되어 있다. 지금, 이 순간에도 잠재의식에 저장되었던 원하는 마음이 현실화되는 중이다. 어린 시절 '커서 어른이 되어야지.'라고 원했었다. 그리고 이루어졌다. 어른이 되는 것도 원하는 마음이 현실화된 것이다. 만약 진심으로 어른이 되고 싶어 하지 않는다면 어른이 될 수 없다.

잠재의식에는 원하는 마음들이 저장되어 있는데, 논리적으로 맞춰진 상태로 저장되어 있다. 논리적으로 맞지 않는 것들은 같이 저장되지 않는다. 잠재의식은 논리적으로 완벽히 맞추어진 공간이다. 오늘 무엇인가를 새로 원할 수 있다. 그런데 오늘 원하는 것이 잠재의식에 논리적으로 맞지 않을 수 있다. 새로운 원하는 마음과 기존의 원하는 마음이 충돌하는 것이다. 이렇게 충돌하는 경우 선택의 과정을 거친다. 그래서 잠재의식은 선택지를 알려준다. 충돌하는 부분을 알려주는 것이다. 새벽이 되어 잠을 자려고 마음을 먹었다. 그때 갑자기 소변이 마렵다는 생각이 든다. 자려고 마음을 먹으니 그제야 화장실에 가고 싶은 생각이 드는 것이다.

① 지금 바로 잠을 자고 싶은 마음(새로운 원하는 마음)
② 자는 도중 소변이 마렵지 않기를 원하는 마음(기존의 잠재의식 속 원하는 마음)

①번의 마음을 가지니 소변이 마렵다는 생각이 들었다. 그 이유는 이미 ②번이 잠재의식에 저장되어 있었기 때문이다. '①번을 이루게 되면 ②번을 이룰 수 없으니 선택하라.'라고 잠재의식이 알려주는 것이다. 이때 ①번을 이루고 싶은지, ②번을 이루고 싶은지 고민을 하게 된다. ②번을 선택했다고 해보자. 그러면 졸리더라도 화장실에 다녀오기를 원하는 마음이 생긴다. 이 마음은 기존의 원하는 마음과 충돌하지 않는다. 졸리더라도 화장실에 다녀오면 ②번도 같이 이루어지기 때문이다. 충돌하지 않는 것은 잠재의식에 저장되고, 현실화된다. 실제로 자기 전에 화장실에 다녀오게 되는 것이다. 이렇게 원하는 마음은 논리적으로 맞게 현실화된다.

고민을 한다는 것은 원하는 마음을 선택하는 과정이다. 위에서는 졸린 상태에서 바로 잠을 잘지, 화장실에 다녀올지를 고민하였다. 둘 다 이룰 수 없기에 고민을 통해 선택하게 된다. 이번에는 TV를 보는데 새로 출시한 핸드폰의 광고가 나온다고 해보자. 나도 그 핸드폰을 갖고 싶다는 생각이 들었다. 이때 고민을 할 수 있다. 고민하는 이유는 사람마다 다양할 것이다. 예를 들어 지출을 줄이고 싶은 마음이 있을 수 있다. 핸드폰을 사고 싶은 마음을 가지니 지출이 걱정되는 마음이 든 것이다. '지금 핸드폰을 구매하면 스스로 생각하는 지출의 크기에 문제가 생긴다.'는 것을 잠재의식이 알려주는 것이다.

고민이 끝나면 원하는 마음 간의 논리적 관계가 맞추어진 것이다.

핸드폰을 구매하는 시기를 1년 뒤로 연장하기로 했고, 고민이 끝났다고 해보자. 그러면 핸드폰을 구매하고 싶은 마음과 지출을 줄이고 싶은 마음을 모두 이루는 상황이 된다. 이렇게 원하는 마음들이 논리적으로 맞춰지면 고민이 끝나게 된다. 맞춰진 원하는 마음들은 잠재의식에 저장된다. 저장된 것은 현실화될 것이다. 1년 뒤에 자신도 모르게 휴대폰을 구매하고 있는 자신을 발견할 수 있다.

우리는 인생을 살아가면서 무수히 많은 고민을 한다. 그중 대부분은 필요 없는 고민이라고 말하기도 한다. 그러나 필요하지 않은 고민은 없다. 고민을 하고 나면 대부분 일이 잘 해결된다. 이때 일이 잘 해결되는 것을 보고 '필요 없는 고민이었다.'라고 생각하기도 한다. 그러나 그 고민을 했기 때문에 일이 잘 해결된 것이다. 고민하는 과정에서는 괴로움이 느껴진다. 일이 잘 해결되지 않을 것 같기 때문이다. 하지만 고민이 끝나면 일이 잘 해결됨으로써 기쁨이 느껴진다. 고민의 과정은 원하는 마음을 논리적으로 맞추는 과정이다. 동시에 앞으로 고민이 해결될 때의 기쁨을 느끼기 위한 과정이 된다.

원하는 마음끼리 충돌하지 않는 경우

고민이 끝나면 원하는 마음들은 논리적으로 맞춰지게 된다. 그러면 그 고민에 관한 것들은 더 이상 느껴지지 않는다. 오늘 아침에

시크릿을 찾는 유무력의 법칙

했던 고민도 기억이 잘 나지 않는다. 잠재의식에 이미 저장된 것이 느껴지는 경우는 3가지이다. 첫 번째, 처음 원할 때이다. 원하지 않는 상태에서 원하는 상태로 바뀌었으므로 그 변화가 느껴진다. 두 번째, 원하는 것이 바뀔 때이다. 원하는 것이 다른 것으로 바뀌는 것이므로 그 변화가 느껴진다. 세 번째, 새로 원하는 것이 잠재의식과 충돌할 때이다. 고민을 통해 원하는 마음을 논리적으로 맞추기 위함이다.

무엇인가를 원했는데 고민의 과정이 없이 더 이상 아무 생각이 나지 않을 수 있다. 그러면 잠재의식에 잘 저장된 것이다. 잠재의식과 충돌하는 것이 있었으면 충돌하는 것이 떠올랐을 것이다. 아무 것도 떠오르지 않았다면 충돌하는 것이 없다는 뜻이다. 심지어 잠재의식에 저장되면 방금 무슨 생각을 했는지조차도 모르게 된다. 무엇인가를 원했는데 1~2초도 지나지 않아 '내가 방금 무슨 생각했지?'라는 생각이 든다면 잠재의식에 잘 저장된 것이다. 저장되면 더 이상 느껴지지 않는다.

잠재의식은 숨겨져 있으므로 나는 내가 무엇을 원하고 있는지 잘 모른다. 이때 내가 무엇을 원하고 있는지 느껴보는 방법이 있다. 반대로 원해보면 된다. 친구를 만나러 외출을 한다고 해보자. 그런데 핸드폰을 놓고 온 것을 깜빡하고 집을 나섰다. 이미 500m 정도 걸어간 상태에서 핸드폰을 놓고 온 것을 알게 되었다. 그런데 핸드폰을 다시 가지러 갈지 고민이 되었다. 외출하는 동안 잠시 핸드폰이 없어도 될 것 같기도 하다. 집으로 돌아가기 귀찮기도 하다. 집으로 돌아갈지 말지를 고민한다는 것은 내가 어떤 것을 원하는지 잘 모르는 상태이다.

이때 반대로 원해보면 된다. '핸드폰을 가지러 돌아가지 않기를 원한다.'고 생각해보는 것이다. 그러면 핸드폰이 없는 상태에서 일어날 만한 일들을 생각할 것이다. 친구와 만나기 전에 친구에게 연락이 올 수 있다는 생각이 들었다고 해보자. 그때 '핸드폰을 가져오는 것이 더 낫겠다.'라는 생각이 들 수 있다. 그러면 핸드폰을 가지러 갈 것이다. 자신은 자신이 원하고 있는 것이 느껴지지 않는 경우가 대부분이다. 그래서 원하는 것을 알고 싶을 때는 반대로 원해보는 수밖에 없다. 어떤 행동을 해야 할지 잘 모르겠다면 그 행동을 하지 않을 때를 생각해보면 된다. 우리는 평소에 이 방법을 이미 사용하고 있다. 자신이 원하고 있는 것을 명확히 아는 방법은 반대로 원해보는 수밖에 없기 때문이다.

자신은 자신이 무엇을 원하는지 잘 모른다. 그래서 새로 원하는 것이 기존에 원하고 있던 것과 충돌할 수 있다. 그때 고민을 통해 원하는 것들을 맞추어 나간다. 원하는 것들이 모두 맞춰지게 되면 고민은 끝나게 된다. 고민은 필요한 과정이다. 고민을 통해 내가 무엇을 원하는지 알고, 원하는 것들을 맞추어 나갈 수 있기 때문이다. 무엇인가를 원했는데 고민의 과정 없이 잊혀진다면 그것은 잠재의식에 잘 저장된 것이다. 그리고 이루어지게 된다. 내가 무엇을 원하는지 모를 때는 반대로 원해보면 된다. 그럼으로써 내가 무엇을 원하고 있는지 느낄 수 있다.

06.
잠재의식과 충돌하지 않게 원하는 방법

　오늘 새로 원하는 것이 잠재의식과 충돌하면 고민의 과정이 진행된다. 고민의 과정을 통해 원하는 마음을 논리적으로 맞추게 된다. 그러므로 아무것이나 원한다고 이루어지는 것은 아니다. 잠재의식에 충돌하지 않게 원하는 것만 이루어진다. 잠재의식에 충돌하지 않게 원하는 방법은 다양할 수 있다. 내가 직접 사용하는 방법을 소개해보겠다. 둘 중에 어떤 것을 선택할지 모를 때가 있다. 이때 억지로 선택하지 않는다. 그리고 둘 중에 더 나은 것이 이루어지기를 원한다. 이렇게 함으로써 선택하지 않았지만 제대로 선택한 결과를 만들 수 있다.

　살다 보면 어떤 것이 더 나은지 판단이 잘되지 않을 때가 있다. 선택하지 않으면 안 될 것 같다는 생각이 들기도 한다. 이때 억지로 정하려고 하는 것이 역효과를 불러일으킬 수 있다. 선택하지 못하는 상황이 나타나 것을 선택하기 말리는 뜻이다. 지금의 성내도는 선택하지 않는 것이 더 낫다고 잠재의식이 알려주는 것이다. 이럴 때는 정하지 말고 '둘 중에 더 나은 것으로 이루어지기를 원한다.'는 마음을 가지면 된다. 딱 잘라서 선택하지 않았음에도 선택해야만 한다는 압박감이 사라진다. 시간이 흐르면서 자연스럽게 선택하게 되고 그 길을 가게 된다.

자동차를 구매하려고 한다고 해보자. 어떤 자동차를 구매해야 할지 잘 몰라서 열심히 정보를 수집했다. 그 결과 두 모델의 자동차를 후보에 올렸다. A라는 모델과 B라는 모델이 가장 낫다고 생각한 것이다. 그런데 어떤 모델을 구매해야 할지 판단이 전혀 되지 않았다. 각 모델에는 장단점이 모두 존재했기 때문이다. A 모델을 구매하자니 B 모델의 장점이 아쉬웠고, B 모델을 구매하자니 A 모델의 장점이 아쉬웠다. 그렇다고 더 비싼 자동차를 구매하자니 비용이 문제였다.

이때 모델을 직접 선택하고 그 자동차를 구매하여 잘 타고 다닐 수 있다. 그런데 선택하지 못하는 상황에서 억지로 선택하면 후회할 가능성이 커진다. 이럴 때 'A, B 모델 중에서 나에게 맞는 자동차를 구매하기를 원한다.'는 마음을 가져보자. 그러면 모델을 선택해야 하는 압박감이 줄어든다. 무엇을 선택해야 할지에 대한 고민이 서서히 사라진다. 이처럼 선택이 힘들 때는 직접 선택하지 않는 것이 더 낫다. 왜냐하면 자신이 어떤 것들을 원하는지 잘 모르기 때문이다.

자동차를 구매할 때는 자신의 특성에 맞게 구매하는 것이 좋다. 자신이 무엇을 좋아하고 원하는지에 맞게 구매하는 것이다. 이러한 자신의 특성은 잠재의식에 '원하는 마음'의 형태로 모두 저장되어 있다. 그런데 자신의 잠재의식의 정보는 숨겨져 있다. 설령 알게 된다고 하더라도 고려해야 할 특성은 무수히 많을 것이다. 그 많은 특성을 하나하나 직접 고려할 수는 없다. 그렇기에 선택권을 잠재의식에 넘기는 것이다. 어차피 원하는 것을 이루어주는 존재도 잠재의식이다. 잠재의식 속 원하는 마음이 현실화되는 것이기 때문이다. '나에게 맞는 자동차가 무엇인지는 잘 모른다. 하지만 나에게 맞는 자동차를 구매하기를 원한다.'는 마음을 갖는 것이다.

만약 자신이 직접 선택했다면 스스로 자신에게 맞게 선택했다고 생각한다는 뜻이다. A 모델과 B 모델 중 B 모델을 선택했다면, B 모델이 자신의 특성에 더 맞다고 생각한다는 뜻이다. B 모델이 나에게 더 맞다고 생각했으니 B 모델을 선택한 것이다. 이것은 곧 자신의 특성을 자신이 잘 알고 있다고 생각한다는 뜻이다. 내가 나의 특성을 잘 알고 있고, 그것을 고려해서 자동차를 선택했다고 생각하는 것이다. 그러나 유무의 법칙에 의해, 자신의 특성을 잘 알고 있다고 생각할 때 자신의 특성을 잘 알지 못하게 된다. 자신의 특성을 알고 선택한다고 생각했지만 결국 자신의 특성을 무시하고 선택하게 된다.

그래서 자신이 특성을 잘 알고 있는 잠재의식에 선택권을 넘기는 것이 좋다. 만약 스스로 선택하는 재미를 느끼고자 한다면 스스로 선택하는 것도 나쁘지 않다. 그러나 선택한 후에 후회가 나타날 가능성이 커진다. 자신의 특성을 제대로 고려하지 않는 선택일 가능성이 있다. 자신의 특성을 고려하여 잘 선택하는 것을 원한다면 잠재의식이 선택하도록 하는 것이 좋다. 스스로 선택하는 재미를 포기하기만 한다면 적절한 선택을 할 가능성이 커진다.

'A, B 모델 중에서 나에게 맞는 자동차를 구매하기를 원한다.' 이와 같은 마음을 가졌는데 무엇인가 불편한 마음이 들 수도 있다. 그렇다면 이 원하는 마음 또한 잠재의식에 충돌하는 것일 가능성이 있다. 예를 들어 자동차를 사지 않는 것이 더 나은 것일 수 있다. 이러면 다음과 같이 생각해볼 수 있다. '자동차를 구매하든 구매하지 않든, A 모델을 구매하든 B 모델을 구매하든, 나에게 맞는 상황이 이루어졌으면 좋겠다.' 선택이 되지 않는 범위는 모두 잠재의식에 맡기면 된다. 그만큼 후회할 가능성도 작아진다.

다른 예를 들어보겠다. 결혼을 언제 하는 것이 좋을지 결정하지 못하고 있을 수 있다. 그렇다면 '나에게 맞는 시기에 결혼하기를 원한다.'는 마음을 가져보자. 그러면 결정하지 못해서 괴로운 마음이 많이 줄어들 것이다. 결혼을 언제 하는 것이 좋은지 확실히 알고 있는 사람은 없다. 결혼과 관련된 자신의 특성이 어떤지 잘 모르기 때문이다. 이번에는 어떤 스타일의 상대방과 결혼을 하는 것이 좋을지 잘 모를 수 있다. 그러면 '나에게 어울리는 특성을 가진 사람과 결혼하기를 원한다.'는 마음을 가져보자. 나에게 어울리는 특성이 무엇인지 스스로 몰라도 된다. 자신의 잠재의식이 자신의 특성에 맞게 선택해주기는 원하는 것이다.

자신은 자신의 특성을 잘 모르고 있다. 그래서 자신에게 맞는 선택을 하기가 어렵다. 이때 직접 선택하려고 하기보다는 잠재의식에 맡기는 것이 좋다. '나에게 맞는 상황이 이루어지기를 원한다.'는 마음을 갖는 것이다. 내가 나의 특성을 잘 모르지만, 그 특성에 맞게 이루어지기를 원하는 것이다. 그럼으로써 더 적절한 선택을 할 수 있다. 만약 직접 선택하는 것 자체가 중요하다면 직접 선택해야 한다. 그래야만 후회하는 마음이 줄어든다. 만약 직접 선택하는 것보다는 잘 선택하는 것이 중요하다면 잠재의식에 맡기는 것이 좋다. 그러면 시간이 흘러 나도 모르게 자연스럽게 선택하게 되고 그 길을 가게 된다.

07.
100% 보장해주는 방법은 존재하지 않는다

과거를 바라보는 관점과 미래를 바라보는 관점을 구분하자

　우리는 지식을 이용하여 미래를 준비하려고 한다. 학교에서 지식을 배우고, 상급자에게 지식을 배운다. 그 지식이 효과를 발휘하는 경우도 있다. 그러나 그렇지 않은 경우도 많다. '알려준 대로 했는데 왜 안 되지?' 생각이 드는 것이다. 오늘부터 안 되는 때도 있다. 분명 어제까지 효과가 있던 방법인데 오늘은 그 방법이 힘을 쓰지 못하는 것이다. 그래서 세상이 알 수 없는 곳이라고 생각하게 된다. 그 이유는 과거와 미래를 구분하지 않았기 때문이다. 과거를 통해 발견한 방법은 미래에 그대로 적용할 수 없다. 인생은 항상 원하는 마음에 의해서만 진행되기 때문이다.

　우리는 경제적 이익을 얻기 위해 투자를 한다. 투자할 때는 어떤 투자상품이 좋은지를 찾는다. 이때 상품을 고르는 기준은 사람마다 다를 수 있다. 그 중 대표적인 것이 기존 수익률을 보는 것이다. 지금까지 그 상품이 얼마나 많은 이익을 안겨주었는지를 보는 것이다. 이것은 그 상품의 과거의 정보를 보는 것이다. 그리고 과거의 정보를 통해 미래를 예측해보려고 한다. 지금까지의 수익률을 통해 미래의 수익률을 예측하는 것이다. 그러나 투자할 때 명심해야 할 것이 있다. "과거의 정보는 미래를 보장하지 않는다." 과거이 정보를 통해 미래를 예측하려 할 때 다음과 같은 생각의 흐름이 나타난다.

① 이 상품은 지금까지 오랫동안 수익률이 높았다.
② 따라서 이 상품은 앞으로도 수익률이 높을 것이다.
③ (수익률이 떨어진 후에) 수익률이 높은 상품이었는데 왜 이러지?

지금까지의 수익률이 높았어도 미래의 수익률이 높은 것은 아니다. ②번은 유무의 법칙에 해당하는 말이다. 유무의 법칙에 의해, 그 상품의 수익률이 앞으로도 당연히 높을 것이라고 생각할 때 그 상품의 수익률은 높지 않게 된다. 이런 현상이 발생하는 이유는 상품의 수익률이 높기를 원하는 마음이 없기 때문이다. 인생은 100% 원하는 마음에 의해 진행된다. 그래서 '앞으로도 높은 수익률이 유지되기를 원한다.'는 마음을 갖는 것이 필요하다. 원한다는 것은 이루어지지 않을 수도 있는데 이루어지기를 원하는 것이다. 높은 수익률이 유지되지 않을 수도 있는데 유지되기를 원하는 것이다. 따라서 높은 수익률이 유지되지 않을 수도 있음을 알고 있어야 한다.

투자뿐만 아니라 이 세상의 모든 것이 마찬가지다. 과거는 미래를 절대 보장하지 않는다. 그래서 과거와 미래는 철저하게 분리할 필요가 있다. 어떠한 상황이 계속 이어지고 있어도 그 상황이 즉시 끝날 가능성이 항상 존재한다. 그래서 '지금까지는'이라는 단어를 항상 붙여서 생각하는 것이 좋다. 상품의 수익률이 높았어도 '지금까지는' 높았던 것이다. 미래에는 적용되지 않는다. 만약 내가 건강했어도 '지금까지는' 건강했던 것이다. 미래에 건강하지 않다는 뜻이 아니다. 지금까지 건강했던 것이 미래의 건강을 보장하지 않는다는 뜻이다. 미래에도 계속 건강하기를 원하는 마음을 갖는 것이 필요하다.

이 세상을 바라보는 관점은 과거와 미래 이렇게 2가지가 있다. 과거를 바라보는 관점을 '과거의 관점', 미래를 생각하는 관점을 '미래의 관점'이라고 하겠다. 과거의 관점을 '관찰자 모드'이나 '3인칭 관점'이라고 표현하기도 한다. 과거의 관점은 이미 일어났거나 일어나고 있는 상황을 관찰하는 것이다. 자신의 현재 건강 상태를 파악하면 '과거의 관점'이 된다. 이미 일어난 상태를 관측하는 것이기 때문이다. 거울을 통해 자신을 보는 것도 과거의 관점이다. 거울 속의 자신의 모습은 이미 일어난 상태를 보여준다. 미래의 관점은 아직 일어나지 않은 미래의 일을 생각하는 것이다. 미래의 관점을 제외한 모든 것은 과거의 관점이다.

방법이 100% 미래를 보장하지 않는다

우리는 과거의 관점을 통해 '방법'을 찾는다. 실제로 해봤을 때 효과가 좋은 방법을 찾는 것이다. 찾아낸 그 방법을 통해 미래를 만들어나가려고 한다. 운동을 꾸준히 하는 사람은 몸과 마음이 건강하다는 것을 알게 되었다. 그래서 운동이라는 방법을 통해 건강해지려고 한다. 양치질을 열심히 하는 사람은 충치가 적다는 것을 알게 되었다. 그래서 양치질이라는 방법을 통해 충치를 줄이려고 한다. 우리가 공유하는 지식은 대부분 '방법'에 관한 지식이다. 방법을 통해 무엇인가를 이루려고 한다.

그런데 방법이 100% 효과를 나타내지 않는 것이 문제이다. 어떤 사람이 몸이 허약하다고 생각했다. 헬스장에 등록하고 꾸준히 운동하였다. 일반적으로 운동을 꾸준히 했으면 건강해졌을 것이라고 예상한다. 그런데 이 사람은 운동하다가 무리를 하여 근육이 찢어지는 상황이 나타났다. 운동하다가 오히려 몸이 상하는 결과를 낳게 된 것이다. 이렇게 운동은 건강한 상태를 100% 보장하지 않는다. 이러한 상황이 발생하는 이유는 원하는 마음이 없기 때문이다. 운동하면서 '운동을 하고 있으므로 당연히 건강할 것이다.'라고 생각한 것이다. 유무의 법칙에 의해, 운동함으로써 당연히 건강할 것이라고 생각할 때 운동을 해도 건강하지 않게 된다.

'당연히 건강할 것이다.'라고 생각하면 건강하기를 원하는 마음이 사라진다. 위의 상황에서는 운동할 때 무리를 해서 상태가 더 악화되었다. 이제부터 그것을 알고 있으라고 세상이 알려주는 것이다. '운동을 해서 더 안 좋아질 수도 있구나.'라고 생각하라는 뜻이다. 그때 건강해지기를 원하는 마음이 커진다. 몸이 상하지 않도록 신경쓰는 상태가 된다. 운동 기구를 다룰 때 조심히 다루게 된다. 건강해지지 않을 수 있음을 알 때 건강해지기를 원하는 마음이 생긴다. 그때 비로소 건강한 상태가 되어간다.

오히려 운동을 하지 않더라도 건강해질 수 있다. 건강하기를 원하는 마음이 존재하면 나도 모르게 운동을 하게 된다. 운동이 평소의 생활 습관에 자연스럽게 포함된다. 스스로 운동하지 않는다고 생각하지만, 운동을 하는 것이다. 오히려 헬스장에서 운동하는 사람이 운동량이 적은 경우도 있다. 헬스장에서 운동했으므로 충분하다고 생각하는 것이다. 그래서 평소에는 움직이지 않아도 괜찮다고 생각하게 된다. 헬스장 안에서만 운동하고 나머지 시간에는 잘 움직이지 않는 것이다. 그래서 헬스장에 다니지 않는 사람보다 운동량이 더 적을 수 있다.

건강하기를 원하는 마음이 자신도 모르게 건강해지는 생활 습관을 갖게 만든다. 그 마음이 자신도 모르게 자신에게 맞는 좋은 음식을 먹게 만든다. 우리는 자신에게 맞는 좋은 음식이 무엇인지 쉽게 알 수 없다. 자신에게 좋다고 생각하는 음식과 자신에게 실제로 좋은 음식은 다를 수 있다. 자신에게 실제로 좋은 음식은 잠재의식이 알고 있다. 건강해지기를 원하는 마음이 존재한다면 잠재의식이 좋은 음식을 먹도록 유도해준다. 우리는 항상 건강하지 못할 수도 있음을 아는 것이 필요하다. 그때 건강하기를 원하는 마음이 생김으로써 건강해질 수 있다.

이가 썩으면 치과에 치료를 받으러 간다. 치과의사인 나는 양치질을 더 잘해야 하다고 설명한다. 그러면 많은 환자는 '나는 양치질을 잘 하는데 이가 잘 썩는다.'고 말한다. 양치질은 충치를 줄이는 방법이다. 그럼에도 양치질이 충치를 줄이지 못하기도 한다. 이러한 상황은 원하는 마음이 부족할 때 나타난다. '나는 양치질을 자주 하므로 충치가 당연히 생기지 않을 것이다.'라고 생각하는 것이다. 이러한 생각을 함으로써 양치질을 소홀히 하게 된다. 양치질을 꼼꼼히 하는 것에 신경쓰지 않고, 양치질을 했다는 것에 의미를 두게 된다.

양치질을 제대로 하는 것은 생각보다 힘들다. 양치질을 할 때 이와 이 사이를 잘 닦아야 한다. 특히 윗니의 가장 안쪽 치아를 잘 안 닦는 경우가 많다. 또는 이의 바깥쪽 옆면은 잘 닦지만 이의 혀 쪽 옆면은 잘 닦지 않는 경우도 많다. 이를 닦을 때는 치아의 모든 면을 닦도록 신경써야 한다. 하루종일 양치질을 잘했어도 자기 전에 음식을 먹고 이를 닦지 않으면 이가 많이 썩을 수 있다. 자는 동안에는 침이 잘 나오지 않아 이가 잘 썩는다. 자기 전에는 반드시 이를 닦는 것이 좋다. 그렇게 하지 않고 자신이 생각하는 범위 내에서 이를 닦는다. 그리고서 '나는 양치질을 했으므로 이가 썩지 않겠지?'라고 생각하는 것이다.

양치질을 해도 이가 썩을 수 있다. 그것을 알 때 양치질을 하는 것에 더 신경쓰게 된다. 이가 썩지 않기를 원하는 마음이 더 커지는 것이다. 그 마음이 이를 꼼꼼하게 닦도록 만든다. 그 마음이 이를 잘 썩게 하는 음식을 먹지 않도록 유도한다. 충치가 생기지 않기를 원하는 마음이 자신의 생활 습관을 만드는 것이다. 오히려 양치질을 많이 하지 않지만 충치가 잘 생기지 않는 사람도 있다. 충치가 생기지 않기를 원하는 마음이 그것을 가능하게 해준다. 자신도 모르게 충치가 생기지 않는 습관을 갖게 된다. 원하는 마음이 이가 썩지 않는 신체 상태를 만들어준다.

충치가 생기지 않도록 양치질을 하는 것은 필요하다. 그러나 양치질을 한다고 충치가 100% 예방되지 않을 수도 있음을 아는 것도 필요하다. 그 생각이 충치가 생기지 않기를 원하는 마음을 만든다. 그 마음이 충치가 생기지 않도록 유도해준다. 운동한다고 건강을 100% 보장해주는 것이 아니다. 운동을 해도 건강하지 않을 수 있음을 아는 것이 필요하다. 그 생각이 건강해지기를 원하는 마음을 만든다. 그 마음이 건강해지도록 유도해준다. 이처럼 경험(과거)을 통해 알아낸 방법은 미래를 100% 보장해주지 않는다. 그것을 알고 있을 때 원하는 마음이 생긴다. 그 원하는 마음이 존재할 때 그것이 이루어지게 된다.

08.
물리학의 법칙도 미래를 100% 보장하지 않는다

물리학의 법칙도 미래의 상태를 보장하지 않는다

우리는 운동이라는 방법을 통해 건강해지려고 한다. 양치질이라는 방법을 통해서 충치를 예방하려고 한다. 이러한 '방법'은 과거를 관찰하여 밝혀낸 것이다. 과거를 관찰하여 밝혀낸 방법은 미래를 100% 보장하지 않는다. 물리학의 법칙 또한 과거를 관찰하여 밝혀낸 것이다. 물리학의 법칙은 언제 어디서든 적용되는 법칙이다. 그래서 물리학의 법칙을 통해 미래의 상태를 예측해보려고 한다. 그러니 과거를 관찰하여 밝혀낸 모든 것은 예외 없이 미래의 상태를 보장하지 못한다. 이 세상에는 수많은 힘이 같이 작용하기 때문이다.

영국의 위대한 물리학자 아이작 뉴턴은 미래가 아닌 과거를 관찰하였다. 사과가 나무에서 떨어지는 모습을 관찰한 것이다. 사과가 떨어진 후에 '사과가 바닥으로 떨어지는구나.'라고 생각하였다. 달이 지구 주위를 돌고 있는 것도 관찰하였다. '달이 지구를 돌고 있구나.' 라고 생각하였다. 그 현상들의 공통점을 발견하여 중력의 법칙을 만들게 되었다. 중력의 법칙은 언제 어디서나 적용되는 법칙이다. 그래서 이 법칙을 이용하여 미래를 예측해보기도 한다. 사과가 나무에서 방금 떨어졌다고 해보자. 이 사과의 미래는 어떻게 될까?

중력에 의해 사과는 바닥으로 떨어질 것으로 예상해볼 수 있다. 그럼에도 사과의 미래는 정확히 알 수 없다. 독수리가 날아와 사과를 낚아챌 수도 있기 때문이다. 그래서 중력의 법칙은 떨어지고 있는 사과의 미래를 보장하지 않는다. 중력의 법칙으로 사과의 미래를 예측하기 위해서는 외부의 힘이 없어야 한다. 중력 외에 그 어떤 힘도 가해지지 않는다면 사과는 반드시 바닥으로 떨어진다. 그러나 독수리가 사과에 힘을 가함으로써 사과의 위치가 바뀌었다. 세상에는 중력뿐만 아니라 엄청나게 많은 힘이 동시에 작용하고 있다. 그래서 법칙을 통해 미래를 예측하는 것은 불가능하다. 그 법칙으로 미래를 예측하기를 원할 뿐이다.

우리 인류는 아주 멀리 탐사선을 보내기도 한다. 미국항공우주국 (NASA)은 2006년 명왕성 탐사선인 뉴허라이즌스호를 발사했다. 그리고 2015년 명왕성의 관측에 성공하였다. 명왕성에 하트 모양의 평원이 있다는 것도 알게 되었다. 탐사선을 발사할 때 무수히 많은 물리학 법칙을 이용한다. 탐사선을 정확히 명왕성 근처로 보내야 하기 때문이다. 그런데 이 물리학 법칙은 탐사선의 위치를 완전히 보장해주지 못한다. 우주의 어디선가 날아온 큰 돌이 날아가는 탐사선에 회복되지 못할 큰 영향을 줄 수 있기 때문이다.

이러한 비상 상황들이 나타날 수 있음에도 명왕성 관측에 성공하였다. 이것이 가능했던 이유는 '원하는 마음'이 있었기 때문이다. 앞에서 무한대로 원할 때 이루어진다고 하였다. 인류는 뉴허라이즌스호가 명왕성을 성공적으로 관측하기를 무한대로 원했다. 명왕성 관측을 방해하는 요소가 얼마든지 나타날 수 있는 것이 이 세상이다. 그러나 그 요소가 나타나지 않기를 원한 것이다. 만약 '뉴허라이즌스호는 당연히 명왕성을 관측할 것이다.'라고 생각했다면 어떻게 됐을까? 그러면 명왕성 관측에 실패하게 된다. 유무의 법칙에 의해, 탐사선이 당연히 명왕성을 관측할 것이라고 생각할 때 명왕성을 관측하지 못하게 된다.

명왕성을 당연히 관측할 것으로 생각할 때 명왕성을 관측하기를 원하는 마음이 사라진다. 당연히 관측할 것으로 생각하므로 신경쓰는 마음이 줄어들게 된다. 그때 예기치 않는 문제가 발생한다. 예기치 않은 문제로 인해 탐사선이 명왕성을 관측하지 못할 수도 있다. 그것을 알고 있어야 한다. 그때 탐사선이 명왕성을 성공적으로 관측하기를 원하는 마음이 생겨난다. 그 마음이 탐사선을 잘 제작할 수 있도록 만들어준다. 그 마음이 비상 상황에 대처할 수 있는 기능을 탐사선에 최대한 탑재하도록 한다. 인간이 처리할 수 없는 비상 상황도 있은 것이다. 그 원하는 마음이 그러한 비상 상황이 나타나지 않도록 해준다.

물리학 법칙을 통해서 미래를 예측하는 것은 특수한 상황에서만 가능하다. 떨어지는 사과는 중력의 법칙에 따라 땅에 닿을 것으로 예측해볼 수 있다. 그러나 떨어지는 사과를 방해하는 힘이 없을 때만 적용된다. 명왕성 탐사선에는 명왕성에 가까이 다가가는 물리학 법칙이 담겨 있다. 그 법칙에 따라 명왕성에 가까이 다가갈 것으로 예측된다. 그러나 탐사선이 처리하지 못하는 외부의 힘이 없을 때만 그것이 적용된다. 외부의 힘까지 모두 적용되는 상황에서는 물리학 법칙만으로는 미래를 예측할 수 없다. 그 어떤 힘이든 작용하는 상황에서 적용되는 법칙은 유무력의 법칙이다. 유무력인 '원하는 마음'이 미래를 만든다.

모든 힘은 유무력이다

모든 물리학의 힘은 원하는 마음인 유무력의 일종이다. 지구가 물체를 당기는 힘인 중력은 원하는 마음이다. 지구는 물체뿐만 아니라 인간도 당긴다. 인간에게 적용되는 중력은 인간의 원하는 마음이다. 이에 대해 살펴보자. 만약 인간이 중력을 원하고 있으면 중력이 원하는 마음의 한 종류라고 말할 수 있다. 그런데 우리는 스스로 무엇을 원하는지 잘 모르는 경우가 대부분이다. 원하는 마음은 잠재의식에 저장되어 있고, 잠재의식은 숨겨져 있기 때문이다. 그래서 인간이 중력을 원하고 있더라도 중력을 원하고 있는지 잘 모른다. 자신이 어떤 것을 원하고 있는지 잘 모를 때에는 반대로 원해보면 된다.

내가 아파트의 2층에서 창문을 열고 밖으로 걸어 나가고 있다. 이때 나는 중력에 의해 바닥으로 떨어질 것이다. 내가 바닥으로 떨어지지 않기를 원한다고 생각해보자. 반대로 원한다고 생각해보는 것이다. 바닥으로 떨어지는 것 외의 상황은 2가지가 있다. 바닥으로 떨어지지 않고 그대로 있는 상황과 하늘로 올라가는 상황이 있다. 먼저 하늘로 올라가는 상황을 보자. 내가 아파트 2층에서 창문을 열고 나왔는데 하늘로 올라가는 것이다. 헬륨 풍선처럼 항상 올라가려는 힘을 받는다. 그렇다면 지구 밖으로 날아갈 것이다. 우리는 이것을 원하지 않는다.

다른 한 가지는 떨어지지도 않고 올라가지도 않는 것이다. 아파트 창문을 열고 걸어가는데 위로도 아래로도 움직이지 않고 그대로 있는 것이다. 그러면 우리는 바닥으로 어떻게 내려가야 할까? 자신의 순수한 힘으로는 내려가지 못한다. 어떤 물선을 잡고 있다가 위로 던져야만 한다. 그래야만 그 반동으로 내려갈 수 있다. 또는 자신의 위에 있는 벽을 박차고 밀어서 내려가야 한다. 그런데 문제는 관성도 있다는 것이다. 내가 어떤 힘도 받지 않으면 관성에 의해 가던 방향으로 계속 나아간다. 내가 실수로 하늘 쪽을 향해 나아가고 있었을 때가 문제다. 어떤 물체가 나를 막아주지 않는다면 나는 지구를 벗어나게 된다.

이번에는 위의 3가지를 조합해보자. 하늘로 올라가고 싶은 마음을 가지면 헬륨 풍선처럼 올라가고, 내려가고 싶은 마음을 가지면 내려간다고 해보자. 이것이 가능하다면 위험한 상황이 된다. 어린 아기들은 스스로 조절하는 능력이 없다. 아기가 실수로 하늘로 올라가기를 원하는 경우가 발생할 수 있다. 이번에는 올라가는 것을 더 어렵게 만들어보자. 올라가고 싶은 의지가 강할 때만 올라갈 수 있고, 그 외에는 떨어지는 것이다. 그 상황이 지금의 상황이다. 올라가고 싶을 때 사다리를 타고 올라가거나 비행기를 타고 올라간다. 아무 생각이 없을 때는 무조건 바닥으로 떨어진다. 지금의 중력 상태는 우리가 원하는 상태이다. 우주는 지구의 상태를 원하는 생명체를 지구에 살게 하였다.

물론 중력이 없었으면 지구 자체가 만들어지지 않는다. 지구는 중력에 의해 뭉쳐져 만들어진 커다란 물체이다. 지구가 없으면 인간도 애초에 만들어지지 않았을 것이다. 따라서 인간은 중력을 원할 수밖에 없다. 이제 인체 안으로 들어가 보자. 인체 안에는 무수히 많은 전자기력과 핵력이 작동하고 있다. 이 전자기력과 핵력이 없었으면 인간의 몸은 애초에 존재할 수 없다. 따라서 전자기력과 핵력도 인간이 원한다. 만약 인간에게 이 외의 다른 힘이 작용한다면 그 힘도 원하는 중이다. 그 힘이 없었으면 인체가 존재할 수 없기 때문이다. 인간에게 적용되는 모든 물리학적 힘은 인간이 원하고 있는 힘이다. 따라서 모든 힘은 '원하는 마음'인 유무력이다.

이처럼 이 우주상에 존재하는 모든 힘은 '원하는 마음'이라는 힘이다. 떨어지는 사과도 스스로 원하고 있어서 바닥으로 떨어지는 것이다. 사과에게 물어보지 못할 뿐이다. 설령 사과가 대답할 수 있더라도 크게 도움이 되진 않는다. 인간도 평소에 스스로 중력을 원하는지 잘 생각하지 않으므로 사과도 스스로 잘 모를 것이다. 중력도 우리 인간이 원하는 중이다. 만약 중력이 없었으면 지구도 없었을 것이고, 인간도 존재할 수 없게 된다. 이 세상은 온통 원하는 마음에 의해서만 진행되는 중이다. 지금 일어나는 상황은 모두 과거에 내가 원했던 것이다. 그러나 그 상황이 지금 마음에 들지 않을 수 있다. 원하는 대로 이루어지지 않았다는 생각이 들 수 있다. 그래도 괜찮다. 이제 그것이 이루어지기를 원하면 된다. 그 원하는 마음이 그것을 이루어준다.

원하는 마음의 특징을
알아보자

01.
원하는 마음은 서로 공유되고 있고,
하늘은 스스로 돕는 자를 돕는다

우리의 삶은 잠재의식 속 원하는 마음에 의해 진행되고 있다. 잠재의식은 서로 연결되어 있다. 우주라는 단일 잠재의식이 있고, 각자의 잠재의식이 우주의 잠재의식 안에 포함되어 있다. 각자의 잠재의식은 연결되어 있으면서 서로 공유되고 있다. 잠재의식 속 원하는 마음은 서로에게 공유되는 것이다. 자신이 무엇인가를 원하고 있으면 타인도 내가 그것을 이루기를 같이 원해준다. 남이 내가 원하는 것을 들어주지 않았다면 나의 '원하는 마음'이 부족했기 때문이다.

우리는 더 높은 위치로 올라가고 싶어 한다. 만약 자신을 높은 사람이라고 생각하면 어떻게 될까? 더 이상 높아지지 않는다. 영어를 공부하던 사람이 '나는 이제 영어를 다 알아.'라고 생각한다고 해보자. 그러면 이 사람은 더 이상 영어 공부를 할 수 없게 된다. 이미 다 알고 있다고 생각하기 때문이다. 영어 공부를 한다는 것은 모르는 것이 있다고 생각한다는 뜻이다. 모른다고 생각할 때 알게 된다. 이미 다 알고 있다고 생각하는 상태에서는 더 이상 알지 못하게 된다. 심지어 알던 것도 잊어버린다. '무(無)'라고 생각하는 만큼 '유(有)'의 상태가 되어간다. '유(有)'라고 생각하는 만큼 '무(無)'로 변하게 된다.

① 나는 높은 사람이다.
② 나는 앞으로도 높은 사람일 것이다.
③ 낮아지기를 원하는 마음

①번과 같이 자신의 본질을 규정한다고 해보자. 그러면 반대로 낮아지게 된다. ①, ②, ③이 모두 같은 뜻이다. ①번과 같이 생각하면 ③번의 마음이 잠재의식에 저장된다. 그래서 낮아지게 된다. ①번과 같이 생각하는 것은 ②번과 같이 생각하는 것과 같다. 만약 '나는 앞으로는 높은 사람이 아닐 것이다.'라고 생각한다고 해보자. 그러면 '나는 높은 사람이다.'라고 규정할 수 없게 된다. '나는 높은 사람이다.'라고 생각한다는 것은 '나는 앞으로도 높을 것이다.'라고 생각하는 것과 같다. ①번과 ②번은 같은 뜻이다.

유무의 법칙에 의해, 내가 앞으로도 높을 것으로 생각할 때 〈높음〉에서 〈낮음〉으로 향하는 유무력이 작동한다. 그 결과 나는 낮아지게 된다. 이 때 〈높음〉에서 〈낮음〉으로 향하는 유무력은 낮아지기를 원하는 마음과 같다. 내가 앞으로도 높을 것으로 생각할 때 낮아지기를 원하는 마음이 작동하는 것이다. 물론 '나는 낮아지기를 원해.'라고 생각하지는 않는다. 하지만 낮아지기를 원하는 마음이 잠재의식에 저장된다. 그 결과 낮아지게 된다.

만약 높아지기를 원하는 마음을 갖고 있었으면 '나는 높은 사람이다.'라고 생각하지 않는다. '나는 낮은 사람이다.'라고 생각한다. '나는 낮은 사람이다.'라고 규정하는 것은 '나는 앞으로도 낮을 것이다.'라고 생각하는 것과 같다. 유무의 법칙에 의해, 내가 앞으로 낮은 사람일 것으로 생각할 때 〈낮음〉에서 〈높음〉으로 향하는 유무력이 작동한다. 그래서 높은 사람이 되어간다. '나는 낮은 사람이다.'라고 생각하면 '높아지기를 원하는 마음'이 저장된다. 반대로 '나는 높은 사람이다.'라고 생각하면 '낮아지기를 원하는 마음'이 저장된다. 그래서 올라가고 싶다면 겸손할 필요가 있다.

겸손하다는 것은 '나는 낮은 사람이다.'라고 본질을 규정하는 것과 같다. 자신을 낮은 사람으로 규정할 때 올라가기를 원하는 마음이 생긴다. 그 마음에 의해 올라갈 수 있게 된다. 겸손한 사람은 스스로의 잠재의식에 '올라가기를 원하는 마음'이 저장된다. 우리는 겸손한 사람을 보면 기분이 좋다. 겸손한 사람을 보면 그 사람이 잘 되기를 원해준다. 그 이유는 겸손한 사람 스스로 잠재의식에 '올라가기를 원하는 마음'이 저장되어 있기 때문이다. 내 잠재의식에 저장된 '원하는 마음'은 모두가 같이 원해준다. 법칙에 따르면 잠재의식 속 원하는 마음은 100% 이루어져야 한다. 따라서 주위 사람들도 그것이 이루어지도록 돕는다. 하늘은 스스로 돕는 자를 돕는 것이다.

'나는 높은 사람이다.'라고 생각하는 사람은 겸손하지 못한 사람이다. 우리는 겸손하지 못한 사람을 보면 그 사람이 올라가기를 원하지 않게 된다. 어떤 상황에서는 그 사람이 오히려 내려갔으면 하는 마음이 들기도 한다. 그 이유는 겸손하지 못한 사람의 잠재의식에 '내려가기를 원하는 마음'이 저장되어 있기 때문이다. 스스로 내려가기를 원하고 있어서 남들도 내가 내려가기를 원하는 것이다. 자신의 잠재의식 속 원하는 마음 그대로 남들도 같이 원해준다. 이것 또한 하늘은 스스로 돕는 자를 돕는 것이다. 하늘은 좋은 쪽으로만 돕지 않는다. 하늘은 좋은 것과 나쁜 것을 차별하지 않는다. 자신의 잠재의식 속 원하는 마음 그대로 도와준다.

이렇게 자신의 잠재의식 속 원하는 마음은 주위 사람들과 공유를 하게 된다. 나의 잠재의식 속에 저장된 '원하는 마음'은 주위에서도 똑같이 원해준다. 이때 내가 '원한다고 생각하는 것'을 주위에서 같이 원해준다는 뜻은 아니다. 표면의식(생각)과 잠재의식은 서로 긴밀하게 연결되어 있다. 하지만 같은 것은 아니다. '원한다고 생각하는 것'은 잠재의식 속 '원하는 마음'과는 다르다. 잠재의식에 저장된 '원하는 마음' 그대로 모두가 같이 원해준다. 그것이 올라가는 것이든 낮아지는 것이든 잠재의식에 있는 그대로 같이 원해준다.

누군가가 내가 원하는 것을 들어주지 않는 경우가 있다. 그 이유는 나의 잠재의식에 그것이 이루어지기를 원하는 마음이 부족하기 때문이다. 사실상 자신도 그것을 원하고 있는 상태가 아니다. 단지 자신이 그것을 원한다고 생각하고 있을 뿐이다. 그래서 남의 탓을 하는 것보다는 원하는 마음을 갖는 것이 중요하다. 내가 원하는 것을 다른 사람이 들어주지 않았으면 '나의 원하는 마음이 부족했구나.'라고 생각하면 된다. 그리고 이루어지기를 계속 원하면 된다. 원하는 것이 이루어지지 않는 상황이 나타났다면 그것이 이루어지지 않을 수도 있음을 알라는 뜻이다. 그때 그것이 이루어지기를 원하는 마음이 생긴다. 모든 것은 '원하는 마음'에 의해서만 흘러난다.

원하는 마음이 사람들끼리만 공유되는 것은 아니다. 우주가 인간 사이에만 원하는 마음을 공유하게 만들지는 않았을 것이다. 동물, 식물과 인간 사이의 원하는 마음도 공유된다. 심지어 비생명체와 인간 사이의 원하는 마음도 공유된다. 이 우주의 모든 존재는 '원하는 마음'인 '유무력'이 공유되고 있다. 나의 잠재의식에 저장된 원하는 마음은 우주가 동시에 같이 원해준다. 등산을 하다가 돌에 걸려 넘어질 수 있다. 그러면 '돌에 걸려 넘어질 수도 있구나.'라고 알면 된다. 그리고 '앞으로 돌에 걸려 넘어지지 않기를 원하는 마음'을 가지면 된다. 잠재의식에 그 마음이 저상되어 있으면 등신을 할 때 돌에 걸려 넘어지지 않는다.

'나는 높은 사람이다.'라고 생각한다면 잠재의식에 '낮아지기를 원하는 마음'이 저장된다. 반대로 '나는 낮은 사람이다.'라고 생각한다면 '높아지기를 원하는 마음'이 저장된다. 나의 잠재의식 속 원하는 마음은 이 우주의 모든 존재와 공유한다. 그래서 내가 원하는 그대로 우주가 이루어준다. 다른 사람뿐만 아니라 동물, 식물과 비생명체도 내가 원하는 것을 이루어준다. 내가 원한다고 생각하는 것을 이루어주는 것은 아니다. 내 잠재의식 속 원하는 마음을 이루어준다. 만약 원하는 것이 이루어지지 않았다면 계속 이루어지기를 원하면 된다. 인생은 '원하는 마음'에 의해서 흘러가기 때문이다.

붕 뜬 기쁨은 이루어지지 않을 것임을 알려주는 표식이다

원하는 것에 대해 우리가 갖는 생각은 2가지이다. 이루어질 것이라는 생각과 이루어지지 않을 것이라는 생각이다. 이 중에서 이루어질 것이라는 생각은 기쁨을 느끼게 한다. 그러나 그 기쁨 뒤에는 괴로움이 따라오게 된다. 이루어질 것이라고 생각할 때 이루어지지 않기 때문이다. 이루어질 것이라고 생각함으로써 기쁨이 느껴진 후에 이루어지지 않음으로써 괴롭게 된다. 그래서 이러한 기쁨이 느껴졌다면 한 번 더 생각하는 것이 좋다. 이것과 유무의 법칙과의 관계를 통해 삶에서의 의미를 알아보자.

① '이루어질 것이다.'는 생각(=이루어지는 것에 신경쓰지 않는 상태)
② '이루어지지 않을 것이다.'는 생각
③ 이루어지기를 원하는 마음(=이루어지는 것에 신경쓰는 상태)
④ 이루어지지 않기를 원하는 마음

①과 ④는 동시에 존재하고, ②와 ③은 동시에 존재한다. ①=④와 ②=③은 서로 반대이다.

미래에 대한 의식 상태는 ①, ②, ③, ④와 같이 총 4가지가 있다. ①, ②는 표면의식에 해당한다. ③, ④는 잠재의식에 해당한다. 표면의식은 생각이고, 잠재의식은 원하는 마음이다. 우리는 ①번과 같이 생각하는 것을 좋아한다. 원하는 것이 이루어질 것이라고 생각할 때 기분이 좋다. 그러나 이처럼 생각할 때 원하는 것은 이루어지지 않는다. ③번과 같이 이루어지기를 원하는 마음을 가질 때 이루어진다. 인생은 항상 원하는 마음에 의해 진행되기 때문이다.

이루어지기를 원하는 마음은 ①번의 생각일 때는 나타나지 않는다. 앞에서 원하는 것을 이루는 방법은 무한대로 원하고 있는 것이라고 하였다. 무한대로 원한다는 것은 이루어질 것이라는 생각이 전혀 없이 원하는 것을 말한다. 따라서 ①번의 생각을 하는 중일 때에는 ③번의 마음이 존재하지 않는다. ③번의 마음은 ②번과 같이 이루어지지 않을 것이라고 생각할 때 나타난다. 이루어지지 않을 것 같을 때 이루어지기를 원하는 마음이 든다. 예를 들어 '나는 당연히 건강할 것이다.'라고 생각한다면 건강하기를 원하는 마음은 존재하지 않는다. 건강하지 않을 것이라는 생각이 들 때 건강하기를 원하는 마음이 존재한다. ②와 ③이 동시에 존재하게 된다.

원하는 마음을 갖는 것은 신경쓰는 마음과 같다. 신경쓸 때 이루어지게 된다. 건강하지 못할 것이라고 생각할 때 건강하기를 원하는 마음이 든다. 그 상태가 건강에 신경쓰는 상태이다. 건강하기를 원하는 마음을 가진 상태는 건강에 신경쓰는 상태와 같다. 깨질 수 있는 물건을 다른 곳으로 옮긴다고 해보자. 이 물건이 깨질 수도 있는데 깨지지 않기를 원하는 마음을 갖는 것이 필요하다. 이 마음 상태가 깨지지 않도록 신경쓰는 상태이다. 친구를 만나 스트레스를 푸는 일이 잘 이루어지고 있다면 친구를 만나 스트레스를 푸는 것에 신경 쓰고 있는 것이다. 신경 쓰는 것이 익숙해져서 신경쓰고 있는지 잘 느껴지지 않을 뿐이다. 신경쓰고 있는 것이 이루어지게 된다.

①번과 생각할 때는 기분이 좋다. 원하는 것이 이루어질 것이라고 생각했으므로 기쁨이 느껴진다. 나는 이때 느껴지는 기쁨을 '붕 뜬 기쁨'이라고 이름을 붙여보았다. 붕 뜬 기쁨은 미래를 긍정적으로 단정지을 때 느껴진다. 붕 뜬 기쁨이 느껴지는 것은 이루어지지 않는다. 예를 들어 상대방과의 경기를 앞두고 있다. 이때 경기에서 이길 것이라고 긍정적으로 단정짓는다고 해보자. '당연히 내가 이기겠지.'라고 생각하는 것이다. 이 생각은 '경기에서 이실 것이다.'라는 생각과 같다. 이 생각을 할 때 기쁨이 느껴진다. 이때의 기쁨이 '붕 뜬 기쁨'이다. 이렇게 생각하는 상태로 경기에 임하면 경기에서 지게 된다.

① '경기에서 이길 것이다.'라는 생각=④ 경기에서 지기를 원하는
   마음
② '경기에서 질 것이다.'라는 생각=③ 경기에서 이기기를 원하는
   마음

유무의 법칙에 의해, 경기에서 이길 것이라고 단정지어 생각할 때
〈경기에서 이김〉에서 〈경기에서 짐〉으로 향하는 유무력이 작동
한다. 그 유무력은 경기에서 지기를 원하는 마음과 같다. 그 마음
이 경기를 지도록 만든다. 따라서 ①번의 생각 상태일 때 ④번의 마
음 상태가 된다. 내가 당연히 이길 것이라고 생각할 때 '붕 뜬 기쁨'
이 느껴진다. 이길 것이라고 생각하고 있으므로 경기에 이기는 것
에 신경쓰지 않게 된다. 방심하는 것이다. 그 상태일 때 경기에서 지
게 되고 괴로움을 느끼게 된다. '붕 뜬 기쁨' 뒤에는 그것이 이루어
지지 않음으로써 괴로움이 느껴지게 된다.

경기에 진 후에는 '졌다.'라고 생각하며 슬픔을 느낀다. 슬픔을 느
낀다는 것은 경기를 하기 전에는 '이길 것이다.'라고 생각했었다는
뜻이다. 경기 전에도 '질 것이다.'라고 생각하고 있었다면 져도 슬프
지 않다. 질 것을 예상했기 때문이다. 져서 슬픔을 느끼는 상황은
'이길 것이다.'라고 생각하고 있을 때만 나타나는 상황이다. 반대로
경기에서 이겼다면 '와! 내가 이겼어.'라고 생각하며 기뻐한다. 기쁘
다는 것은 '질 것이다.'라고 생각했었다는 뜻이다. 이길 것이라고 생
각하고 있었다면 이겨도 기쁘지 않다. 이길 것을 예상했기 때문이

다. 이겨서 기쁜 상황은 '질 것이다.'라고 생각하고 있을 때만 나타나는 상황이다.

살면서 무엇인가 이루어지지 않아 괴롭게 되었다면 그 이유는 딱한 가지뿐이다. '그것이 이루어질 것이다.'라고 생각하면서 붕 뜬 기쁨을 느끼는 상태였기 때문이다. 경기에서 질 것이라고 생각할 때는 붕 뜬 기쁨을 느끼지 않는다. 진지한 상태가 된다. A) 붕 뜬 기쁨을 느끼는 상태로 B) 경기에서 이길 것이라고 생각할 때 C) 경기에서 지기를 원하는 마음이 발생하여 경기에서 지게 된다. 반대로, A) 진지한 상태로 B) 경기에서 질 것 같다고 생각할 때 C) 경기에서 이기기를 원하는 마음이 발생하여 경기에서 이기게 된다.

'붕 뜬 기쁨'은 '그것이 이루어질 것이다.'라고 단정지을 때 나타나는 기쁨이다. '그것이 이루어질 것이다.'라고 생각할 때 그것은 이루어지지 않게 된다. 따라서 붕 뜬 기쁨이 느껴지면 붕 뜬 기쁨을 느끼게 하는 그것이 이루어지지 않게 된다. 붕 뜬 기쁨은 그것이 이루어지지 않을 것임을 알려주는 표식이다. 평소에 자신이 어떤 생각을 하고 있는지 알아채기 쉽지 않다. 무수히 많은 생각을 동시에 같이 하기 때문이다. 이때 '붕 뜬 기쁨'을 활용하는 것이다. 붕 뜬 기쁨이 포착되면 '무엇인가 당연히 이루어질 것이라고 단정짓고 있구나.'라고 생각하면 된다.

붕 뜬 기쁨을 포착하는 과정

기쁨은 두 종류가 있다. 과거를 통한 기쁨과 미래에 관한 기쁨이다. 과거를 통한 기쁨은 이미 일어난 상태를 통한 기쁨이다. 경기에서 질 줄 알았는데 이겼다고 해보자. 이때 기쁨이 나타난다. 경기에서 이긴 상태는 이미 일어난 상태이다. 이미 일어난 상태를 통한 기쁨은 느껴도 문제가 없다. 경기에서 이긴 상태가 바뀌지는 않을 것이기 때문이다. 미래에 관한 기쁨은 '붕 뜬 기쁨'이다. 경기를 하기 전에 '경기에서 이길 것이다.'라고 생각하고 있었다면 '붕 뜬 기쁨'이 느껴진다. 이때 경기에서 지게 된다.

과거를 통한 기쁨은 사실 순수한 기쁨이라기보다는 '감사함'이 섞인 기쁨이다. 경기에서 질 줄 알았는데 이기게 되었으면 '감사함'이 느껴진다. '감사함'은 좋은 감정이다. 경기에서 이긴 후에 감사함이 아닌 '붕 뜬 기쁨'이 느껴지기도 한다. '이번에 경기에서 이겼으므로 앞으로도 이길 것이다.'는 생각을 하는 것이다. 과거의 상태가 미래에도 이어질 것이라고 단정짓는 것이다. 그래서 과거의 상태를 통해 큰 기쁨이 느껴졌다면 붕 뜬 기쁨일 가능성이 크다. 이번에 이겼어도 앞으로도 이기는 것이 보장되는 것은 아니다.

100㎞의 장거리 운전을 하게 되었다. 피곤함을 느꼈고 빨리 도착하고 싶은 마음이 있었다. 힘들게 운전해서 목적지에 거의 도착했다. 목적지까지 1㎞ 정도 남은 상황이다. 목적지까지 얼마 남지 않

음을 확인하고 '아! 다 왔다.'는 생각이 들었다. 기쁨이 느껴지면서 마음이 풀어졌다. 그때 문제가 발생했다. 몇 초 지나지 않아 사고가 나게 된 것이다. 끝날 때까지 끝난 것이 아니다. 차를 주차장에 완전히 주차하기 전까지는 운전이 끝난 것이 아니다. 목적지까지 1㎞ 정도 남았음에도 '다 왔다.'는 생각을 했다. 이때 느껴지는 기쁨은 '붕 뜬 기쁨'이다. 미래를 단정지었기 때문이다.

'다 왔다.'는 생각은 과거의 상태를 보고 하게 된 생각이다. 먼 거리를 거의 다 온 상태를 보고 다 왔다고 생각한 것이다. 그런데 '다 왔다.'는 생각에는 미래에 관한 생각도 포함되어 있다. '다 왔다'고 생각하면서 마음이 풀어졌다는 것은 '남은 1㎞를 운전하는 동안 당연히 아무 문제가 없을 것이다.'라고 생각했다는 뜻이다. 남은 1㎞ 구간에서도 사고가 날 수 있음을 알았다면 마음이 풀어지지 않는다. '거의 다 왔지만, 아직 남았다.'고 생각했을 것이다.

이렇게 '다 왔다!'는 생각에 미래를 단정짓는 생각이 포함되어 있을 수 있다. 이미 일어난 상태를 보고 기쁨을 느꼈어도 미래를 향한 붕 뜬 기쁨일 수 있다. 어떤 기쁨이 느껴질 때 붕 뜬 기쁨인지 확인해보는 방법이 있다. '지금까지는'이라는 단어를 붙여보는 것이다. 장거리 운전을 하면서 사고가 나지 않았지만 '지금까지는' 사고가 나지 않은 것이다. 그러면 마음이 풀어지지 않는다. 앞으로 남은 1㎞ 구간에서 사고가 날 수 있기 때문이다. 그때 목적지까지 안전하게 도착하기를 원하는 마음이 생겨난다. '지금까지는'을 붙일 때 기쁨이 사라진다면 그 기쁨은 붕 뜬 기쁨이다.

운전하는데 도로에서 교통사고가 난 현장을 보게 되었다. 이때 교통사고 현장을 보고 '나는 사고가 나지 않고 있다.'고 생각하면서 기쁨을 느낄 수도 있다. 여기에서 기쁨이 포착되었다. 이 기쁨은 '붕 뜬 기쁨'이다. '나는 사고가 나지 않고 있다.'라는 생각에는 '나는 앞으로도 사고가 나지 않을 것이다.'라는 생각이 포함되어 있기 때문이다. 이번에도 '지금까지는'을 붙여보자. 나는 지금까지는 사고가 나지 않은 것이다. 앞으로는 나도 사고가 날 수 있다. 이렇게 생각하면 교통사고 현장을 보고 진지한 상태가 된다. 나도 그러한 상황이 일어날 수 있기 때문이다. '지금까지는'이라는 단어를 붙임으로써 붕 뜬 기쁨을 멈출 수 있다.

타인의 불행을 보고 '나는 그렇지 않아.'라고 생각한다면 붕 뜬 기쁨이 느껴진다. 붕 뜬 기쁨을 느낀 후에는 실제로 나에게 그런 상황이 발생하게 된다. '나는 그렇지 않아.'라는 생각은 '나는 앞으로도 그런 불행이 나타나지 않을 것이다.'라고 생각한다는 뜻이다. 유무의 법칙에 의해, 그 불행이 나에게 생기지 않을 것이라고 생각할 때 그 불행이 나에게 생기게 된다. 그 불행이 생기지 않았지만 '지금까지는' 생기지 않은 것이다. 앞으로 그런 불행이 나타날 수 있음을 아는 것이 필요하다. 그때 붕 뜬 기쁨은 사라진다. 동시에 그 불행이 나타나지 않기를 원하는 마음이 생겨난다. 그 마음이 존재할 때 그 불행이 나타나지 않을 수 있게 된다.

붕 뜬 기쁨을 포착했는데 어떤 생각이 붕 뜬 기쁨의 원인인지 모를 때가 있다. 그때에는 굳이 그 생각을 찾으려고 하지 않아도 된다. '내가 어떤 생각 때문에 붕 뜬 기쁨을 느끼는지 잘 모르겠다. 하지만 붕 뜬 기쁨을 느끼게 한 그것이 이루어지지 않을 수도 있겠구나.'라고 생각하면 된다. 그러면 붕 뜬 기쁨이 사라지게 된다. 붕 뜬 기쁨을 적게 느끼기만 해도 충분히 효과가 있다. 그러면 그 뒤에 찾아오는 괴로움도 줄어든다. 물론 괴로움이 없어야만 사는 인생은 아니다. 붕 뜬 기쁨도 느끼고 괴로움도 느끼면서 사는 것이 인생이다. 그러나 괴로움을 덜 느끼고 싶다면 붕 뜬 기쁨을 느끼는 것을 최소화해주는 것이 좋다.

미래를 단정지을 때 느끼는 기쁨은 붕 뜬 기쁨이다. 붕 뜬 기쁨을 느끼는 상태에서는 그것이 이루어지지 않게 된다. 과거의 상태를 보고 기쁨을 느꼈어도 붕 뜬 기쁨일 가능성이 크다. 과거의 상태가 미래에도 이어질 것이라고 단정짓는 것이기 때문이다. 붕 뜬 기쁨 뒤에는 그것이 이루어지지 않아 괴로움을 느끼게 된다. 붕 뜬 기쁨인지를 확인해보는 방법은 '지금까지는'이라고 붙여보는 것이다. 그때 기쁨이 사라진다면 그것은 붕 뜬 기쁨이다. 미래에는 그 어떤 보장도 없다. '지금까지는'이라는 단어를 붙여 붕 뜬 기쁨을 줄일 수 있다. 그때 미래에 다가올 괴로움도 줄어들게 된다.

03.
자신의 상태를 관측함으로써 원하는 마음을 만들어나갈 수 있다 : 양자역학의 의미 1

전자의 위치를 관측하는 것은 자신의 상태를 관측하는 것과 같다

우리는 현재 상태를 관측한다. 관측이란 관찰하여 측정하는 것을 말한다. 지금의 상태를 알고자 하는 것이다. 걸어갈 때 바닥을 잘 살핀다. 튀어나온 것에 걸려 넘어지지 않기 위해서이다. 열이 날 때 체온을 재기도 한다. 때로는 통장에 얼마의 돈이 남아있는지를 확인하기도 한다. 이러한 것들은 모두 현재 상태를 관측하는 것이다. 이렇게 현재 상태를 측정하는 이유는 미래를 만들어나가기 위해서이다. 지금의 상태를 앎으로써 그로 인해 원하는 마음이 만들어진다. 그 원하는 마음에 의해 미래가 만들어진다. 그래서 관측은 미래를 만드는 중요한 역할을 한다. 관측은 물리학의 양자역학에서도 중요한 역할을 한다.

우리는 학교에서 과학을 배운다. 과학은 인간과 상관없이 물질에만 해당하는 학문이라고 생각하기도 한다. 그러나 과학은 인간에게 아주 밀접하게 연관되어 있다. 과학의 법칙은 인간에게도 모두 적용되고 있다. 우리가 모두 알고 있는 '중력'이라는 힘은 물체뿐만 아니라 인간에게도 적용된다. 힘껏 높이 뛰어도 중력에 의해 다시 바닥으로 떨어진다. 인간의 몸에는 수많은 세포가 존재한다. 그 세포들은 모두 원자들로 구성되어 있다. 몸을 구성하는 원자는 물체의 원자와 다르지 않다. 인간은 자연에서 왔고, 죽으면 자연으로 돌아간다. 물체의 원자에 적용되는 법칙이 있다면 그것은 인간에게도 똑같이 적용된다.

양자역학은 눈에 보이지 않는 '원자'의 세계를 탐구하는 학문이다. 인간은 원자로 구성되어 있고, 실제로 원자의 특성이 인간에게 그대로 나타난다. 1개의 원자 안에는 전자가 들어있다. 전자는 원자 내에서 자신만의 위치를 갖고 있다. 인간은 그 전자의 위치를 알고 싶어 한다. 이것은 우리가 평소에 물체의 위치를 알고 싶어 하는 것과 같다. 컵에 물을 따라 먹고 싶을 때 컵을 찾을 것이다. 컵을 관측하여 위치를 파악한다. 컵의 위치를 파악하는 것과 전자의 위치를 파악하는 것은 다르지 않다. 컵의 위치를 파악하기 위해서는 눈으로 쳐다보면 된다. 그 과정을 보자.

① 빛이 컵에 닿는다.
② 컵에 닿은 빛이 반사되어 내 눈으로 들어온다.
③ 내 눈은 그 빛을 분석해서 컵이 있다고 판단한다.

우리는 컵의 위치를 파악하기 위해 '빛'을 이용한다. 마찬가지로 전자의 위치를 파악할 때도 빛을 이용한다. 그런데 전자는 너무 작아서 눈에 보이지 않는다. 그래서 관측장비를 이용한다. 그렇다 하더라도 그 원리는 눈으로 관측하는 것과 비슷하다. 빛을 전자에 쏜다. 그 빛이 관측장비로 들어간다. 관측장비에서 그 빛을 이용해 전자의 위치를 판단한다. 관측장비가 전자의 위치를 인간이 알아볼 수 있게 출력해준다. 그것을 인간의 눈으로 쳐다본다. 어찌 되었든 전자의 위치를 파악하기 위해서는 빛을 전자에 쏘아야 한다. 그때 전자의 위치를 파악할 수 있다.

컵과 전자에는 약간의 차이점이 있다. 그것은 전자가 너무나도 가볍다는 것이다. 우리가 볼 때 컵에 빛이 닿아도 컵은 움직이지 않는다. 그런데 전자는 빛이 닿으면 움직인다. 전자가 너무 가볍기 때문이다. 전자는 빛에 의해서도 흔들리는 아주 가벼운 물질이다. 전자의 위치를 파악하기 위해서는 전자에 빛을 쏴야 한다. 그런데 전자는 빛에 의해 흔들린다. 따라서 관측장비가 전자의 위치를 파악했어도 전자는 이미 다른 곳에 있다. 전자의 위치를 파악하게 해준 그 빛이 전자를 이미 다른 곳으로 밀어놨기 때문이다. 전자의 위치를 파악했어도 그 전자는 이미 다른 곳에 있으므로 전자의 위치를 모르는 것과 같게 된다.

이것은 다음의 예시와 비슷한 상황이다. 안방에 있는 아내가 딸이 무엇을 하고 있는지 나에게 물어보았다. 나는 조용히 딸이 방에서 공부하는 것을 보았다. 나는 다시 안방으로 가서 아내에게 '딸이 공부하고 있어.'라고 말해주었다. 그런데 내가 안방으로 가는 동안 딸은 갑자기 졸려서 자기 시작했다. 아내에게 딸이 공부하고 있다고 말하는 순간에 딸은 이미 자고 있던 것이다. 나는 딸의 행동을 아내에게 제대로 말해주었지만, 그것은 결국 사실이 아니었다. 딸은 이미 자고 있었기 때문이다. 전자의 위치가 이러한 상황이다. 전자의 위치를 파악했어도 전자의 위치는 이미 바뀌어 있다. 그래서 전자의 위치를 파악했다고 말할 수 없게 된다.

우리는 이 상황을 보고 '전자를 관측했다.'라고 말한다. 전자의 위치를 관찰하여 측정하는 행위가 전자의 위치를 바꾸어놓는다. 컵은 관측해도 위치가 바뀌지 않는다. 그러나 전자는 관측하는 행위에 의해 위치가 바뀐다. 전자가 위치를 바꾸는 이유는 전자도 유무의 법칙에 맞게 움직이고 있기 때문이다. 유무의 법칙을 다시 살펴보자. 미래에 '유(有)'가 나타날 것이라고 생각할 때 '유(有)'에서 '무(無)'를 향하는 유무력이 작동한다. 그 결과 '무(無)'가 나타난다. 간단하게 말하면, '유(有)'가 나타날 것이라고 생각할 때 '무(無)'가 나타난다.

'유(有)'에 〈유지됨〉을, '무(無)'에 〈유지되지 않음〉을 대입할 수 있다. 유무의 법칙에 의해, 어떤 상태가 당연히 유지될 것이라고 생각할 때 그 상태는 유지되지 않는다. 예를 들어, 내 몸이 건강한 상태가 당연히 유지될 것이라고 생각할 때 건상한 상태를 유지하지 않게 된다(=허약해지게 된다). 당연히 건강할 것이라고 생각하면 건강에 신경쓰지 않게 된다. 당연히 건강할 것인데 굳이 신경 쓸 필요가 없는 것이다. 이때 자신도 모르게 건강에 좋지 않은 행동을 하게 된다. 건강한 상태를 유지하고 싶은 마음이 없이 방치하는 것이다. 그 결과 몸이 점점 허약해지게 된다. 건강한 상태가 당연히 유지될 것이라고 생각할 때 허약해지게 된다.

이제 전자의 위치를 관측(측정)하는 것의 의미를 살펴보자. 전자의 위치를 측정했다는 것은 전자의 위치가 미래에도 당연히 계속 유지될 것이라고 생각하는 것과 같다. 예를 들어 전자의 위치를 측정했더니 전자가 (1, 2, 2)에 있었다. 그런데 전자의 위치를 측정하면 측정하자마자 전자의 위치가 바뀐다는 것을 알고 있다고 해보자. 그러면 '전자의 위치는 (1, 2, 2)에 있다.'고 말할 수 없다. 전자의 위치를 말하려는 순간에 전자는 이미 다른 곳에 있을 것이기 때문이다. '전자는 방금 전까지 (1, 2, 2)에 있었다.'고 과거형으로 말하는 것은 가능하다. 그러나 '전자가 (1, 2, 2)에 있다.'고 현재형으로 말하는 것은 불가능하다.

나는 조용히 딸이 공부하고 있는 것을 보았다. 그리고 안방으로 가서 아내에게 딸의 행동을 말하려고 한다. 이때 내가 안방으로 가고 있는 동안 딸이 잠을 잘 것임을 알고 있다고 가정해보자. 그러면 나는 아내에게 '딸이 공부하고 있어.'라고 말할 수 없다. '딸이 방금 전까지 공부하고 있었어.'라고 과거형으로 말하는 것은 가능하다. 공부하는 모습을 직접 눈으로 봤기 때문이다. 만약 '딸이 공부하고 있어.'라고 현재형으로 말한다면 딸이 공부하는 모습을 본 이후에도 계속 공부를 할 것이라고 생각한다는 뜻이다. 마찬가지로 '전자가 (1, 2, 2)에 있다.'고 현재형으로 말한다는 것은 전자는 측정한 이후에도 당연히 (1, 2, 2)에 유지될 것이라고 생각한다는 뜻이다.

① 전자가 (1, 2, 2)에 있다.
② 전자의 위치가 당연히 (1, 2, 2)에 유지될 것이다.

따라서 ①번은 ②번의 의미를 포함한다. ②번은 미래에 관한 생각이다. 미래에 관한 생각은 유무의 법칙의 적용을 받는다. 유무의 법칙에 의해, 전자의 위치가 앞으로도 (1, 2, 2)에 유지될 것이라고 생각할 때 전자의 위치는 (1, 2, 2)에 유지되지 않는다. 〈(1, 2, 2)에 유지됨〉에서 〈(1, 2, 2)에 유지되지 않음〉으로 향하는 유무력이 전자의 위치를 바꾼다. 전자를 측정하기 위한 그 빛이 전자의 위치를 바꾸는 유무력의 역할을 한다. 유무의 법칙은 이 세상의 모든 힘을 함께 고려할 때 적용되는 법칙이다. '전자가 (1, 2, 2)에 있다.'고 측정하면 어떤 힘에 의해서든 전자의 위치는 (1, 2, 2)를 벗어나게 된다.

측정을 통해 자신의 미래를 만들어나간다

앞에서 '이루어질 것이다.'는 생각은 '이루어지기를 원하는 마음'과 동시에 존재할 수 없다고 하였다. 이루어지지 않을 수 있음을 생각할 때 이루어지기를 원하는 마음이 생긴다. 당연히 이루어질 것이라고 단정짓는다면 이루어지기를 원하는 마음은 사라지게 된다. '이루어질 것이다.'는 생각은 '이루어지기를 원하는 마음'과 동시에 존재하지 않는다. 마찬가지로, '유지될 것이다.'는 생각은 '유지되기를 원하는 마음'과 동시에 존재하지 않는다. 당연히 유지될 것인데 유지되기를 원하는 마음을 가질 필요가 없는 것이다.

마찬가지로 전자의 위치를 측정할 때 원하는 마음이 작용하지 않는다. 전자가 (1, 2, 2)에 있음을 확인했다면 전자가 (1, 2, 2)에 유지되기를 원하는 마음을 갖는 것이 아니다. 원하는 마음이 없이 객관적으로 전자의 위치를 파악할 뿐이다. '전자가 (1, 2, 2)에 있다.'는 말은 '전자의 위치가 (1, 2, 2)에 유지될 것이다.'는 뜻을 포함한다. 동시에 전자가 (1, 2, 2)에 유지되기를 원하는 마음은 전혀 갖고 있지 않은 상태이다. 따라서 이를 다음과 같이 적어볼 수 있다.

① 전자가 (1, 2, 2)에 있다.
② 전자의 위치가 (1, 2, 2)에 유지되기를 원하는 마음이 전혀 없이, 전자의 위치가 (1, 2, 2)에 당연히 유지될 것이라고 생각한다.

①번은 ②번을 포함한다. ②번이 측정의 의미이다. 전자의 위치를 측정한다는 것은 "전자가 측정된 위치에 유지되기를 원하는 마음이 전혀 없이 전자가 측정된 위치에 당연히 계속 유지될 것이라고 생각

한다."라는 뜻이다. 이것을 측정의 첫 번째 의미라고 하겠다. 측정의 두 번째 의미는 위에서 이야기했던 대로 방금 전의 상태를 말하는 것이다. 전자의 위치를 측정한 후에 '전자는 방금 전에 (1, 2, 2)에 있었다.'라고 과거형으로 말하는 것이다. '전자는 (1, 2, 2)에 있다.'고 현재형으로 말하면 측정의 첫 번째 의미이다. 현재형으로 말한다는 것은 그 상태가 미래에도 계속 유지될 것이라고 생각한다는 뜻이다. 다음의 예시를 통해 비교해보자.

어린 딸이 어젯밤에 옷을 얇게 입고 잤더니 아침에 열이 났다. 체온을 측정했더니 37.8℃가 나왔다. '찬 수건을 대고 있으면 열이 곧 떨어지겠지.'라고 생각했다. 그런데 시간이 지나도 열이 떨어지지 않는 것이었다. 다시 열을 재보니 39.0℃가 나왔다. 이제 생각이 바뀌게 되었다. 지금의 상태를 볼 때 열이 떨어지지 않을 것 같은 생각이 든 것이다. 그래서 응급실에 갈 준비를 했다. 처음에 37.8℃가 나왔을 때는 곧 열이 떨어질 것이라고 생각했다. 이것은 37.8℃ 이상의 체온이 미래에는 유지되지 않을 것이라고 생각한 것이다. 이것은 측정의 두 번째 의미에 해당한다.

그런데 39.0℃까지 올라가니 생각이 바뀌었다. 39.0℃ 이상이 계속 유지될 것 같은 생각이 든 것이다. 그래서 응급실에 갈 준비를 했다. 이때 나는 39.0℃ 이상이 유지되기를 원하는 마음은 전혀 없다. 단지 39.0℃ 이상이 유지될 것이라는 생각만 한 것이다. 이것은 곧 측정의 첫 번째 의미에 해당한다. 응급실에 왔어도 체온은 떨어지지 않을 것 같은 생각이 계속 들었다. 해열제를 먹었어도 효과가 없을지도 모른다는 생각이 들었다. 높은 열 때문에 딸에게 문제가 생길지도 모른다는 생각도 들었다. 그렇게 걱정하는 마음, 신경쓰는 마음의 상태로 오랜 시간이 흘렀다. 그때 열은 점점 떨어지게 된다. 체온을 재보니 어느새 열이 많이 떨어져 있다는 것을 알게 되었다.

이 상황은 유무의 법칙에 맞게 흘러가는 상황이다. 유무의 법칙에 의해, 체온이 39.0°c 이상 유지될 것이라고 생각할 때 그 체온이 유지되지 않는다. 체온이 39.0°c 이상 유지될 것이라고 생각하는 상태일 때 체온이 39.0°c 이하로 떨어지기를 원하는 마음이 생겨난다. 그 마음이 존재할 때 체온이 39.0°c 이하로 내려가게 된다. 39.0°c 이하로 떨어지기를 원하는 마음은 〈체온이 39.0°c 이상임〉에서 〈체온이 39.0°c 이하임〉으로 향하는 유무력과 같다. 그 유무력에 의해 체온이 떨어지게 된다.

① 측정의 첫 번째 의미: 측정한 상태가 미래에도 당연히 유지될 것이라고 생각한다. 동시에, 측정한 상태가 유지되기를 원하는 마음이 전혀 없다.
② 측정의 두 번째 의미: 측정한 상태는 방금 전의 상태이다. 이 상태는 미래와 상관없다.

자신의 통장에 얼마가 남아있는지 확인했다. 이것은 측정에 해당한다. 이때 어떤 측정을 하는 것이 도움이 될까? 남은 금액이 적다고 생각되면 첫 번째 측정을 하는 것이 필요하다. 적은 금액이 계속 유지될 것이라고 생각하는 것이 좋다. 그래야만 금액이 늘어나기를 원하는 마음이 발생한다. 만약 '나중에는 늘어나겠지.'라고 생각한다면 금액이 늘어나기를 원하는 마음이 없게 된다. 나중에는 늘어날 것이라고 생각하므로 붕 뜬 기쁨을 느낀다. 이때 돈을 모으는 데 신경쓰지 않게 된다. '지금의 상태로는 돈이 늘어나지 않겠구나.'라고 생각할 때 신경쓰게 된다. 돈을 어떻게 벌지를 궁리하게 된다.

남은 금액이 많다고 생각되면 두 번째 측정을 하는 것이 좋다. 금액이 많을 때 첫 번째 측정을 하면 금액이 줄어들게 된다. 첫 번째 측정은 많은 금액이 당연히 유지될 것이라고 생각하는 상태이다. 이 상태는 붕 뜬 기쁨을 느끼는 상태이다. 돈이 계속 많을 것이라고 생각해서 돈을 쓰게 된다. 그때 서서히 돈이 줄어든다. 두 번째 측정처럼 지금의 많은 금액은 미래와 상관없다고 생각하는 것이 좋다. 금액이 언제든지 줄어들 수 있음을 알고 있는 것이다. 그때 그 금액이 유지되기를 원하는 마음이 생긴다. 그 금액을 유지하는 데 신경쓰는 상태가 된다. 금액을 유지하는 것에 신경 쓸 때 금액이 유지될 수 있다.

이렇게 현재 상태의 측정을 상황에 맞추어서 함으로써 도움이 될 수 있다. 자신의 상황이 마음에 들지 않으면 첫 번째 측정을 하는 것이 좋다. 이것은 전자의 위치를 측정하는 것과 같은 원리이다. 전자의 위치를 측정함으로써 전자의 위치는 바뀌게 된다. 마찬가지로 자신의 마음에 들지 않는 상황은 첫 번째 측정을 함으로써 바뀔 수 있게 된다. 자신의 상황이 마음에 든다면 두 번째 측정을 하는 것이 좋다. 마음에 드는 상황은 '지금까지'의 상황일 뿐이다. 그 상황이 미래에도 반드시 이어지는 것은 아니다. 이렇게 생각할 때 방심하지 않고 신경쓰는 마음을 가질 수 있다.

04.
마음에 들지 않는 상황은 포기함으로써 해결할 수 있다 : 양자역학의 의미 2

상대방의 상태도 측정하면 바뀐다

앞 장에서 측정의 의미에 관해 이야기하였다. 측정은 두 가지의 의미를 지닌다. 첫 번째 의미의 측정은 측정한 상태가 당연히 유지될 것이라고 생각하는 측정이다. 마음에 들지 않는 상태는 첫 번째 의미의 측정을 통해 해결해나갈 수 있다. 이것은 '포기하는 마음'과 같다. 마음에 들지 않는 상태는 포기함으로써 원하는 것을 이루어나갈 수 있다. 우선 일상생활에서 첫 번째 의미의 측정이 어떻게 나타나는지를 앞 장에 이어서 볼 것이다. 그리고 포기하는 마음과의 관계를 살펴보겠다.

전자의 위치를 측정하면 위치가 바뀐다. 이러한 현상은 일상생활에서도 나타난다. 앞에서는 체온을 측정하는 것, 통장의 남은 금액을 확인하는 것에 대해 이야기하였다. 이번에는 책을 읽는 상태에 관해 이야기해보겠다. 지금 나는 책을 읽고 있다. 책을 읽고 있는 상태는 나의 현재 상태가 된다. 이때 '나는 책을 읽고 있다.'라고 생각해보자. 나의 상태를 측정하는 것이다. 그런데 '나는 책을 읽고 있다.'고 생각하는 그 순간에는 책을 읽고 있지 않다. 책을 읽고 있다고 생각하고 있는 것이지, 책을 읽고 있는 것은 아니다. 그 후에 다시 책을 읽기 시작할 수는 있다. 그러나 책을 읽고 있다고 생각하는 그 순간에는 책을 읽고 있지 않게 된다.

나의 상태를 측정하니 나의 상태가 측정한 상태를 벗어났다. 이번에는 더 명확하게 첫 번째 의미의 측정을 해보자. 첫 번째 의미의 측정은 "측정된 상태가 유지되기를 원하는 마음이 전혀 없이 측정된 상태가 계속 유지될 것이라고 생각함.'이라는 뜻이다. 나 스스로 책을 읽는 상태가 유지되기를 원하는 마음이 전혀 없이 "나는 책을 계속 읽을 것이다."라고 생각하는 것이 첫 번째 의미의 측정이다. 언제 이런 생각을 할까? 책을 읽기 싫어졌을 때 이런 생각을 한다. 책을 읽기 싫은데 '책을 읽어야 돼.'라고 생각하면서 이런 생각을 하게 된다. 그래서 책을 읽지 않게 된다.

이와 같이 첫 번째 의미의 측정을 한 후에 책을 읽던 상태에서 책을 읽지 않는 상태로 바뀌게 된다. 첫 번째 의미의 측정이 자신의 상태만을 바꾸는 것은 아니다. 상대방의 상태도 바꾼다. 딸의 체온이 내려가지 않을 것(=유지될 것) 같은 생각을 할 때 딸의 체온이 내려갔다. 잠재의식은 서로 연결되어 있고, 공유되고 있다. 그래서 내가 상대방에게 신경쓰는 마음을 가질 때 상대방의 상태를 바꿀 수 있다. 딸의 체온이 회복된 것이 해열제(열을 내리는 약) 때문이라고 말하더라도 마찬가지다. 내가 딸의 체온에 신경쓰고 있었기 때문에 해열제를 먹게 된 것이다. 딸에 대한 첫 번째 의미의 측정 상태가 해열제를 먹게 한 것이다. 유무의 법칙은 모든 힘(해열제 포함)이 같이 작용할 때 적용되는 법칙이다.

이번에는 상대방이 책을 읽고 있을 때 첫 번째 의미의 측정을 해보자. 지금 교실에서 친구가 책을 읽고 있다. 친구를 보고 첫 번째 의미의 측정을 해보자. 나는 친구가 책을 읽기를 원하는 마음이 전혀 없이 "친구가 책을 계속 읽을 것이다."라고 생각하였다. 이런 생각은 언제 하게 될까? 친구가 책을 읽지 않기를 원할 때 이런 생각을 한다. 예를 들어 친구에게 할 말이 있어 친구가 나를 봐줬으면 할 때 이런 생각을 하게 된다. 친구에게 할 말이 있어서 친구에게 다가갔다. '친구에게 다가가면 친구가 나를 쳐다보겠지.'라고 생각했다. 그런데 친구가 계속 나를 쳐다보지 않았다. 그래서 친구의 어깨를 툭툭 쳤다. 그때 친구가 나를 쳐다봤다.

친구의 어깨를 툭툭 쳤다는 것은 친구가 계속 책을 읽을 것 같았기 때문이다. 친구가 나를 쳐다보지 않고 계속 책을 읽을 것이라고 생각했기 때문에 친구의 어깨를 툭툭 친 것이다. 이때 나는 친구가 책을 읽기를 원하는 마음이 없다. 나를 봐주기를 원한다. 이것은 첫 번째 의미의 측정에 해당한다. 첫 번째 의미의 측정을 하고 나니 친구는 책을 읽고 있다가 나를 쳐다보게 되었다. 첫 번째 의미의 측정을 통해 친구의 상태를 바꾼 것이다. 친구가 책을 읽지 않고 나를 쳐다봐주기를 원하는 마음이 전달되어 친구의 상태를 바꾼 것이다.

여기에서 친구의 어깨를 쳤기 때문에 쳐다본 것이라고 말할 수도 있다. 그러나 친구의 어깨를 툭툭 치지 않게 되었다 하더라도 친구가 나를 쳐다본다. 친구가 진심으로 나를 봐주기를 원하면 친구는 내 마음을 느낀다. 잠재의식은 서로 공유되고 있어서 육감의 형태로 전달된다. 서로 쳐다볼 수 없는 곳에서도 상대방을 생각하면 상대방도 나를 생각하게 된다. 그래서 내가 상대방에게 전화를 걸려고 하는 순간 상대방에게 전화가 걸려오기도 한다. 원하는 마음이 전달되는 것이다. 첫 번째 의미의 측정을 통해 상대방의 상태를 바꾸게 된다.

마음에 들지 않는 상황은 포기함으로써 해결해나갈 수 있다

전자의 위치를 측정하면 위치가 바뀐다. 앞에서 전자가 아닌 컵은 위치를 측정해도 바뀌지 않는다고 하였다. 그러나 컵도 전자와 똑같이 위치가 바뀐다. 전자와 같이 첫 번째 의미의 측정을 하면 컵의 위치도 바뀐다. 컵이 테이블 위에 있었다고 해보자. '컵이 테이블 위에 있다. 그런데 컵이 테이블 위에 계속 있기를 원하는 마음은 없다. 하지만 컵이 테이블 위에 있을 것이다.' 이러한 생각은 아무 이유 없이 하지 않는다. 컵의 위치가 바뀌기를 원할 때 이러한 생각을 한다. 예를 들어 컵을 들어올리고 싶을 때 컵을 쳐다보고 이런 생각을 한다. 컵이 그 자리에 유지되는 생각을 잠깐 한 후에 그 컵을 들어올리기를 원하는 마음이 발생하여 컵을 들어올린다.

어떤 어머니께서 '우리 아들은 똑똑한데 공부를 안 해서 문제야.'라고 말했다고 해보자. '우리 아들은 똑똑한데~'라는 것은 첫 번째 측정에 해당한다. 똑똑하기를 원하는 마음이 없이 당연히 똑똑하다고 생각하는 것이다. 이것은 본질을 규정하는 것과 같다. 본질을 규정하면 그 본질은 나타나지 않는다. 마찬가지로 첫 번째 측정을 하면 그 상태는 바뀌게 된다.

아들이 똑똑하다고 생각한다는 것은 아들이 앞으로도 똑똑할 것이라고 생각한다는 뜻이다. 아들이 앞으로는 똑똑하지 않을 것이라고 생각했다면 아들이 똑똑하다고 말할 수 없다. 유무의 법칙에 의해, 아들이 앞으로 똑똑할 것이라고 생각할 때 아들은 똑똑하지 않게 된다. 똑똑해지고 싶다면 '아들이 똑똑하지 않다.'고 본질을 규정하는 것이 필요하다. 그때 똑똑해지기를 원하는 마음이 생긴다. 그 마음에 의해 점점 똑똑해져간다.

남들에게 피해를 주고 '나는 문제가 없어.'라고 생각하는 경우가 있다. '내가 남들에게 피해를 주는 것은 모두 내 탓이 아니야. 결국 나도 피해자야.' 나는 문제가 없어.'라고 생각하는 것이다. 본질을 규정하면 그 본질은 나타나지 않게 된다. 자신에게 문제가 없다고 규정함으로써 문제가 계속 나타나는 것이다. 반대로 본질을 규정하는 것이 필요하다. 첫 번째 측정을 함으로써 상황이 해결될 수 있다. 자신이 문제를 보이고 있음을 받아들이고, 앞으로도 문제가 나타날 수 있음을 아는 것이 필요하다. 그때 문제가 사라지기를 원하는 마음이 생긴다. 그 마음이 문제를 사라지게 해준다.

이처럼 마음에 들지 않는 상황은 첫 번째 측정을 함으로써 해결할 수 있다. 마음에 들지 않는 상황이 계속 이어질 것이라고 생각하는 것이다. 이것은 포기하는 마음이다. 어떤 부부가 결혼을 한 지 5년이 되었는데도 아기를 갖지 못하고 있었다. 그래서 아기를 낳을 방법을 알아보고 따라 해봤다. '이 방법을 따라 하면 아기를 낳을 수 있을 것이다.'라고 생각한 것이다. 그런데도 아기는 생기지 않았다. 그렇게 수년이 또 흘렀다. 결국 포기하는 마음을 갖게 되었다. '내 팔자에 아기는 없겠구나.'라고 생각했다. 아기가 없는 현재의 상태가 미래에도 이어질 것이라고 생각한 것이다. 그랬더니 다음 달 임신을 하게 되었다.

마음에 들지 않는 상황에 대해 포기하는 마음을 갖는 것은 첫 번째 의미의 측정에 해당한다. "아기가 생기지 않고 있다. 그런데 아기가 생기지 않기를 원하는 마음은 전혀 없다. 하지만 아기가 생기지 않을 것이다.'라고 생각한 것이다. 그때 아기가 생기게 된다. 반대로 아기를 낳는 것을 포기하지 않는 것은 두 번째 측정에 해당한다. '지금 아기가 생기지 않고 있다. 그러나 지금의 상태는 미래와 상관없다. 미래에는 당연히 아기가 생길 것이다.'라고 생각하는 것이다. 유무의 법칙에 의해, 아기가 생길 것이라고 생각할 때 아기는 생기지 않는다. 마음에 들지 않는 상황은 포기함으로써 해결해나갈 수 있다. 첫 번째 의미의 측정이 필요한 것이다.

전자와 마찬가지로 컵의 위치도 첫 번째 측정을 함으로써 상태가 바뀌게 된다. 전자와 컵뿐만 아니라 인생에 나타나는 모든 상태는 첫 번째 측정을 한 후에 바뀌게 된다. 자신의 상태뿐만 아니라 상대방의 상태 또한 측정을 통해 바뀌게 된다. 잠재의식 속 원하는 마음은 모두가 공유하고 있기 때문이다. 마음에 들지 않는 상태는 첫 번째 측정을 통해 해결해나갈 수 있다. 마음에 들지 않는 그 상태가 유지될 것이라고 생각하는 것이다. 이것은 포기하는 마음이다. 마음에 들지 않는 상황을 받아들이는 것이다. 마음에 들지 않는 상태는 받아들여 포기함으로써 해결된다. 받아들임에 대해서는 PART 04에서 이야기해보겠다.

현재 상태를 관측한다는 것은 항상 변화를 의미한다. 우리는 변화의 시작점을 무조건 느끼게 된다. 그래야만 그 시작점으로부터 변화를 만들어내기 때문이다. 내가 위치를 옮기고자 한다면 그 순간 내가 어디에 서 있는지를 확인하게 된다. 내가 어디에 서 있는지도 모르는데 위치를 바꿀 수는 없다. 내 위치를 알고 있을 때만 위치를 바꾸기 시작할 수 있다. 내 위치를 확인한 후에 위치를 바꾸지 않았어도 마찬가지다. 내 위치를 확인하는 이유는 분명 있다. 내 위치를 알고 싶은 것이다. 내 위치를 알지 못하는 상태에서 아는 상태로 변화하고 싶어서 확인한 것이다. 현재 상태의 관측은 모두 변화를 만들어낸다. 유지하는 것도 넓은 의미에서 변화에 해당한다. 변화는 변화를 원하는 마음에 의해 나타나는데, 유지하는 것도 원하는 마음이 있을 때 가능한 것이기 때문이다. 유지하는 것도 쉽지 않다.

05.
가까이 지내려 하는 것은 멀어지게 된다 :
양자역학의 의미 3

전자와 마찬가지로 친구의 지금의 위치도 알 수 없다

잠재의식에는 '원하는 마음'이 저장되어 있다. 그 원하는 마음에 의해 인생이 진행된다. 잠재의식의 정보는 숨겨져 있다. 자신이 지금 무엇을 원하고 있는지 모른다는 뜻이다. 잠재의식의 정보가 숨겨져 있는 특성은 앞에서 이야기한 전자의 특성과 같다. 잠재의식의 정보를 아는 순간 그 정보가 반대로 바뀌는 특성을 가진다. 그 결과 잠재의식의 정보와 반대로 알고 있게 된다. 그래서 자신이 좋아한다고 생각하는 것은 사실 싫어하는 것이다. 반대로 자신이 싫어하는 것은 오히려 좋아하고 있는 것이다.

1900년대 초 물리학자들은 자신의 의견을 주장하며 토론했다. 한 팀은 알버트 아인슈타인을 대표로 하는 고전역학파이다. 고전역학에서는 모든 것이 결정되어 있다고 말한다. 지금의 상태를 정확히 알면 1초 뒤의 상태 또한 정확히 예측할 수 있다고 본다. 야구공을 던지는 순간 공의 속도와 위치를 정확히 안다고 해보자. 그러면 뉴턴의 운동 법칙을 통해 공이 바닥의 어느 지점에 언제 떨어질지를 예측할 수 있다. 이것이 고등학교 물리 시간에 배우던 내용이다.

또 다른 한 팀은 닐스 보어를 대표로 하는 양자역학파이다. 닐스 보어는 고등학교 화학 시간에 배우는 '보어의 원자 모형'을 만들었다. 양자역학파는 원자 내에서 전자를 위치를 측정하려 하였다. 그랬더니 전자의 위치를 정확히 알 수 없다는 것을 알게 되었다. 그래서 모든 것은 확률로 존재한다고 하였다. 그 이야기를 들은 아인슈타인은 다음과 같이 말했다. '우주의 모든 것은 정확하게 설명할 수 있네. 신은 주사위 놀이를 하지 않는다네.' 아인슈타인은 양자역학을 받아들이지 않았다. 그런데 아인슈타인과 보어의 주장은 둘 다 맞다. 이 세상을 흘러가게 하는 정보를 인간이 알 수 없기 때문이다. 그 정보가 잠재의식 속 원하는 마음이다.

전자의 특징은 '생각'의 특징과 같다. 앞에서 이야기하였듯이 전자의 특성은 일상생활에서도 나타난다. 우선 전자의 특성을 보자. 상자 안에 전자 1개를 넣어두었다. 이때 나는 전자의 위치를 알 수 없다. 확인하기 전까지는 모른다. 전자의 위치를 알고 싶어서 측정하였다. 그랬더니 전자의 위치는 알 수 있었지만, 전자는 이미 다른 곳에 있었다. 이것이 전자의 특성이다. 다른 곳에 있는 전자의 위치를 측정하면 전자는 또 다른 곳으로 가버린다. 지금, 이 순간 전자의 위치는 알 수 없다는 것을 알게 되었다. 그래서 전자 1개는 상자 안의 모든 곳에 '확률'로 존재한다고 말하였다.

이제 일상생활에서 나타나는 일을 보자. 친구가 여행을 간다고 나에게 말을 했다. 내일 서울을 출발하여 대전, 공주, 부여를 거쳐 7일 뒤에 다시 서울로 돌아올 것이라고 말하였다. 그리고서 3일이 지났다. 지금 이 친구는 어디에 있을까? 대전, 공주, 부여 중 한 군데 있을 가능성이 크다. 이렇게 친구의 위치는 확률로 존재한다. 나는 친구의 위치를 알 수 없지만, 친구는 어딘가에 있을 것이나. 여행을 간다고 해놓고 가지 않았을 수도 있다. 나는 친구의 위치를 모른다. 그래서 내 '생각'에 친구의 위치는 확률로 존재한다. 전자의 위치도 확률로 존재한다. 전자의 특성과 생각의 특성이 같다.

전자의 위치를 측정해보려고 했듯이 친구의 위치도 측정해보자. 친구에게 전화를 걸어 어디에 있는지 물어보았다. 그랬더니 친구는 '나 지금 부여에 있어.'라고 하였다. 그렇다 하더라도 친구의 '지금'의 위치는 알 수 없다. 친구는 '지금' 부여에 있는 것이 아니다. 부여에 있다고 말하는 순간에 부여에 있었던 것이다. 부여에 있다고 말하고 전화를 끊자마자 즉시 부여를 떠났을 수도 있다. '방금 진에 부여에 있다고 말했으니까 지금도 부여에 있을 가능성이 매우 커.'라고 추측할 뿐이다. 친구의 이동속도가 아무리 느려도 마찬가지다. 지금 0.0000000000001%의 확률로 부여에 있지 않을 수 있다. 완벽하게 100%가 아니라면 확률일 뿐이다. 따라서 전자와 마찬가지로 모든 것의 현재 상태는 명확히 알 수 없다.

이제 아인슈타인의 이야기로 가보자. '신은 주사위 놀이를 하지 않는다.' 신은 확률을 부여하지 않았다. 이 우주는 원하는 마음(유무력)에 의해 흘러간다. 원하는 마음은 잠재의식에 저장되어 있다고 표현한다. 잠재의식의 공간은 따로 없지만 '원하는 마음'을 통칭해서 잠재의식이라고 부른다. 잠재의식 속 원하는 마음(유무력)은 가상의 힘이 아니다. 물리적인 상태로 실제로 존재한다. 우주는 잠재의식의 정보 그대로 움직인다. 현재의 잠재의식의 정보를 알 수만 있다면 우주의 미래를 예측할 수 있다.

그런데 내가 잠재의식 정보를 확인하면 그 정보가 바뀌게 되어 있다. 전자의 위치를 확인하면 전자의 위치가 바뀌는 것과 같다. 따라서 나는 나의 잠재의식 정보를 알 수 없다. 잠재의식 정보를 알 수 없으므로 미래도 예측할 수 없게 된다. 그런데 나의 잠재의식의 정보를 바꾸지 않고 확인할 수 있는 존재가 있다면 그 존재는 나의 미래를 예측할 수 있다. 그 존재를 '신'이라고 표현한다면 '신은 주사위 놀이를 하지 않는다.'고 말할 수 있다. 따라서 아인슈타인과 닐스 보어의 의견은 둘 다 맞다.

잠재의식과 표면의식은 서로 반대이다

  원하는 마음을 알 때 원하는 마음이 바뀐다. 자신이 바나나를 자주 먹는 습관이 있다는 것을 우연히 알았다고 해보자. 자신도 모르고 있던 자신의 습관을 알게 된 것이다. 그 후에 '나는 바나나를 좋아한다.'고 명확하게 생각하게 되었다. 그런데 그때부터 바나나를 찾지 않게 되었다. 바나나를 먹지 않는 것은 아니지만 먹는 양이 많이 줄어든 것이다. 오히려 바나나를 좋아하는지 몰랐을 때 바나나를 훨씬 많이 먹었다. 이러한 현상은 굉장히 자주 일어난다.

  ① 명확하게 '그것을 당연히 좋아해.'라고 생각하는 것은 잠재의식 속에서 그것을 싫어하고 있는 것이다.
  ② 명확하게 '그것을 당연히 싫어해.'라고 생각하는 것은 잠재의식 속에서 그것을 좋아하고 있는 것이다.

  정말 바나나를 자주 먹는 사람은 자신이 바나나를 당연히 좋아한다고 생각하지 않는다. 바나나를 먹기를 원하는 마음을 가질 뿐이다. 무엇인가를 싫어한다고 생각하는 사람이 오히려 그것을 좋아하고 있는 것이다. 고등학생 시절 내 친구가 일본어 수업을 듣고 싶다는 이야기를 하였다. 나는 친구에게 일본어 수업을 왜 듣냐고 질문했었다. 나는 일본이 수업을 듣기 싫다고 생각한 것이다. 그런데 그 뒤에 나는 일본어 수업을 듣고 싶다는 생각이 들어 수업에 등록하였다. 그리고 그 친구는 오히려 수업을 듣지 않았다. 명확히 싫다고 말하는 것은 오히려 좋아하는 것이다. 그리고 명확히 좋다고 말하는 것은 오히려 싫어하는 것이다.

진심으로 싫어하는 사람은 '나는 그것을 싫어해.'라고 딱 잘라서 표현하지 않는다. '(지금까지 봤을 때) 별로 좋아하지 않긴 하지.'정도의 명확하지 않은 표현을 쓰게 된다. 과거를 보고 판단하는 것이다. 미래는 알 수 없다. 자신이 평소에 자주 먹지 않게 되는 음식을 떠올린 후 '나는 그 음식을 당연히 싫어해.'라고 딱 잘라서 말해보자. 아마도 이렇게 말하고 싶지 않을 것이다. 앞으로는 좋아하게 될 수도 있기 때문이다. 실제로 싫어하고 있는 것은 싫다고 명확히 말하지 않는다.

'나는 바나나를 싫어한다.'고 명확하게 말한다는 것은 미래를 예측하는 것이다. 이것은 앞에서 이야기한 첫 번째 측정에 해당한다. '나는 바나나를 싫어한다.'고 현재형으로 말하는 것은 앞으로도 바나나를 싫어하겠다는 뜻이다. '나는 앞으로는 바나나를 좋아할 것이다.'라고 생각한다면 '나는 바나나를 싫어한다.'고 말할 수 없다. 따라서 '나는 바나나를 싫어한다.'는 것은 앞으로도 바나나를 싫어할 것이라고 생각하는 것과 같다. 유무의 법칙에 의해, 앞으로 바나나를 싫어할 것이라고 생각할 때 바나나를 좋아하게 된다. 바나나를 싫어한다고 명확하게 말하는 사람은 바나나를 좋아하게 된다.

지금 직장을 다니고 있다. 직장에서 하는 업무는 나에게 스트레스를 준다. 그래서 직장에 다니기 싫다는 생각이 든다. 직장에 다니기 싫은 이유가 직장 업무가 힘들기 때문이라고 말한다. 그 이유를 다르게 이야기해보겠다. 그 이유는 직장에 다니기를 원하고 있기 때문이다. 직장에 다니기를 원하고 있기 때문에 직장에 다니기 싫어한다고 생각하는 것이다. 내 생각과 잠재의식 속 원하는 마음은 반대이다. 직장에 다니고 싶다는 생각을 명확히 하는 사람은 직장에서 그만두게 된다. 직장을 계속 다닐 사람은 직장을 다니기 싫다고 생각하게 되어 있다.

　내일 시험이 있다. 열심히 공부하는 중이다. 그런데 공부를 열심히 하는 사람은 공부하는 것을 좋아하지 않는다. 공부하기 싫다고 생각하면서 열심히 공부한다. 공부를 열심히 한다는 것은 잠재의식 속에 '공부를 열심히 하기를 원하는 마음'이 있다는 뜻이다. 이때 '나는 공부를 하기 싫어한다.'고 생각한다. 이처럼 원하는 마음과 생각은 반대이다. 공부를 열심히 하고 난 이후에 공부가 재미있다고 느낄 수도 있다. 그러나 열심히 공부하기 전에는 공부하기 싫다고 생각한다. '공부하기 진짜 싫다.'라고 생각하고 나면 자연스럽게 공부하고 싶은 마음이 든다.

　오늘은 일주일에 한 번 재활용 쓰레기를 버리는 날이다. 쓰레기 버리기가 굉장히 귀찮다는 생각이 들었다. 이때 '쓰레기 버리기 진짜 싫다.'고 생각하고 나면 오히려 마음이 편해진다. 그리고 자연스럽게 쓰레기를 버리러 가게 된다. 살다 보면 '살기 싫다.'고 생각이 드는 경우가 있다. 살기 싫다는 느낌을 제대로 느끼고 나면 오히려 살고 싶어진다. '살기 싫어.'라고 생각한 후에 '살고 싶은 마음'이 드는 것이다. 반대로, 살고 싶다고 생각하는 것은 흔하지 않다. 누군가가 나에게 '살고 싶어.'라고 말하는 것은 잘 들을 수 없다. 우리는 살기를 원하는 마음을 가질 뿐이다. 살기를 원할 때 '살기 싫다.'는 생각을 하게 된다.

그래서 무엇인가를 좋아하려고 한다는 것은 실제로 싫다는 뜻이다. 예를 들어 가까이 지내는 사람에게는 좋아한다고 말하지 않는 것이 더 맞을 수 있다. 상황에 따라 '너를 좋아해.'라고 말하는 것은 헤어짐을 예고하는 것일 수 있다. 가까이 지내고 싶다면 가까이 지내고 싶은 '마음'을 가지면 된다. 가까이 지내고 싶다고 '생각'할 필요는 없다. '가까이 지내고 싶다.'고 생각할 때 헤어지게 된다. '나는 책을 읽는 것을 좋아해.'라고 생각하는 사람은 책을 자주 읽지 않는 사람이다. 오히려 책을 읽기 싫어하는 사람이 책을 많이 읽는다.

이 세상은 100% '원하는 마음'에 의해 흘러간다. 그 원하는 마음을 알 수만 있다면 미래를 예측할 수 있다. 그러나 그 원하는 마음을 아는 것은 불가능하다. 원하는 마음을 알 때 그 원하는 마음이 바뀌기 때문이다. 내 잠재의식과 내 생각은 서로 반대이다. 내가 좋아한다고 명확하게 생각하는 것은 실제로 싫어하고 있는 것이다. 반대로 내가 싫어한다고 명확하게 생각하는 것은 실제로 좋아하고 있는 것이다. 무엇인가가 나에게 가까이 있으면 좋겠다는 생각이 든다면 가까이 있기를 원하면 된다. '가까이 있으면 좋겠다.'라고 명확하게 말한다는 것은 멀리 떨어지게 됨을 예고하는 것이다.

06.
노자가 말한 것처럼 법칙을 법칙이라 말하면 법칙이 되지 않는다

법칙은 법칙의 적용을 받는다

유무의 법칙은 현재의 생각에 따라 어떤 미래가 나타나는지를 말해주는 법칙이다. 이 법칙은 모든 생각에 적용된다. 이 책에서는 유무의 법칙을 설명하고 있다. 따라서 우리는 유무의 법칙을 생각하고 있게 된다. 이때 우리가 머릿속으로 떠올린 유무의 법칙에 관한 생각도 유무의 법칙의 적용을 받는다. 앞에서 이야기한 무한순환구조에 있게 되는 것이다. 노자의 도덕경에도 이에 대해 가장 처음에 언급되어 있다. 노자는 우주의 법칙을 도(道)라 표현하였다. 도(道) 또한 머릿속으로 떠올리게 되면 도(道)의 적용을 받게 된다.

수년 전 유무력의 법칙을 만들고 나서 이 법칙을 스스로 검증하려고 했었다. 법칙이 실제로 맞지 않는다면 법칙을 만든 의미가 없기 때문이다. 내 인생이 법칙에 맞게 흘러가는지를 지속해서 관찰했다. 처음에는 경험을 통해 법칙이 맞다는 생각이 들게 되었다. 그런데 시간이 지나면서 법칙이 맞지 않는다는 생각이 드는 것이었다. '법칙이 잘못되었을 수도 있겠구나.'라는 생각이 들었다. 그렇게 아쉬운 마음이 들었다. 그런데 시간이 지나면 또 법칙이 확실히 맞다는 생각이 들게 되었다. 기쁜 상태가 되었다. 그런데 또 시간이 지나니 법칙이 맞지 않을 수도 있겠다는 생각이 들었다. 이렇게 법칙이 맞다는 생각과 틀리다는 생각이 여러 번 반복되었다.

의문이 들었다. '법칙이 맞는 것이면 맞는 것이고 틀린 것이면 틀린 것이지 왜 이러는 것일까?'라는 생각이 들었다. 그렇다고 법칙이 틀렸다고 단정지을 수는 없었다. 법칙이 맞다는 생각도 반복되었기 때문이었다. 그때 알게 되었다. "법칙에 대한 생각도 법칙에 맞게 나타나고 있는 것이구나." 법칙이 틀렸다고 생각하고 있으면 법칙이 맞다는 생각이 들게 된다. 법칙이 맞다고 생각하고 있으면 법칙이 틀렸다는 생각이 들게 된다. 이 자체가 유무의 법칙의 내용이다. 유무의 법칙에 대한 생각도 유무의 법칙의 내용이 적용되어 나타난다. 유무의 법칙을 살펴보자.

① 미래에 '유(有)'가 나타날 것이라고 단정지어 생각할 때 '무(無)'가 나타난다.
② 미래에 '무(無)'가 나타날 것이라고 단정지어 생각할 때 '유(有)'가 나타난다.

'유무의 법칙이 맞다.'고 생각한다고 해보자. 이것은 '유무의 법칙이 이 세상의 본질이라고 생각하는 것과 같다. 그러면 유무의 법칙이 앞으로도 맞을 것이라고 생각하게 된다. 법칙이 앞으로는 틀릴 것이라고 생각한다면 법칙이 맞다고 생각하지 못한다. 법칙이 맞다고 생각한다는 것은 앞으로도 법칙이 맞을 것이라고 생각한다는 뜻이다. 전자가 (1, 2, 2)에 있다고 생각하는 것은 전자가 (1, 2, 2)에 당연히 계속 있을 것이라고 생각하는 것과 같다. 미래에 관한 생각은 유무의 법칙의 적용을 받는다. 유무의 법칙에 의해, 유무의 법칙이 맞다고 생각할 때 유무의 법칙이 틀리게 된다. 유무의 법칙이 틀리다고 생각할 때 유무의 법칙이 맞게 된다.

이는 도덕경에도 나와 있다. 최진석 교수님의 『노자의 목소리로 듣는 도덕경』에는 다음의 문장이 나온다. "반대편으로 향하는 것이 도의 운동 경향이다.(도덕경 제40장, 反者道之動)" 도(道)는 유무의 법칙과 같다고 볼 수 있다. 내 생각과 반대되는 것이 현실에 나타나는 것이다. 도덕경 제1장에는 다음의 문장이 나온다. '道可道 非常道(도가도 비상도)' 우리는 이 문장을 다양하게 해석한다. 나는 다음과 같이 해석해보겠다. "도(道)를 옳다고 하면 도(道)가 되지 않는다."

도(道)는 자연으로부터 발견한 것이다. 따라서 도(道)는 우주에 항상 적용된다. 자연으로부터 발견한 도(道)의 특성에 맞게 살아가자고 말하는 것이 도덕경의 내용이다. 도(道)는 반대편으로 향하는 특성이 있다. 무엇인가 옳다고 하면 틀리게 된다. 그런데 도(道)마저도 옳다고 하면 도(道)가 틀리게 된다. 그것이 도(道)의 내용이기 때문이다. 우주에 항상 적용되는 도(道)마저도 도(道)의 적용을 받는 것이다. 유무의 법칙이 유무의 법칙의 적용을 받는 것과 같다. 도(道)에 관한 내용은 도덕경 제2장에 이어서 나온다.

기대하는 것은 나타나지 않는다

세상 사람들이 모두 아름답다고 하는 것을 아름다운 것으로 알면 이는 추하다.

세상 사람들이 모두 좋다고 하는 것을 좋은 것으로 알면 이는 좋지 않다.

天下皆知美之爲美 斯惡已
皆知善之爲善 斯不善已 (『노자의 목소리로 듣는 도덕경』 제2장)

어떤 사람이 진짜 아름답다는 이야기를 여러 사람에게서 들었다고 해보자. 기대를 한껏 하고 그 사람의 사진을 봤다. 그런데 '생각보다 아름답지 않다.'라는 생각이 드는 것이었다. 도덕경의 문장에서 '아름다운 것으로 알면'이라는 뜻은 '아름다울 것이라고 기대하면'이라는 뜻이다. 아름답다고 본질을 규정한 것이다. 아름다운 것으로 알고 있으니 아름다울 것이라고 기대하게 된다. 주위 사람들은 기대하지 않고 그 사람을 봤고, 아름답다는 생각이 들었다. 사람들은 그 생각을 나에게 알려주었다. 사람들이 모두 아름답다고 말하니 아름다울 것이라고 기대하게 되었다. 그랬더니 생각보다 아름답지 않다고 느끼게 되었다.

기대했다는 것은 '그 사람은 아름다울 것이다.'고 생각했다는 뜻이다. 기대한다는 것은 미래에 관한 생각이다. 미래에 관한 생각은 유무의 법칙에 맞게 흘러간다. 유무의 법칙에 의해, 그 사람이 아름다울 것으로 생각할 때 그 사람은 아름답지 않게 된다. 다음 날이 되어 우연히 그 사진을 다시 보게 되었다. 그랬더니 어제보다 더 아름다워 보인다는 생각이 들 수도 있다. 어제보다는 기대가 많이 사라졌기 때문이다. 아름다울 것이라고 기대한 만큼만 아름답지 않게 된다. 많이 기대하면 많이 실망하게 되고, 조금 기대하면 조금 실망하게 된다. 기대하지 않으면 실망하지 않는다.

남의 이야기가 아닌 스스로의 생각으로 기대할 수도 있다. 어떤 음악을 우연히 들었는데 그 음악에 큰 감동을 받게 되었다. 다음 날이 되어서 전날 들었던 그 음악의 큰 감동이 생각나서 그 음악을 다시 들었다. 그랬더니 음악의 감동이 적게 느껴지면서 '생각했던 것보다는 감동이 약하네.'라는 생각이 들게 된다. 전날의 감동을 기대하고 들으면 그 감동을 받을 수 없게 된다. 반복해서 들을수록 서서히 지겨워지는 것이다. 지겨워지고 나서 시일이 오래 흐르게 되었다. 그 후 그 음악을 다시 우연히 들었을 때 그 감동을 다시 받을 수도 있다. 기대가 없었기 때문에 크게 감동할 수 있게 된다.

도덕경의 도(道)는 내 생각과 반대의 상황이 현실화되는 것을 말한다. 이것은 도(道)의 특징과 유무의 법칙의 특징이 같음을 알 수 있다. 무엇인가 기대를 하게 되면 기대한 것과 반대의 것이 나타나게 된다. 본질을 규정하면 그 본질과 반대의 것이 나타나게 된다. 이것은 앞에서 이야기한 첫 번째 의미의 측정과도 같다. 현재 상태를 측정하면 반대의 상태가 나타나게 된다. 마찬가지로 도(道)를 옳다고 하면 도(道)가 되지 않게 된다. 유무의 법칙을 옳다고 하면 유무의 법칙이 틀리게 되는 것과 같다. 이에 대해 계속 이야기해보겠다.

자신을 허약한 존재로 규정할 때 건강해진다

인생이 항상 유무의 법칙으로 돌아간다는 것을 안다면 이것을 활용하고 싶을 수 있다. 유무의 법칙을 알면 인생이 어떤 규칙으로 흘러가는지 알게 된다. 삶에서 어떠한 방식으로 생각하는 것이 나은지 알 수 있다. 원리를 응용할 수 있다. 그러나 유무의 법칙을 직접 활용하는 것은 불가능하다. 그 이유는 유무의 법칙에 관한 생각도 유무의 법칙에 맞추어서 흘러가기 때문이다. 이 설명을 위해 PART 01의 05에 나온 '건강과 허약'에 대한 예시를 이용할 것이다. 그 전에 이 예시를 법칙의 관점에서 정리해보겠다.

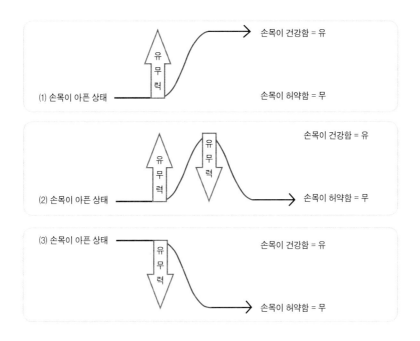

인생은 항상 유무력이 도착하는 쪽이 현실화된다. (2)번을 보자. 처음에 손목이 아픔을 느꼈다. 그때는 분명 '손목이 아프지 않기를 원한다.'는 마음을 가졌을 것이다. 원하는 마음은 유무력과 같다. 손목이 아프지 않기를 원하는 마음을 가짐으로써 유무력은 '손목이 건강함' 쪽으로 향하게 되었다. 그런데 나는 아픈 손목을 보고 '손목이 지금까지 아픈 적이 없었는데 왜 아프지?'라고 생각하였다. 이것은 곧 '나는 손목이 원래 튼튼하다.'고 본질을 규정한 것과 같다. 아프다고 생각했지만 '원래 튼튼하다.'고 규정한 것이다. 본질을 규정하면 그 본질을 출발하여 반대쪽으로 향하는 유무력이 발생한다. 그래서 유무력이 '손목이 튼튼함'을 출발하여 '손목이 허약함'으로 향하게 되었다.

이런 상황이 계속 반복되었다. 손목이 아프다는 것을 느끼면 '손목이 건강해지기를 원하는 마음'을 가졌다. 그러면 유무력이 '손목이 건강함'으로 향하게 된다. 그런데 다시 '손목은 원래 튼튼하니까 낫겠지.'라고 생각했다. 그래서 유무력이 원래대로 '손목이 허약함'으로 향하게 되었다. 이렇게 왔다 갔다 하면서 6개월이 지난 것이다. 그리고서 나는 '내 손목이 원래부터 허약했구나.'라고 깨닫게 된다. 내 손목이 허약한 본질을 갖고 있다고 생각하게 된 것이다. 이제서야 '손목은 원래 튼튼하다.'는 생각에서 '손목은 원래 허약하다.'는 생각으로 바뀌게 되었다. (2)번의 상황에서 (1)번의 상황으로 바뀐 것이다.

이것은 손목이 '원래' 허약하다고 본질을 규정한 것이다. 본질을 규정하면 유무력이 그 본질을 출발하여 반대쪽으로 향하게 된다. 유무력이 '손목이 건강함'으로 향하는 상태가 유지되었다. 그 결과 손목이 많이 건강해지게 되었다. 이것은 포기하는 상태가 된 것이다. 포기한다는 것은 마음에 들지 않는 상황이 유지될 것이라고 생각하는 것이다. 손목은 원래 허약하니 아픈 것이 낫지 않을 것이라고 생각한 것이다. 그때 손목이 건강해지기를 원하는 마음이 잠재의식에 생겨난다. 그 결과 손목이 낫게 된다. 마음에 들지 않는 상황이 사라지는 것을 포기할 때 그 상황이 사라지게 된다.

(3)번을 보자. 손목이 아픈 상태임에도 손목이 건강하다고 생각하는 상태이다. 손목이 아프긴 하지만 이 정도는 일반적인 평균보다

낫다고 생각하는 것이다. 그러면 손목이 아프더라도 건강하다는 생각을 하게 된다. 그때 유무력은 '허약한 상태'에서 '더 허약한 상태'로 향하게 된다. 허약한 상태는 더 허약한 상태에서 비해 건강한 상태이다. '건강한 상태'에서 '허약한 상태'로 유무력이 향하는 것과 같다. 그 결과 손목은 더 약해지게 된다. 현재 상태가 아프든 아프지 않든 건강하다고 생각하면 더 약해지게 된다. 그때 다시 깨달을 수 있다. '잘못 생각했구나. 손목이 튼튼한 것이 아니었구나.' 그러면 다시 (1)의 상황이 된다.

나는 손목이 '원래부터' 허약하다는 것을 깨닫게 된 이후로 손목이 많이 좋아졌다. 그런데도 아직 통증이 남아있는 상태이다. '나는 손목이 허약하다.'고 생각했다고 무조건 완전히 낫는 것은 아니다. 손목이 허약하다고 생각한 만큼만 낫게 된다. 생각이 강하면 유무력도 강하게 발생하고, 생각이 약하면 유무력도 약하게 발생한다. 허약하다는 생각이 80%이고 건강하다는 생각이 20%이면 80%만큼만 회복된다. 허약하다는 생각이 40% 건강하다는 생각이 60%이면 40%만큼만 회복된다. 물론 생각의 비율은 수치로 측정할 수 없다. 그렇다 하더라도 유무의 법칙에 따라 생각의 비율에 맞추어서 현실 상태가 나타나게 된다.

(2)번의 상황은 몸이 아픈 것 외에도 다양한 상황에서 나타난다. 자신의 경제적 상황이 좋지 않음을 느낄 수 있다. 경제적 상황이 좋지 않음을 느끼면 괴로움을 느낀다. 이것은 손목에 통증이 느껴지

는 것과 같다. 그때 '앞으로 경제적 상황이 해결되겠지.'라고 생각하고 싶어 할 수도 있다. 그러나 그 생각은 경제적 상황을 해결해 주지 못한다. '나는 원래부터 경제적으로 허약한 존재이다.'라고 생각하는 것이 필요하다. 그러면 경제적으로 회복되는 것을 포기하는 상태가 된다. 그때 '경제적으로 건강한 상태'가 되기를 원하는 마음이 잠재의식 속에 생기게 된다. 그 마음이 경제적으로 건강한 상태를 만들어준다.

포기한다는 것은 좋게 생각하려고 노력한다는 뜻이 아니다. 나는 원래 문제가 있을 수 밖에 없는 약한 존재라고 생각한다는 뜻이다. 내가 가진 '무(無)'의 특성을 인정하고 받아들이는 것이다. 자신의 본질을 경제적으로 허약한 존재로 규정하는 것이 필요하다. 그때 자신도 모르게 경제적으로 건강한 상태가 되어간다. '다른 사람들은 잘사는데 왜 나는 가난한 존재이어야 돼?'라고 생각할 수도 있다. 내가 가진 '무(無)'의 특성을 거부하는 것이다. 그렇다면 아직 경제적 상황이 해결될 시기는 아니다. 그 마음을 내려놓고 자신을 경제적으로 허약한 존재로 규정할 수 있을 때 해결되어 간다. 어떤 것의 '유(有)'를 갖는 것은 그것에 대한 자신의 '무(無)'의 가능성을 받아들인 후에만 가능하다.

유무의 법칙을 직접 활용할 수는 없다

'허약하다고 생각하면 건강해진다.'는 생각 (유무의 법칙의 생각)

\+

'나는 허약하다.'는 생각 (A생각)　　　'나는 건강하다.'는 생각 (B생각)

　아픈 부분을 보고 원래부터 허약하다고 생각할 때 건강해지게 된다. 이것은 유무의 법칙의 내용이다. 이 법칙의 내용을 직접 활용하고 싶을 수 있다. 그러나 유무의 법칙은 직접 활용할 수 없다. 유무의 법칙을 직접 활용하려고 할 때 유무의 법칙이 틀린 상황이 발생한다. 도(道)를 옳다고 생각할 때 도(道)가 되지 않는 것과 같다. 우선 유무의 법칙을 직접 활용하려고 시도해보자. '허약하다고 생각하면 건강해진다.'는 것을 알게 되었다. 그래서 '나는 이제부터 허약하다고 생각해야겠다.(A 생각)'고 생각할 수 있다. 그러나 유무의 법칙의 생각과 A 생각을 더한 것은 B 생각과 같아진다.

　나는 허약하다고 생각한다. 그런데 허약하다고 생각하면 건강해진다고 알고 있으므로 결국 나는 건강하다고 생각하는 것과 같다. 나는 허약하다고 생각하려고 했지만 결국 건강하다고 생각하는 것과 같은 상황이 된 것이다. 유무의 법칙을 알고 있었기 때문이다. 결국 유무의 법칙에 의해, 건강하다고 생각하면 허약해진다. 따라서 유무의 법칙을 알고 있는 상태에서 허약하다고 생각해도 결국 계속 허약한 상태를 유지하게 된다. 그때 '유무의 법칙이 틀렸네.'라고 생각할 수 있다. 처음에 유무의 법칙이 맞다고 생각했지만, 유무의 법칙이 틀리게 되는 것이다. 유무의 법칙에 의해, 유무의 법칙이 맞다고 생각하면 유무의 법칙이 틀리게 된다.

따라서 유무의 법칙이 맞다는 생각이 없는 상태에서 '나는 허약하다.'고 생각할 때 효과가 있다. 그래야만 유무의 법칙대로 건강해지게 된다 유무의 법칙에 의해, 유무의 법칙이 맞지 않다고 생각할 때 유무의 법칙이 맞게 된다. '인생에 유무의 법칙은 적용되지 않아. 틀린 법칙이야. 그런데 나는 진짜 허약한 것 같아.'라고 생각할 때 건강해지게 된다. 손목이 아팠던 6개월 동안 나는 유무의 법칙을 알고 있었다. 그래서 손목이 허약하다고 생각하려고 했다. 하지만 손목은 튼튼해지지 않았다. 유무의 법칙을 적용하려 할 때 유무의 법칙은 틀리게 된다.

유무의 법칙은 현재의 생각 상태와 미래와의 관계를 설명한 것이다. 생각은 현실과 완벽히 연결되어 있다. 그런데 유무의 법칙이 틀리다고 생각할 때 유무의 법칙대로 돌아간다. 유무의 법칙이 틀리다는 것은 곧 생각이 현실과 상관없다는 뜻이다. 따라서 우리는 평소에 생각과 현실이 서로 상관없다고 생각하며 살아가는 것이 맞다. 그때 인생이 유무의 법칙대로 흘러가게 된다. 생각과 현실이 서로 상관없다고 알고 있는 상태에서 하게 되는 생각에 의해 미래가 만들어진다. 유무의 법칙에 의해, 생각과 현실이 상관없다고 생각할 때 생각과 현실이 상관있게 된다. 반대로, 생각과 현실이 상관있다고 생각할 때 생각과 현실이 상관없게 된다.

평소의 삶을 살아갈 때는 생각과 현실의 관계를 생각하지 않으면 된다. 만약 생각과 현실이 관계있다는 생각이 자꾸 들면 생각과 현실은 원래부터 서로 관련이 없다고 생각하면 된다. 유무의 법칙이 맞다는 생각이 자꾸 들면 유무의 법칙은 원래 틀리다고 생각하면 된다. 그러면 유무의 법칙이 틀렸다는 생각도 맞다는 생각도 들지 않는 상태가 된다. 그 상태로 살아가면 된다.

원하는 마음도 직접 활용할 수 없다

이제 원하는 마음에 관해서 이야기해보자. 인생에서 유무의 법칙은 항상 적용된다. 이때 유무의 법칙은 유무력에 의한 작동 상태를 말한다. 인생의 모든 것은 유무력에 의해 진행된다. 그리고 유무력은 원하는 마음과 같다. 따라서 인생은 항상 원하는 마음에 의해 진행된다. 인생이 항상 원하는 마음에 의해 진행된다는 것은 유무의 법칙과 같은 내용이다. 유무의 법칙과 마찬가지로 '인생은 원하는 대로 이루어진다.'는 것 또한 직접 활용할 수 없다. 이것을 직접 활용해보려고 시도해보자.

'인생은 항상 원하고 있는 대로 이루어지고 있다.' (유무의 법칙의 생각)

'원하는 것이 이루어지기를 원해야지.' (A 생각)

⇓

'원하는 것이 당연히 이루어질 것이다.' (B 생각)

'인생은 원하는 대로 이루어지고 있나네. 이제부터 부자가 되기를 원해야지.' 그러나 유무의 법칙의 생각과 A 생각이 합쳐지면 B 생각이 되는 것과 같다. 따라서 '나는 부자가 되기를 원하고 있다. 그런데 인생은 원하는 대로 이루어진다고 했으므로 부자가 될 것이다.'라고 생각하게 된다. 결국 부자가 되기를 원하려고 했지만 '부자가 당연히 될 것이다.'라고 생각하는 것과 같게 된다. '부자가 당연히 될 것이다.'는 생각은 부자가 되기를 원하는 마음이 전혀 없는 생각이다. 유무의 법칙에 의해, 부자가 될 것이라고 생각할 때 부자가 되지 않는다.

따라서 '인생은 원하고 있는 대로 이루어지는 것은 맞지만, 내가 원한다고 이루어지는 것은 아니다.'라고 생각하면 된다. 원하는 것이 이루어진 이후에도 계속 이처럼 생각하면 된다. 그러면 이미 이루어진 것에 감사하는 마음이 든다. 그 상태일 때 그다음 원하는 것을 이룰 수 있다. '내가 원한다고 이루어지는 것은 아니다.'고 생각하는 상태에서 원하는 것만 이루어진다. 그래서 '신(GOD)'의 개념이

등장하게 된다. '신'의 개념은 '내가 원한다고 해서 이루어지는 것은 아니다.'는 생각을 기반으로 한다. 이에 대해 다음 장에서 이야기하겠다.

이처럼 유무의 법칙은 직접 활용할 수 없다. 도(道)를 옳다고 생각할 때 도(道)가 되지 않는 것과 같다. 유무의 법칙을 옳다고 생각할 때 유무의 법칙은 틀리게 된다. 따라서 유무의 법칙이 맞다는 생각이 없이 살아가면 된다. 그때 인생은 항상 유무의 법칙에 따라 흘러간다. 마찬가지로 인생은 내가 원한다고 해서 이루어지는 것은 아니라고 생각하는 것이 맞다. 그때 원하는 것이 이루어지게 된다.

08.
나의 능력으로 이루는 것이 아니라
신의 능력으로 이루는 것이다

나의 능력으로 이루는 것이라고 생각할 때
나의 능력으로 이루지 못한다

인류의 역사는 신의 역사라고 생각해도 좋을 만큼 신은 우리 가까이에 있다. 그런데 우리는 신이 실제로 존재하는지, 어디에 존재하는지 전혀 알지 못한다. 그래서 신이 존재하지 않는다고 생각하는 사람도 많다. 2015년 대한민국 통계청의 자료에 따르면 한국 사람 중 종교를 갖지 않은 사람의 비율은 약 56%였다. 종교가 없는 사람 중 일부는 신이 존재한다고 생각할 수 있다. 그렇다 히더라도 신의 존재를 믿지 않는 사람의 비율은 꽤 높다. 그러나 신은 존재한다고 생각하는 것이 좋다. 신이 존재한다고 생각하는 것이 원하는 것이 가장 잘 이루어지는 방법이기 때문이다.

어떤 사람이 사업을 시작했다. '내가 사업을 열심히 하면 당연히 돈을 벌게 될 것이다.'라고 생각했다. 사업을 하는 행위가 돈을 당연히 벌게 해줄 것이라 기대한 것이다. 그렇게 사업을 열심히 했다. 그때 사업을 열심히 해도 돈을 벌지 못함을 깨닫게 된다. 유무의 법칙에 의해, '사업을 하면 당연히 돈을 벌 것이다.'고 생각할 때 사업을 해도 돈을 벌지 못하게 된다. 기대한 것은 나타나지 않는다. 돈을 당연히 벌 것이라고 생각할 때 돈을 벌기를 원하는 마음이 사라지기 때문이다. 사업을 해도 돈을 벌지 못할 수도 있음을 아는 것이 필요하다. 그때 돈이 벌어지기를 원하는 마음이 생긴다. 그 원하는 마음이 있을 때만 돈을 벌 수 있다.

어떤 학생이 '공부를 열심히 하면 당연히 성적이 오를 것이다.'라고 생각했다. 공부하는 행위가 당연히 성적을 올려줄 것이라 기대한 것이다. 그렇게 열심히 공부했다. 그때 공부를 열심히 하더라도 성적이 오르지 않음을 깨닫게 된다. 유무의 법칙에 의해, '공부를 열심히 하면 성적이 오를 것이다.'고 생각할 때 공부를 열심히 해도 성적이 오르지 않게 된다. 기대한 것은 나타나지 않게 된다. 성적이 당연히 올라갈 것이라고 생각할 때 성적이 오르기를 원하는 마음이 사라진다. 공부해도 성적이 오르지 않을 수 있음을 아는 것이 필요하다. 그때 성적이 오르기를 원하는 마음이 생긴다. 그 마음이 있을 때 성적이 오를 수 있다.

어떤 사람이 질병에 걸렸다. '병원을 꾸준하게 다니면 당연히 질병에서 회복될 것이다.'고 생각하였다. 병원에 다니면 당연히 질병이 나을 것이라고 기대한 것이다. 그렇게 병원을 열심히 다녔다. 그때 병원에 열심히 다녀도 질병이 회복되지 않음을 깨닫게 된다. 유무의 법칙에 의해, '병원에 다니면 질병이 나을 것이다.'고 생각할 때 병원에 다녀도 질병이 낫지 않게 된다. 질병이 당연히 나을 것이라고 생각할 때 질병이 낫기를 원하는 마음이 사라진다. 병원에 다녀도 질병이 회복되지 않을 수 있음을 아는 것이 필요하다. 그때 병원에 다님으로써 질병이 회복되기를 원하는 마음이 생긴다. 그 마음이 있을 때 질병에서 회복될 수 있다.

이 3가지의 공통점은 '이루어질 것이다.'라고 생각한다는 것이다. 이 생각은 '나의 능력으로 그것을 이루는 것이다.'라는 생각을 기반으로 한다. '사업을 열심히 하면 돈을 벌 것이다.'고 생각했다고 해보자. 이것은 돈을 버는 것이 자신의 능력으로 이루는 것이라는 뜻이다. 만약 돈을 벌게 된다면 내가 사업을 열심히 해서 돈을 벌었다고 생각하겠다는 뜻이다. '공부를 열심히 하면 성적이 오를 것이다.'라고 생각했다고 해보자. 이것은 성적을 올리는 것이 나의 능력으로 이루는 것이라는 뜻이다. 만약 성적이 오르게 된다면 내가 공부를 열심히 해서 올랐다고 생각하겠다는 뜻이다.

마찬가지로 '병원을 열심히 다니면 질병이 나을 것이다.'고 생각했다고 해보자. 이것은 질병에서 회복되는 것이 자신의 능력으로 이루는 것이라고 생각한다는 뜻이다. 질병이 낫게 된다면 내가 병원을 열심히 다녀서 질병이 나았다고 생각하겠다는 뜻이다. 이처럼

'이루어질 것이다.'라는 생각은 '그것을 이루는 것은 나의 능력이다.'라고 생각한다는 의미이다. 그러나 세상이 그렇게 만들어져 있지 않다. 인생은 항상 원하는 마음인 유무력에 의해 흘러간다. 유무의 법칙에 의해, 그것을 자신의 능력으로 이루는 것이라고 생각할 때 그것을 자신의 능력으로 이루지 못하게 된다. 그렇다면 원하는 것은 누구의 능력으로 이루는 것인가?

내가 원하는 것을 이루어주는 존재는 신이다

나는 위의 질문에 대답하기 위해 '신(GOD)'의 개념을 이야기하겠다. 글쓴이인 나는 현재 종교를 갖고 있지 않다. 그러나 내가 원하는 것을 이루어주는 존재는 신이라고 대답해보겠다. 그렇다면 신은 존재하는가? 물질 상태의 신은 따로 존재하지 않는다. 단지 자신의 능력으로 이루는 것이 아니라고 생각할 때 이루어지기 때문에 신의 개념을 받아들이는 것이다. 유무의 법칙에 의해, '원하는 것은 자신의 능력으로 이루는 것이 아니다.'라고 생각할 때 '원하는 것을 자신의 능력으로 이루기를 원하는 마음'이 존재하게 된다. 그 마음에 의해 원하는 것을 자신의 능력으로 이루게 된다. '무(無)'라고 생각할 때 '유(有)'를 원하는 마음이 생겨 '유(有)'를 이루는 것이다.

따라서 '원하는 것은 내 능력으로 이루는 것이 아니다.'라고 생각하는 것이 원하는 것을 이루는 방법이다. 신께서 원하는 것을 이루어주신다고 생각하는 것이 원하는 것이 이루어지는 방법이다. 인간은 우주에 포함되어 있으므로 우주의 특성에 맞게 생각할 수밖에 없다. '신'은 모든 것을 묶어서 생각하는 개념이다. '신'은 이 우주 자체를 의미하기도 한다. 우리의 인생에 나타나는 모든 현상은 신의 작용이다. 이 작용은 원하는 마음인 유무력의 작용이다. 나를 포함한 우주의 모든 존재의 유무력의 작용이 곧 신의 작용이다. 신의 작용은 존재와 존재 사이에서 발생하는 모든 힘을 포함한다.

우리는 어릴 때 부모님께 장난감을 사달라고 조른다. 이때 부모님은 신의 역할을 한다. 아이는 '엄마 아빠가 장난감을 사주기를 원해.'라고 생각할 것이다. 아이의 관점에서 장난감을 갖는 것은 자신의 능력이 아니고 부모님의 능력이다. 결국 자신의 능력은 아니다. 내가 회사에 취직하려고 한다. 면접을 보면서 '나는 능력이 있으므로 이 회사에 당연히 취직할 것이다.'라고 생각한다면 취직에 실패하게 된다. '이 회사에 취직하는 것은 나의 능력이 아니다. 회사에서 나를 채용하는 것이다.'라고 생각하는 것이 맞다. 그래야만 취직이 되기를 원하는 마음이 커지게 된다.

원하는 것을 이루어주는 존재가 자신이 아니라고 생각할 때 '원하는 마음'이 커진다. 인생은 항상 원하고 있는 그대로 이루어지게 된다. 따라서 원하는 마음이 커지는 쪽으로 생각하는 것이 인히 는 낏

이 이루어지는 방법이다. 원하는 것을 자신 스스로 이루는 것으로 생각할 때 원하는 마음은 사라진다. 자신이 언제든지 이룰 수 있다고 생각하기 때문이다. 원하는 마음이 사라지면 그것은 이루어지지 않게 된다. 자신이 언제든지 이룰 수 있다고 생각할 때 결국 자신이 그것을 이루지 못함을 깨닫게 된다.

원한다는 것은 '이루어지기를' 원하는 것이다. '이루기를' 원하는 것이 아니다. 이루어지기를 원한다는 것은 내가 이루는 것이 아니라고 생각한다는 뜻이다. 자신이 아닌 다른 존재에 의해 이루어지는 것이다. 능동이 아니고 수동이다. 유무의 법칙에 의해, 인생을 능동적으로 일구어 나갈 수 있다고 생각할 때 인생을 능동적으로 일구어 나갈 수 없음을 깨닫게 된다. 마찬가지로, 인생은 수동적으로 살아가는 것으로 생각할 때 인생을 능동적으로 살아가게 된다. 따라서 인생은 수동적으로 살아가는 것으로 생각하면 된다. 모든 것은 신께서 이루어주시는 것으로 생각할 때 내가 원하는 대로 이루어진다.

무엇인가 성공한 후에 초심을 잃는 경우가 있다. '이것은 내가 이룬 것이다.'라고 생각하는 것이다. 주식 투자에 성공하게 되었다. 이때 '내가 주식을 열심히 공부해서 투자에 성공하게 되었다.'고 생각할 수 있다. 내 능력으로 성공했다고 생각하는 것이다. 이것은 초심을 잃은 것이다. 초심을 잃은 자에게는 신의 응징이 이어진다. 다른 종목에 투자해서 잃게 되는 상황이 벌어진다. 유무의 법칙에 의해,

투자에 성공한 것이 자신의 능력이라고 생각할 때 투자에 성공한 것이 자신의 능력이 아님을 깨닫게 된다. 투자에 성공했어도 초심을 잃게 되면 실패가 뒤따르게 된다. 투자에 성공했다면 '투자에 성공하게 해주셔서 감사합니다.'라고 생각하면 된다.

신은 우주의 모든 존재를 포함한다. 아이에게 부모님은 신의 영역이고, 부모에게 아이는 신의 영역이다. 구직자에게 회사의 인사 담당자는 신의 영역이다. 마찬가지로 회사의 인사 담당자에게 구직자는 신의 영역이다. 자신을 제외한 모든 존재는 신의 영역이다. 나의 관점에서 상대방은 신의 영역이다. 마찬가지로 상대방도 상대방 본인의 관점에서 내가 신의 영역이다. 비생명체도 신의 영역이다. 내가 길을 가다가 돌에 걸려 넘어질 수 있다. 그 돌이 그 자리에 있던 것도 신의 영역이다. 돌을 주웠는데 그 돌이 자신에게 행운을 가져다주었어도 그것은 신의 영역이다. 이 세상에서 일어나는 모든 현상은 하나도 빠짐없이 신의 영역이다.

나의 신체, 나의 마음도 신의 영역이다

자신의 신체도 신의 영역이다. '생각하는 나'를 제외한 모든 존재는 신의 영역이다. 지금 코로 숨을 쉬고 있다. 숨을 쉬는 것은 본인의 능력인가? 숨을 본인의 능력으로 쉴 수 있다는 믿음이 늘 수도 있다. 일부러 숨을 크게 몇 번 들이켜보고 '내 능력으로 숨이 쉬어지는구나.'라고 생각할 수 있다. 그러나 '숨을 쉬는 것은 내 능력이다.'라고 생각하는 상태가 유지된다면 숨을 쉬는 것은 자신의 능력이 아님을 깨닫게 된다. 숨이 쉬어지지 않게 된다. 숨을 쉬는 것에 감사함을 느낄 때 숨을 쉴 수 있다.

숨을 쉬는 것에 감사하다는 것은 숨을 쉬는 것은 자신의 능력이 아니라는 뜻이다. 이처럼 자신의 능력은 존재하지 않고 모든 것은 신의 능력이라고 생각하면 된다. 또 한 가지는, 자신의 능력은 존재하지만, 그 능력을 신께서 주셨다고 생각할 수도 있다. 숨을 쉬는 것은 내 신체의 근육을 이용하는 것이므로 내 능력이다. 그러나 그 능력은 신께서 주신 것이다.'라고 생각하는 것이다. 어떻게 생각하든 결과는 같다. 원하는 것이 이루어지게 만드는 힘의 근원이 자신이 아니라고 생각하면 된다.

심장은 자신의 능력으로 뛰는 것이 아니다. 자동으로 뛰어진다. 만약 심장이 뛰는 것이 자신의 능력이라고 생각한다면 심장은 자신을 역할을 수행하지 않게 된다. 자신에게 이루어지고 있는 것이 자신의 능력이라고 생각할 때 신은 그 능력을 뺏어간다. 팔다리를 움직이는 것은 자신의 능력으로 움직이는 것인가? 심장이 뛰는 것과는 달리 팔다리를 움직이는 것은 자신의 능력이라고 생각할 수도 있다. 내가 원하면 언제든지 움직일 수 있다고 생각할 수 있다. 그러나 그 생각을 유지할 때 팔다리를 움직이는 것은 내 능력이 아님을 깨닫게 된다.

팔다리를 스스로 움직이는 것으로 생각하면 기쁨이 느껴진다. 어떤 능력이든 그 능력이 자신이 가진 능력이라고 생각할 때 기쁨이 느껴진다. 자신이 높아지는 느낌이 난다. 이때 느껴지는 기쁨은 '붕 뜬 기쁨'이다. '나는 언제든지 팔다리를 움직일 수 있다.'라고 생각할 때 붕 뜬 기쁨이 느껴진다. 그때 팔다리를 다치지 않는 것에 신경쓰지 않게 된다. 붕 뜬 상태로 조심하지 않는 상태가 된다. 그때 팔다리를 다치게 되는 사건이 벌어지게 된다. 붕 뜬 기쁨이 느껴지는 것은 이루어지지 않는다. 모든 것은 자신의 능력으로 이루는 것이 아님을 알고 있어야 한다. '팔다리를 원활하게 움직일 수 있어서 감사합니다.'라고 생각하면 된다.

유무의 법칙에 의해, 자신이 하는 것이 없다고 생각할 때 자신이 하게 된다. 따라서 자신의 인생에서 자신이 하는 것이 사실상 없다고 생각하면 된다. 그렇다 하더라도 '원하는 마음을 갖는 것'은 자신 마음대로 할 수 있다고 생각할 수도 있다. 원하는 마음을 갖는 것은 내 의지로 언제든지 할 수 있다고 생각하는 것이다. 그러나 원하는 것 자체도 본인이 스스로 할 수 있는 것이 아니다. 무엇인가 일부러 원해볼 수 있다. 그러나 그것은 이루어지지 않을 것이다. 일부러 원해보는 것은 진짜로 원하는 것이 아니기 때문이다.

원하는 마음은 잠재의식에 저장된 상태일 때 이루어진다. 잠재의식에 저장되는 '원하는 마음'은 내가 원하지 않아도 자동으로 원해진다. '원하면' 이루어지는 것이 아니고, '원해지면' 이루어진다. 자신도 모르게 원해지는 것만 이루어진다. 인생이 원하는 마음에 의해 진행된다는 것을 알고 나면 원해야만 한다는 압박감이 들 수 있다. 원하지 않으면 이루어지지 않을 것 같은 생각이 드는 것이다. 원하지 않아서 자신만 뒤떨어질 것 같다는 생각이 든다. 그러나 원하는 것도 자신이 하는 것이 아니므로 걱정할 필요는 없다. 원하지 않아도 이루어진다. 원하지 않아도 자동으로 원해져서 이루어진다.

앞에서 이야기하였듯이 인생은 원한다 하더라도 이루어지는 것은 아니라고 생각하면 된다. 그리고 내가 할 수 있는 것은 아무것도 없고, 원하는 것은 신께서 이루어주시는 것이라고 생각하면 된다. 내가 모르는 내가 진심으로 원하고 있는 것을 신께서 이루어주시기를 원하면 된다. 내 마음이 원하는 것을 내 생각이 모른다 하더라도 내 마음이 원하는 것을 신께서 이루어주시기를 원하는 것이다. 유무의 법칙에 상관없이 내 마음이 원하는 것을 이루어주시기를 원하면 된다. 이 원리를 설명하는 것이 유무의 법칙은 맞으나 유무의 법칙에 상관없이 원하는 것이 이루어지기를 원하면 된다. 우리는 유무의 법칙 자체를 원하는 것이 아니다. 내 마음이 원하는 것이 이루어지기를 원하면 된다.

신을 위대하게 생각하는 것이 좋다

신의 작용은 원하는 마음인 유무력의 작용이다. 유무력이 신의 작용이라고 하면 신의 작용을 별것 아닌 것처럼 생각할 수도 있다. 그런데 신을 굉장히 높은 존재로 생각하는 것이 자신에게 좋다. 신을 높이 생각할수록 더 많은 것을 원할 수 있다. 신을 높이 생각할수록 자신에게 이루어줄 수 있는 것도 많은 존재라고 생각하게 된다. 내가 무엇인가를 원하는데 '이 정도가 이루어질 수 있을까?'라는 생각을 한다는 것은 신의 존재를 낮게 평가한다는 뜻이다. 가능성을 의심한다는 것은 신을 의심한다는 뜻이다.

신을 굉장히 높게 생각하면 매우 큰 것도 원하는 마음을 가질 수 있게 된다. 어떤 것이든 그것이 이루어지기를 원하는 마음을 가진 자가 그것을 취하게 된다. 신을 위대한 존재라고 생각할 때 위대한 것을 원할 수 있게 되어 위대한 것을 현실화시킬 수 있다. 반대로 신을 작은 존재라고 생각할 때 작은 것만 원할 수 있게 되어 작은 것만 현실화시키게 된다. 무엇인가를 원하고 싶은데 그것이 이루어질지 의심이 된다면 신을 더 위대한 존재라고 생각하라. 그러면 원할 수 있게 된다.

신은 위대하다고 생각한 후에 무엇인가 원하는 마음을 가졌다고 해보자. 그런데 원하는 것이 이루어지지 않는 경우가 발생할 수 있다. 이때 '신은 위대하다더니 원하는 것도 이루어주지 않는구나.'라는 생각이 들 수 있다. 이것은 실제로 신을 위대하게 생각하는 것이 아니다. 신을 진짜로 위대하게 생각한다는 것은 '원하는 것이 이루어지지 않더라도 신께서 다 뜻이 있으시겠지. 받아들여야겠다.'라고 생각하는 것이다. 신의 모든 작용을 인정하고 받아들이는 것이 신을 위대하게 생각하는 것이다.

이 글을 보고 '신을 위대하게 생각해야겠다.'라는 생각을 할 수 있다. 그런데 신을 위대하게 생각하는 마음이 잘 들지 않을 수도 있다. 신을 위대하게 생각하는 것도 자신의 능력으로 언제든지 되는 것은 아니다. 자신의 생각과 마음도 신이 이루어주는 것이다. 앞에서 '생각하는 나'를 제외한 모든 것은 신의 영역이라고 하였다. 그러나 내 생각도 신의 영역이다. 따라서 신을 위대하게 생각하려는 것이 잘되지 않더라도 받아들이는 것이 필요하다. '신을 위대하게 생각하려는 것이 잘 안 되는 것도 신의 뜻이겠지. 받아들여야겠다.'라고 생각하면 된다. 그것이 신을 위대하게 생각하는 것이다. 그때 신은 원하는 것을 이루어준다.

인생의 모든 불안과 걱정은 '원하는 것을 이루는 것은 내 능력으로 하는 것이다.'라는 생각 때문이다. 돈을 벌지 못할까 봐 걱정되는가? 돈을 버는 것은 신께서 해주시는 것이다. 병에 걸릴까 봐 걱정되는가? 병에 걸리지 않는 것은 신께서 해주시는 것이다. 우연히 죽을까 봐 걱정되는가? 죽지 않는 것은 신께서 해주시는 것이다. 불안한 감정이 드는 생각을 잘 분석해보면 내 능력으로 이루지 못할까 봐 걱정이 되는 것이다. 이때 '모든 것은 신께서 해주시는 것이다.'라고 생각하면 마음이 편해진다. 내가 할 수 있는 것은 아무 것도 없다. 무위자연(無爲自然, 없을 무, 할 위, 스스로 자, 그러할 연)이다. 내가 하는 것이 아니라고 생각할 때 스스로 그렇게 된다.

모든 것이 신께서 이루어주시는 것이라면 자유의지는 없는지 질문할 수도 있다. 우리에게는 자유의지가 있다. 자신의 성향에 따라 자발적으로 선택할 수 있는 능력이 있다. 그러나 자유의지 또한 신께서 이루어주시는 것이다. 나에게 적절한 자유의지가 있게 되기를 원하는 마음을 가지면 된다.

원하는 것을 자신이 이루는 것이 아니라고 생각할 때 자신이 이루게 된다. 자신이 이루는 것이 아니기 때문에 신의 개념이 등장한다. 모든 것은 신께서 이루어주시는 것으로 생각하면 된다. '원하는 것을 이루는 것은 자신이 하는 것이 아니다.'라고 생각할 때 '이루어지기를 원하는 마음'이 커진다. 그 마음에 의해 원하는 것이 이루어지게 된다. 인생을 살면서 나타나는 모든 불안과 걱정은 자신이 이루지 못할까 봐 하게 되는 걱정이다. 그러나 그것을 이루어주는 존재는 신이다. 인생의 모든 것은 신의 작용이라고 생각하며 살아갈 때 걱정이 사라지게 된다. 인간은 자연이다. 자연(自然)은 스스로 그러한 존재이다. 내가 이루는 것이 아니다. 내가 할 수 있는 것은 아무 것도 없다고 생각하면 된다. 그때 원하는 마음이 커진다.

09.
믿음은 원하는 마음과 같다

믿는다는 것은 아닐 수도 있는데 믿는 것이다

우리는 무엇인가를 믿으면서 살아간다. 믿음은 삶의 방향을 의미한다. 무엇을 믿는가에 따라 다른 삶을 살아가게 된다. 믿음은 원하는 마음이다. 원하는 것만 믿게 된다. 그래서 믿음의 특성은 원하는 마음의 특성과 유사하다. 어린 시절 '나도 성인이 될 수 있을까?'라는 의문이 들 때가 있다. 그때 '나도 성인이 될 수 있다.'고 믿는다. 성인이 되고 싶기 때문이다. 믿는 것은 실제로 이루어진다. 성인이 될 수 있다고 믿었기에 성인이 될 수 있었다. 이것은 원하고 있는 것이 이루어지는 것과 같다.

1) '믿음'은 원하는 마음의 상태를 말한다.
2) 믿고 있는 상태면 믿는 것이 실제로 이루어진다.
3) 정말로 믿는 것은 스스로 믿는다고 생각하지 않는다.

4) 믿는다는 것은 아닐 수도 있는데 그렇다고 믿는 것이다.

5) 바꾸고 싶지 않은 자신의 믿음을 이야기하는 것을 거부한다.

6) 스스로 믿는다고 생각하면 실제로 믿는 것이 아니다.

위의 6가지는 실제로 믿는 상태의 특징을 말한다. 이와 같은 믿음의 특징들은 '원하는 마음'의 특징과 같다. 1)번의 내용과 같이 믿음은 곧 원하는 마음이기 때문이다. 그것을 믿는다는 것은 그것은 원하는 상태라는 뜻이다. 어떤 사람이 직장에 정말로 취직하고 싶다고 해보자. 이 사람은 '나는 직장에 취직할 수 있을 것이라 믿는다.'는 마음을 가질 수 있다. 직장에 취직하고 싶은데 '취직하지 않을 수 있을 것이라 믿는다.'는 마음을 갖는 것은 불가능하다. 원하지 않는 것을 믿는 것은 불가능하다. 원하는 것만 믿을 수 있다. 실제로 믿는 상태는 잠재의식 속에 '믿는 것이 이루어지기를 원하는 마음'을 가진 상태이다.

2)번처럼 믿는 것은 실제로 이루어진다. 우리는 일반적으로 '지구가 태양을 돌고 있다.'는 지동설을 믿고 있다. 어떤 사람이 '태양이 지구를 돌고 있다.'는 천동설을 믿는다고 해보자. 실제로 지동설이 나오기 전까지 사람들은 천동설을 믿었다. 천동설을 믿으면 천동설은 현실화된다. 천동설을 믿는 사람에만 천동설이 현실화된다. 태양이 지구를 돌고 있다고 믿으면 실제로 그 사람에게는 태양이 지구를 도는 것이다. 우리는 원하는 것만 믿을 수 있고, 인생은 항상 원하는 마음이 현실화되고 있다.

천동설과 마찬가지로 지동설도 하나의 믿음이다. 지금으로부터 1만 년이 지난 후에는 사람들이 지동설을 믿지 않을 가능성도 있다. 현재의 과학 기술로는 지동설이 맞다고 생각한다. 그러나 나중에 더 뛰어난 과학 기술이 생겨난다면 지동설이 틀렸다고 판단할 수도 있다. 그렇다면 현재 지구가 태양을 돌고 있는 것이 맞는가? 지동설을 믿는 사람에게는 당연히 지구가 태양을 도는 것이다. 믿는 것은 실제로 현실화된다. 만약 1만 년 후에 지동설이 틀렸다고 판단하게 되더라도 마찬가지다. 지금, 이 순간 우리에게는 지구가 태양을 돌고 있는 것이 현실화되고 있는 중이다. 지동설을 믿고 있기 때문이다.

3)번과 같이 실제로 믿는 것은 스스로 믿는다고 생각하지 않는다. 원래 그렇다고 생각하는 것이 '믿음'이다. 지동설을 맞다고 생각하는 사람은 '나는 지동설을 믿고 있다.'고 생각하지 않는다. 지동설이 원래 당연한 것으로 생각한다. 2,000년 전 천동설을 믿던 사람은 천동설이 당연한 것으로 생각했을 것이다. 2,000년 전으로 돌아가 천동설을 믿는 사람에게 '당신은 천동설을 믿고 있다.'고 말한다면 어떻게 반응을 보일까? 다음과 같은 반응을 보일 것이다. '알 수 없는 소리를 하시는군요. 제가 천동설을 믿고 있다고 말씀하시는 것을 보니 천동설이 가짜일 수도 있다는 뜻인가요?'

이처럼 무엇인가를 믿는 사람은 그것을 믿는다고 생각하지 않고, 당연한 것이라고 생각한다. 동시에 '믿음'은 아닐(틀릴) 수도 있음을 포함하는 말이다. '천동설을 믿고 있다.'라고만 말했는데 상대방은 천동설이 가짜인지 질문하였다. 4)번과 같이 믿는다는 것은 아닐 수도 있는데 믿는 것이다. 이것은 '유(有)'와 '무(無)'가 동시에 존재하기 때문이다. 아들에게 '3+5가 뭔지 알아?'라고 물어봤더니 '내가 모를 것이라고 생각해?'라고 대답하였다. 안다는 단어에는 모른다는 의미가 포함되어 있다. 마찬가지로 믿는다는 것에는 믿는 것이 틀렸다는 의미가 포함되어 있다.

그래서 자신이 실제로 믿는 것은 스스로 '믿는다.'는 단어를 쓰지 않는다. 천동설을 믿는 사람은 스스로 천동설을 믿는다고 생각하지 않는다. 천동설이 당연하다고 생각한다. 천동설을 믿는다고 생각한다는 것은 천동설이 틀렸을 수도 있음을 생각한다는 뜻이다. 그래서 5)번과 같이 천동설을 믿는 사람은 천동설을 믿는다는 이야기를 듣는 것을 싫어한다. 자신이 믿는 것이 틀렸다고 생각하고 싶지 않기 때문이다. 그것이 당연하다고 생각함으로써 틀릴 가능성을 생각하지 않으려고 한다. 실제로 믿는 것은 스스로 믿는다고 생각하지 않는다. 그래서 6)번과 같이 스스로 믿는다고 생각하는 것은 실제로 믿는 것이 아니다.

이것은 자신의 상태를 측정하면 상태가 바뀌는 것과 같다. 믿음은 잠재의식에 '원하는 마음'의 형태로 저장되어 있다. 잠재의식의 정보를 알면 그 정보가 바뀐다. 마찬가지로 믿음을 스스로 인식하면 그것을 믿지 않는 상태가 된다. 이에 따라 믿음은 그게 2)가시로 나눌 수 있다. '실제 믿는 상태'와 '믿는다고 생각하는 상태'가 있다. 명확하게 믿는다고 생각한다면 더 이상 실제로 믿는 것이 아니다. "그 사람의 말을 철석같이 믿고 돈을 빌려주었다. 그런데 그 말은 거짓이었다." 돈을 빌려줄 당시로 돌아가 보자. '믿어보자.'라고 생각하면서 돈을 빌려주었을 것이다. 이때 '믿어보자.'라고 생각하는 것은 실제로 믿는 상태가 아니다.

믿었다기보다는 '그 사람의 말이 당연히 진짜일 것이다.'라고 단정 지어 생각한 것 뿐이다. 유무의 법칙에 의해, 그 사람의 말이 진짜일 것이라고 생각할 때 그 말이 진짜가 아니게 된다. 그 사람의 말이 진짜일 것이라고 생각하는 상태는 믿는 상태가 아니다. 실제로 믿는 상태는 '그 말이 가짜일 수도 있다는 것을 받아들인 상태'를 말한다. 유무의 법칙에 의해, 그 사람의 말이 가짜일 것이라고 생각할 때 그 사람의 말이 진짜가 된다. 그 말이 가짜일 것이라고 생각했는데도 빌려주고 싶을 때 빌려주는 것이다. 그 사람의 말이 가짜일 것이라고 생각할 때 그 사람의 말이 진짜이기를 원하는 마음이 생긴다. 그 마음이 그 말이 진짜인 상태를 현실화시켜준다.

사람들은 각자의 믿음을 가지고 살아간다. 각자의 믿음이 다른 이유는 원래부터 진실인 것은 없기 때문이다. 이 우주는 모든 것에 대해 공평하다. 어떤 것을 선택하든 모두 잘 살아갈 수 있게 만들어져 있다. 그래서 정말 다양한 믿음을 가진 사람들이 지구상에서 같이 살아간다. 동시에 자신의 믿음과 같은 믿음을 가진 사람들끼리 모여서 살아간다. 자신만 그렇게 생각하는 것이 아니라는 것을 주위 사람을 통해 확인하고 싶기 때문이다. 동시에 스스로 가진 믿음을 보호하고 싶기 때문이다. 나와 믿음이 다른 사람은 나의 믿음을 건드릴 수 있다. '너는 왜 그렇게 생각해?'라고 말한다. 그래서 같은 믿음을 가진 사람끼리 모여 살게 된다.

자신이 믿고 있는 것은 스스로 믿는다고 생각하지 않는다

나는 고등학생 시절 공부를 열심히 했다. 지금에 와서 보니 고등학생 때 공부를 열심히 했던 이유는 '행복은 성적순이다.'라고 믿었기 때문이다. 그런데 그 당시에 나는 '행복은 성적순이라고 믿고 있다.'라고 생각하지 않았다. 행복은 성적순이라는 것이 당연하다고 생각했다. 그런데 내가 태어날 때부터 그렇게 믿었던 것은 아닐 것이다. 나는 체력도 약하고 잘생긴 외모도 아니다. 나에게 잘 난 부분이 전혀 없었다. 내 능력으로는 공부 외에 다른 방식으로 행복한 삶을 사는 것은 불가능하다고 생각했다. 결국 성적을 올려 행복을 찾으려는 삶을 살기로 선택하였다. 믿음이라는 것은 원해서 선택하는 것이다.

처음에는 그 믿음을 원해서 선택한다. 그러면 '행복은 성적순이기를 원하는 마음'이 잠재의식에 저장된다. 그 후에는 '행복은 성적순으로 결정돼.'라는 관점으로 세상을 바라보기 시작한다. '행복은 성적순'이기를 원하는 마음이 '그 믿음에 맞는 말만 듣기를 원하는 마음'을 만든다. 그래서 '행복은 성적순'에 어울리는 말들만 나의 귀에 들리게 된다. 이와 같이 믿음에 해당하는 원하는 마음이 그에 맞는 또 다른 원하는 마음들을 줄줄이 만들어낸다.

공부를 열심히 하던 고등학교 시절로 돌아가 보자. 내가 다음의 말을 들으면 불편할 것 같다. "너는 행복은 성적순이라고 믿어?" '믿음'이라는 단어에는 아닐 수도 있다는 의미가 포함되어 있다. 이 질문을 들으면 '행복은 성적순이 아닐 수도 있다.'는 생각이 들게 된다. 이것은 '행복은 성적순'이라고 믿는 내 삶의 근간을 뒤흔드는 말이다. 성적을 위해 부모님께서 뒷바라지해 주시는 중이다. 나도 잠자는 시간을 빼놓고 열심히 공부하고 있다. 그런데 '행복은 성적순이 아닐 수도 있다.'는 말을 들으면 어떤 마음이 들겠는가? '믿음'은 삶의 방향이다. 상대방의 믿음은 서로 보호해주는 것이 필요하다. 자신 또한 선택한 것을 믿고 그 길을 가면 된다.

믿고 있는 사람은 자신이 그것을 믿는다고 생각하지 않는다. 그런데 나는 고등학교 시절 '행복은 성적순'이라고 믿었다고 지금 말하고 있다. 그것이 가능한 이유는 이제 '행복은 완전히 성적순은 아닌 것 같다.'는 생각도 들었기 때문이다. 이제는 나와 가족을 위해 돈도 벌어야 한다. 자신이 믿는 것을 명확히 생각한다는 것은 그것을 믿지 않게 됐을 때뿐이다. 믿고 있는 상태가 유지된다면 그것을 믿는다고 명확하게 생각하지 못한다. 이것은 원하는 마음의 특성과 같다. 자신이 원하고 있는 것을 명확하게 생각하지 못하는 것과 같다. '원하는 마음'과 '믿음'은 자신 스스로에게 인식되지 않아 보호된다.

믿음은 두 가지의 연관성에 관한 것이다

'믿음'이라는 것은 일반적으로 두 가지의 연관성에 관한 것이다. '행복은 성적순'이라고 믿는다고 해보자. '행복'과 '성적순'을 연결하고 있다. 행복은 성적순이라고 믿는 학생은 성적을 올리려고 한다. 성적이 올라야 행복하기 때문이다. 이 학생은 '행복'과 '높은 성적'을 각각 모두 원하고 있는 것이다. 한쪽만 원한다면 둘을 서로 연결하지 않는다. 행복하기를 원하면서 동시에 성적을 올리는 것을 좋아하지 않을 수 있다. 그러면 '행복은 성적순'이라고 믿지 않는다. 두 가지가 연결된 믿음을 갖고 있다면 두 가지 모두를 원하는 것이다. 행복과 높은 성적을 모두 원할 때만 '행복은 성적순'이라고 믿는다.

'명상하면 생각이 정리된다.'고 믿는다고 해보자. 그러면 명상을 하는 것과 생각이 정리되는 것을 둘 다 원하는 것이다. 밍상을 하는 것과 생각이 정리되는 것 중 한 가지라도 원하지 않는다면 '명상을 하면 생각이 정리된다.'고 믿지 않는다. 어떤 사람은 '운동을 하면 생각이 정리된다.'고 믿을 수 있다. 그러면 그 사람은 우동하기를 원하면서 동시에 생각이 정리되는 것도 원하는 것이다. 믿는 것은 실제로 이루어진다. '명상을 하면 생각이 정리된다.'고 잠재의식 속에서 믿고 있는 사람은 실제로 명상을 하면 생각이 정리된다.

연결된 두 가지의 반대쪽을 원할 수도 있다. 'TV를 가까이서 보면 눈이 나빠진다.'고 믿는다고 해보자. 그러면 TV를 가까이서 보는 것을 원하지 않는 것이다. 동시에 눈이 나빠지는 것을 원하지 않는 것이다. 각각의 반대쪽을 원하는 것이다. 이것은 '눈이 나빠지지 않기 위해서는 TV를 멀리서 봐야 한다.'는 믿음과 같다. '운동을 하지 않으면 몸이 약해진다.'고 믿는다고 해보자. 운동하고 싶으면서 동시에 몸이 건강해지기를 원하는 것이다. 이것은 '몸이 건강해지기 위해서 운동을 해야 한다.'고 믿는 것과 같다.

믿으면 실제로 이루어지는데 믿는 것은 본인에 한해서 이루어진다. 내가 믿는 것이 상대방에게 이루어지는 것은 아니다. 내가 믿는 것은 나한테만 실제로 이루어진다. 모든 사람이 그렇게 이루어진다고 믿어도 그것은 나한테만 이루어진다. 예를 들어 이 세상 모든 사람이 '행복은 성적순'이라고 믿고 있다고 생각할 수 있다. 그렇다 하더라도 본인한테만 '행복은 성적순'이 현실화된다. 모든 사람이 성적이 올라갈 때 행복할 것이라고 믿는 것은 '나의 믿음'이다.

믿음은 원하는 마음과 같다. 믿는 것이 이루어지기를 원하는 것이다. 원하고 있는 것은 이루어지기 때문에 믿는 것은 이루어진다.

그런데 믿는다고 해서 이루어진다고 생각할 수는 없다. 원한다고 이루어지는 것은 아니라고 생각하는 것이 맞는 것과 같다. 이루어지지 않을 수도 있는데 이루어지기를 믿는 것이다. 믿음은 삶의 방향이다. 우리는 각자 서로 다른 믿음을 가지고 있다. 자신의 믿음에 따라 서로 다른 삶을 살아간다. 그래서 삶은 남의 눈치를 볼 필요가 없다. 자신이 선택한 믿음을 굳게 믿고 그 길을 나아가면 된다. 누구나 자신의 선택을 믿고 살아가는 것이다.

PART
04

사랑과 받아들임

01.
받아들임, 무엇인가를 원할 때
안 될 것 같은 생각을 받아들여야 이루어진다

기저 생각을 받아들일 때만 이루어진다

우리는 무엇인가를 원한다. 원하는 것이 편안하게 이루어지면 좋을 것 같다. 그런데 무엇인가를 원하고 나면 꼭 드는 생각이 있다. 원하는 것이 '이루어지지 않을 것 같은 생각'이 든다. 이 생각은 우리를 괴롭힌다. 다른 사람들은 잘 이루어지는데 나에게만 이루어지지 않는 것 같기 때문이다. 그러나 '이루어지지 않을 것 같은 생각'은 그것을 이루는 데 반드시 필요한 생각이다. 그 생각을 받아들일 때만 그것이 이루어지기 때문이다. '받아들임'을 필요로 한다. 이번 파트에서는 유무의 법칙을 '받아들임'의 관점에서 이야기해보겠다.

어떤 학생이 '나는 유명한 가수가 되기를 원한다.'는 마음을 가질 수 있다. 이때 '나는 이루지 못할 것이다.'는 생각이 들면서 괴로움을 느끼기도 한다. 인생은 항상 원하고 있는 대로 이루어진다. 그런데

도 '나는 가수가 되지 못할 것 같다.'는 생각부터 든다. 이 생각이 가수가 되는 필수 요소이기 때문이다. 그래서 가수가 되기를 원할 때 이 생각이 드는 것이다. '나는 가수가 되지 못할 것 같다.'는 생각을 받아들일 때만 가수가 될 수 있다. 만약 이 생각을 거부한다면 가수는 절대 될 수 없다.

원하는 마음을 가지면 그것이 이루어지지 않을 것이라는 생각이 든다. 이 생각을 '기저 생각'이라고 하겠다. '가수가 되기를 원한다.'는 마음을 가지면 '가수가 되지 못할 것 같다.'는 기저 생각이 든다. 기저 생각을 받아들일 때만 원하는 것이 이루어지게 된다. 기저 생각을 받아들이는 것은 포기하는 마음을 갖는 것과 같다. 이루어지지 않을 것임을 받아들였기 때문에 이루는 것을 포기하는 상태가 된다. 이를 알아보기 위해 유무의 법칙을 다시 정리해보자. 유무의 법칙에 의해, '무(無)'가 나타날 것이라고 생각할 때 '유(有)'가 나타난다. 1)번이라고 생각할 때 2)번의 마음이 생기고 그때 3)번이 나타난다.

1) '무(無)'가 나타날 것으로 생각함
2) '유(有)'가 나타나기를 원하는 마음이 생김
   (= '무(無)'에서 '유(有)'를 향하는 유무력이 발생함)
3) '유(有)'가 나타남

2)번이 존재하기 위해서는 1)번이 반드시 필요하다. 앞에서 이야기

하였듯이 '유(有)'와 '무(無)'는 서로를 기준으로 한다. 그래서 '유(有)'와 '무(無)'는 반드시 동시에만 존재한다. '유(有)'와 '무(無)', 그 사이의 유무력을 합쳐 유무요소라 한다. 이 세상은 유무요소 단위로 존재한다. 이 유무력은 '유(有)'와 '무(無)' 중에서 반드시 한 쪽을 출발하여 반대쪽에 도착한다. 유무력이 도착한 쪽이 현실화된다. '유(有)'에 도착하는 유무력은 반드시 '무(無)'에서 출발한다. 따라서 '무(無)'는 '유(有)'가 현실화되는데 반드시 필요하다.

이때 내가 '무(無)'의 상태에 있기만 하면 자동으로 '유(有)'를 향하는 유무력이 발생한다. 그 유무력이 '유(有)'가 나타나기를 원하는 마음이다. 그 마음이 '유(有)'를 현실화시킨다. 이때 '무(無)'에 해당하는 생각이 '기저 생각'이다. '무(無)'가 나타날 것이라는 기저 생각을 받아들일 때만 '유(有)'를 원하는 마음이 발생한다.

기저 생각을 받아들이면 1)번의 상태가 된다. 그때 2)번의 마음이 존재하게 된다. 그 결과 3)번이 이루어진다. 가수가 되기를 원했는데 가수가 되지 못할 것이라는 생각이 들었다. 우주는 이 기저 생각을 받아들이라고 떠오르게 한 것이다. 우주는 "그 생각을 받아들이면 원하는 것을 이루어줄게.'라고 말하는 것이다. 따라서 '가수가 되지 못할 것이다.'는 생각이 떠올랐다면 받아들이면 된다. '나는 가수가 되지 못할 수도 있겠구나.'라고 생각하면 된다. 포기하는 마음 상태가 되는 것이다. 그때 가수가 되기를 원하는 마음이 존재하게 된다. 그 원하는 마음이 가수를 만들어준다.

기저 생각을 받아들이면 정말 이루어지지 않을 것 같은 생각이
든다. '가수가 되지 못할 수도 있다.'는 생각을 받아들이려니 정말
가수가 되지 못할 것 같은 생각이 드는 것이다. 이때 기저 생각을
거부할 수도 있다. '내가 왜 가수가 되지 못해야 해?'라는 생각이 드
는 것이다. 그러면 가수는 되지 못한다. 기저 생각을 거부하면 이루
어지지 않는다. 기저 생각을 거부한다면 우주는 '무(無)를 거부하는
데 어떻게 유(有)를 이루어줄 수 있겠는가?'라고 말할 것이다. 기저
생각을 거부한다는 것은 원한다고 생각만 하는 것이다. 진심으로
원하면 기저 생각을 받아들이게 된다. 진심으로 원하는 상태와 기
저 생각의 받아들임은 동시에 일어난다.

앞에서 아기를 갖는 예시를 이야기하였다. 오랫동안 아기를 가지
려고 했음에도 불구하고 아기가 생기지 않았다. '아기가 생기지 않
을 것이다.'는 생각이 계속 들었다. 그래서 '내 팔자에 아기는 없겠구
나.'라고 생각하였다. 포기하는 마음을 가진 것이다. 그런데 그다음
달에 임신하게 되었다. 기저 생각을 받아들였기 때문에 원하는 것
이 이루어진 것이다. 아기가 생기지 않을 수도 있음을 아는 것이 필
요하다. 그때 '아기가 생기지 않을 것이다.'는 생각이 떠오르게 된다.
그 생각을 받아들이면 된다. 그 생각을 받아들이지 않는다면 아기
를 가질 수 없게 된다. 자신에게 일어나는 현상을 모두 받아들이면
된다. 그것이 원하는 것이 이루어지는 길이다.

이루어지지 않을 것이라는 생각을 받아들인 이후에만 이루어진다

코로나바이러스가 전 세계에 퍼져 있다. 우리는 바이러스가 사라지기를 원한다. 바이러스가 유행한 지 오래되었는데 바이러스는 사라지지 않을 것 같은 생각이 든다. 이 생각은 기저 생각이다. 우리가 할 일은 이 기저 생각을 받아들이면 된다. '바이러스가 사라지지 않을 수도 있겠구나.'라고 받아들이면 된다. 지금 바이러스 백신이 만들어졌다. 백신을 통해 바이러스 감염을 예방하는 것이다. 바이러스 백신을 만든 이유는 이대로는 바이러스가 사라지기 않을 것이라고 생각했기 때문이다. 바이러스가 사라질 것이라고 생각했다면 굳이 백신을 만들지 않았을 것이다. 바이러스가 사라지지 않을 것임을 받아들임으로써 백신을 만들고, 이를 통해 바이러스가 사라져 가는 것이다. 그런데 백신이 만들어졌다고 바이러스가 반드시 사라지는 것은 아니다. 백신을 통해 바이러스가 사라지기를 원하는 것이다.

조선 시대의 명장 이순신 장군은 '죽고자 하면 살 것이오, 살고자 하면 죽을 것이다.'라고 하였다. 전쟁에서 죽을 것이라고 생각할 때 살게 된다. 전쟁에서 살 것이라고 생각히 는 사람은 죽게 된다. 죽을 수 있음을 받아들인 자는 심리 상태가 흔들리지 않는다. 이미 바닥(죽음)의 상태를 생각하고 있기 때문이다. 그때 어떤 상황에서 어떻게 대처할지 잘 떠오르게 된다. 전쟁에서 살 것이라고 생각하는 사람은 살지 못할까 봐 걱정된다. 원하는 것을 자신이 이루어야 한다고 생각할 때 불안한 상태가 된다. 그때 제대로 판단하지 못하게 된다.

북한에서 탈북을 시도하는 경우 '쥐약'을 챙겨 간다고 한다. 상황이 여의치 않을 때 쥐약을 먹고 죽겠다는 마음을 갖는 것이다. 죽음을 받아들인 상태로 삶을 향해 출발하는 것이다. 죽음을 받아들인 사람만 살 수 있다. 이것은 누구라도 예외가 없다. 살다 보면 괴로워 죽고 싶을 때가 있다. 그때 '살기 싫다. 난 이제 죽겠구나.'라고 생각할 때 살게 된다. 이 생각을 받아들이고 나면 오히려 힘이 난다. 살고자 하는 욕심을 버리니 기쁜 마음이 나타난다. 죽을 것 같다는 생각이 떠오를 때 받아들이는 경우에만 살게 된다.

10살 된 아들이 어릴 때부터 매운 것은 전혀 먹지 못했다. 매운 것이 혀에 살짝만 닿아도 물을 달라고 했다. 그래서 매운 음식은 전혀 주지 않았다. '아들은 매운 것을 전혀 못 먹겠구나.'라고 생각했다. 몇 년이 지났다. 어느 날 갑자기 아들이 매운 쫄면을 먹는 것이었다. 같은 자리에서 한 번도 아니고 4~5번을 먹었다. 나는 굉장히 당황했다. 아들한테 물어봤다. '매운 것 못 먹을 것 같지 않았어?' 그랬더니 '어! 매운 것 못 먹을 줄 알았어.'라고 대답했다. 매운 것을 못 먹을 수 있음을 받아들였더니 먹을 수 있게 되었다.

무엇인가 안 될 것 같은 생각이 들면 그 생각을 받아들인 상태로 살면 된다. 포기하는 마음을 갖는 것이다. 그러면 어느새 자신도 모르게 되는 상황이 발생한다. 오히려 그것을 거부하려고 할 때 이루어지지 않는다. 자신이 동굴 속에 갇혔다. 빠져나올 수가 없다. 이때 '동굴 밖으로 나가지 못할 것 같다.'라는 생각이 떠오를 수 있다. 그때 그 생각을 받아들이면 된다. 동굴 속에서 평생 살아야 할지도 모른다는 생각을 받아들이는 것이다. 그때 자신도 모르게 동굴에서 빠져나올 기회가 생긴다.

02.
유무력의 법칙은 도덕경과
호오포노포노를 통해서 탄생하였다

이 책은 유무력의 법칙을 통해 인생의 흐름을 이야기하고 있다. 이 법칙은『시크릿』,『호오포노포노의 비밀』,『도덕경』의 내용을 통해 법칙을 만들게 되었다. '시크릿'에는 생각을 통해 현실을 바꿔나가는 이야기가 담겨 있다. '호오포노포노'에는 사랑에 관한 이야기가 담겨 있다. 마음에 들지 않는 부분을 사랑함으로써 문제를 해결하는 것이다. '도덕경'에서는 '유(有)'와 '무(無)'에 관한 이야기가 담겨 있다. 세 가지를 합쳐서 간단히 이야기하면 '무(無)'를 사랑하여 '유(有)'를 현실화시키는 것이다. 이것이 유무의 법칙이다.

『시크릿』을 본 지 얼마 되지 않을 때였다.『시크릿』과 관련된 책을 찾던 중『호오포노포노의 비밀』이라는 책을 알게 되었다. 읽어보니 굉장히 특이한 책이라는 생각이 들었다. 읽은 후에 책은 책장에 잘 보관되었다. 그리고서 대략 3년 전쯤 이 책을 다시 읽게 되었다. 직장과 관련하여 문제가 생긴 것이 그 계기였다. 이 상황을 어떻게 생

각하고 행동해야 할지 잘 모르겠다는 생각이 들었다. 그때 문득 책
장에 고이 꽂혀 있던 이 책이 생각난 것이다. 이 책을 통해 이 상황
에 필요한 힌트를 얻을 수도 있다는 생각이 들었다. 그때부터 이 책
을 다시 분석하기 시작했다.

책에는 주인공인 휴렌 박사가 나온다. 박사는 정신 병동에 수감
된 환자를 치료한다. 그런데 치료하는 방식이 우리가 아는 방식과
많이 달라보였다. 오직 4가지의 말을 통해서 치료한다. 그 외의 치
료 방법은 나오지 않는다. '사랑합니다. 미안합니다. 용서하세요. 감
사합니다.'를 함으로써 환자를 치료하는 것이다. 박사는 그 많은 환
자를 이 방법으로 모두 치료하였다. 그 결과 수년 후 모든 환자들이
치료되었고, 병동이 필요 없게 되어 폐쇄되었다. 박사는 4가지의 말
을 반복함으로써 문제를 일으키는 정보를 삭제한다고 하였다. 그 정
보를 지움으로써 '누구라도' 모든 문제를 해결하는 것이 가능하다고
한다. 우리는 이와 비슷한 상황을 경험한다.

아들이 떼를 썼다. 장난감을 사달라고 조르는 것이다. 그런데 장
난감은 며칠 전에도 샀었고, 얼마 갖고 놀지 않았었다. 비용도 문제
였다. 그래서 다음에 사주겠다고 말을 하였다. 그러나 아들은 떼쓰
는 것을 멈추지 않았다. 화가 났지만 참으면서 다음에 사주겠다고
하였다. 그러나 아들은 계속 떼를 썼다. 이처럼 아이가 떼를 쓰는
것을 억누르려고 하는 경우가 있다. 이것은 효과를 보지 못한다. 아
이의 감정을 받아줄 필요가 있다. 떼를 쓰는 이유가 있을 것이라고

생각하고 사랑으로 감싸주는 것이다.

'아들아! 미안해. 얼마 전에 산 장난감을 갖고 놀자. 다음에 또 장난감 사줄게.' 그때 아들은 서서히 떼쓰는 행동을 멈추게 된다. 병동에 수감된 환자는 떼쓰는 아이와 비슷한 처지이다. 병동에 수감된 환자도 결국 자신의 의견을 주장하는 것이 문제이다. 아이보다 훨씬 많이 남에게 피해를 주는 방식으로 말이다. 아이는 떼쓰는 마음을 사랑받았다. 그럼으로써 떼를 쓰는 것을 멈추었다. 마찬가지로 병동의 환자도 사랑을 받으면 치유가 될 수 있다. 자신의 뿔난 마음이 상대방에게 받아들여질 때 그 마음은 누그러진다. 문제가 되는 부분을 사랑해줌으로써 사라지게 할 수 있다.

일상생활에서 '사랑'의 의미는 굉장히 다양하게 쓰인다. 그래서 한마디로 정의하기가 힘들다. 나는 오랜 기간 고민해본 결과 사랑을 '받아들임'이라고 생각하게 되었다. 아이는 떼를 쓰고자 하는 자신의 의견이 받아들여졌을 때 더 이상 떼를 쓰지 않게 되었다. 만약 떼를 쓰고자 하는 아이의 의견을 거부한다면 아이는 계속 떼를 쓸 것이다. 이를 볼 때 사랑은 '받아들임'이라고 생각해볼 수 있다. 문제가 되는 부분을 거부하지 않고 사랑으로 받아들이는 것이다. 그 결과 문제가 사라진 상태가 현실화된다. 원하지 않는 것을 받아들임으로써 원하는 것이 이루어지게 된다.

그 후에 『도덕경』을 보게 되었다. 도덕경의 핵심 사상은 '유무상생

有無相生'이다. '유(有)'와 '무(無)'가 동시에 존재한다는 것이다. 문제가 해결되지 않은 상태를 '무(無)'에 대입할 수 있다. 문제가 해결된 상태를 '유(有)'에 대입할 수 있다. '무(無)'를 사랑하여 받아들일 때 '유(有)'가 현실화되는 것이다. 그 후에 '무(無)'에서 '유(有)'를 향하는 힘이 존재하고, 그 힘이 '유(有)'를 원하는 마음이라는 것을 알게 되었다. 그 결과 유무의 법칙이 만들어지게 되었다.

이처럼 유무의 법칙은 『시크릿』, 『호오포노포노의 비밀』, 『도덕경』의 내용을 통해 만들게 되었다. '시크릿'을 통해 생각을 통해 현실을 바꿔나갈 수 있다는 것을 알게 되었다. '호오포노포노'를 통해 문제점을 사랑하여 사라지게 할 수 있다는 것을 알게 되었다. 마지막으로 '도덕경'을 통해 '무(無)'를 받아들임으로써 '유(有)'가 현실화된다는 것을 알게 되었다. 그 후 '유(有)'와 '무(無)' 사이에 힘이 존재하고, 그 힘이 원하는 마음이라는 것도 알게 되었다. 이것이 유무력의 법칙이다.

03.
문제의 상황이 자신의 탓이라고
생각할 때만 해결할 수 있다

이 세상에 일어난 일은 모두 나의 영역이다

자신의 인생에 마음에 들지 않는 상황이 벌어질 수 있다. 그 일이 남의 책임이라고 생각하는 경우도 있다. 그런데 그 일이 나의 책임이라고 생각할 때 문제를 해결할 수 있게 된다. 나의 책임이라고 생각할 때 그 상황이 해결되기를 원하는 마음이 생기기 때문이다. 그 원하는 마음이 상황을 해결해준다. 나의 책임이 아니라고 생각하면 그것이 해결되기를 원하는 마음이 생기지 않는다. 문제가 해결되기를 원하는 마음이 있을 때만 문제가 해결될 수 있다. 인생은 항상 원하는 마음에 의해 흘러가기 때문이다.

이 세상은 크게 '나'와 '내가 아닌 존재'로 나눌 수 있다. 나를 제외하면 모두 내가 아니다. 내 앞에 어떤 사람이 서 있다. 이 사람은 내가 아니다. 그런데 상대방이 보이는 것 자체는 '나의 영역'이다. 내가 느꼈기 때문이다. 나의 뇌가 '상대방이 보인다.'고 판단한 것이다. 나의 뇌가 느낀 것은 모두 나의 영역이다. 이에 따라 이 세상을 '나의 영역'과 '남의 영역'으로 나눌 수 있다. 이것은 '나'와 '내가 아닌 존재'로 나누는 것과 다르다. 내가 아닌 존재의 일이라도 내가 알게 되었다면 알게 된 만큼 나의 영역이 된다.

아들의 떼쓰는 마음을 사랑으로 받아들여 문제를 해결할 수 있다. 이때 아들의 떼쓰는 마음은 내 마음이 아닌 아들의 마음이다. 내 마음이 아님에도 불구하고 내가 해결하게 된다. 그것이 가능한 이유는 아들의 떼쓰는 마음이 나의 영역이기 때문이다. 언뜻 보기에는 아들의 마음은 나의 영역이 아닌 것처럼 보일 수도 있다. 아들이 '나'라는 존재 자체는 아니기 때문이다. 그러나 아들의 마음도 내가 느꼈기 때문에 나의 영역이 된다. 상대방이 내 아들이라서가 아니라 상대방의 마음을 내가 느끼기 때문이다.

아들이 누군가와 대화를 하였다. 나는 둘이 대화하는 상황을 쳐다보지 못했다. 거기에다 그 둘의 대화가 나에게 평생 어떤 영향도 주지 않는다고 해보자. 그러면 그 대화는 나의 영역이 아니다. 내가 느낄 수 없기 때문이다. 그 둘의 대화는 남의 영역이 된다. 나의 영역은 나의 뇌로 느끼는 부분만을 말한다. 그 결과 이 세상의 모든 것은 나의 영역이다. 이 우주는 내가 느끼는 우주이기 때문이다. 물론 우주 안에 나의 영역이 아닌 부분도 있기는 할 것이다. 그러나 그 부분은 내가 느낄 수 없다. 남의 영역은 내가 느끼지 못하기 때문에 있는지 없는지 확인할 수 없다. 따라서 내가 알고 있는 이 우주는 모두 '나의 영역'이 된다.

영역은 서로 공유된다. 나에게 떼를 쓰는 아들의 마음은 나의 영역이다. '내 아들이 나에게 떼를 쓴다.'는 관점이다. 동시에 아들 본인의 영역이기도 하다. '아빠가 내 요구를 들어주지 않는다. 떼를 써서 아빠에게 계속 요구하고 있다.'는 관점이다. 아들이 나에게 떼를 쓰는 모습을 누군가가 쳐다볼 수도 있다. 그러면 아들이 떼를 쓰는 상황은 그 사람의 영역도 된다. '어떤 아이가 아빠로 보이는 아저씨에게 떼를 쓴다.'는 관점이다. 자신에게 보이는 모든 상황은 자신이 바라보는 관점에서 자신의 영역이다. 그리고 나의 영역 안에 있는 모든 상황은 내 생각의 결과물이다. 내가 어떤 생각을 하고 있는지에 따라 '나의 영역'의 상황이 나타난다.

아들이 떼를 쓰는 것은 내 생각의 결과물이다. '아들이 내 말을 당연히 잘 들을 것이다.'라고 생각하고 있었다. 그 결과 아들이 말을 듣지 않는 상황이 나타난 것이다. 동시에 이 상황은 아들 본인 생각의 결과물이다. 아들은 '아빠는 내가 원하는 것을 당연히 들어줄 것이다.'라고 생각하고 있었다. 그런데 아빠가 원하는 것을 들어주지 않으니 떼를 쓰게 된 것이다. 동시에 이 상황을 쳐다보고 있던 어떤 사람의 생각의 결과물이다. 예를 들어 '우리 아이들만 떼를 잘 쓴다.'고 생각하고 있었을 수 있다. 그런데 길을 가다가 우연히 다른 가족의 아이가 떼를 쓰는 장면을 본 것이다. 그 결과 '우리 아이만 떼를 쓰는 것은 아니구나.'라고 생각할 수 있다.

자신의 책임이라고 생각할 때 그것을 해결할 수 있게 된다

자신의 의도가 없는데 타인에 의해 손해를 입는 일도 있다. 이 상황도 나의 뇌가 느끼는 것이므로 '나의 영역'이다. 나의 영역은 모두 내 생각의 결과물이다. 유무의 법칙에 의해, 타인에게 당연히 손해를 입지 않을 것이라고 생각할 때 손해를 입게 된다. 타인에게 손해를 입은 이유는 '타인에게 당연히 손해를 입지 않을 것이다.'라고 생각하고 있었기 때문이다. '타인에 의해 당연히 손해를 입지 않아야 하는 것 아닌가?'라는 생각을 할 수도 있다.

그러나 우주는 좋은 것과 나쁜 것을 차별하지 않는다. 모든 것에 대해 공평하다. 우주는 나의 생각 상태 그대로 만을 현실화시킨다. 그래서 타인에게 손해를 입을 수 있음을 아는 것이 필요하다. 손해를 이미 입게 되었으면 상황을 원만히 해결하는 것이 필요하다. 동시에 '손해를 입을 수도 있구나.'라고 생각하면 된다. 손해를 입을 수 있음을 인정하고 받아들이는 것이다. 그때 타인에게 손해를 입지 않기를 원하는 마음이 생긴다. 그 원하는 마음이 존재할 때 타인에게 손해를 입지 않을 수 있게 된다. 결국 타인에 의한 사건도 내 생각의 결과물이다.

나와 관련이 없어 보이는 것도 해결할 수 있다. 그것이 나의 영역이라고 생각한다면 가능하다. 『호오포노포노의 비밀』에서 휴렌 박사는 처음 보는 환자들을 4가지의 말로 치료하였다. 특히 '사랑합니다.'와 '미안합니다.'의 말을 반복하였다. 그럼으로써 자신과 관련 없어 보이는 환자들의 질병을 치료하였다. 이것이 가능한 이유는 내가 느끼는 모든 것이 나의 영역이기 때문이다. 박사는 "내 인생의 모든 것은 내 인생 안에 있으므로 내 인생은 전적으로 나의 책임"이라고 하였다. '나의 영역' 안에 있는 것은 결국 '나의 책임'이 된다. '나의 책임'이라는 것은 경제적 보상을 해야만 한다는 뜻이 아니다. 나의 원하는 마음을 통해 해결할 수 있는 범위에 있다는 뜻이다.

아들의 떼쓰는 마음은 내 인생 안에 있으므로 내 책임이 될 수 있다. 내 책임이라고 생각할 때 아들에게 미안한 마음이 든다. 그 마음이 아들을 치유한 것이다. 마찬가지로 휴렌 박사도 처음 보는 환자들의 질병이 자신의 책임이라고 생각하였다. 그래서 미안함을 느꼈고 그 마음이 환자들을 치유한 것이다. 휴렌 박사는 "테러리스트나 대통령, 경제 상황 등 내 마음에 들지 않는 모든 것의 치유의 책임이 나에게 있다."고 하였다. 마음에 들지 않는 모든 상황은 빠짐없이 나의 책임이라고 생각함으로써 바꿀 수 있다.

남의 말을 따라 했어도 자신의 책임이다

누군가가 내 칭찬을 하였다. 그 말을 내 친구가 나에게 전달하였다. 그러면 나는 내 칭찬을 해 준 그 사람을 좋게 생각할 것이다. 동시에 그 말을 전달해준 친구도 좋게 생각하게 된다. 친구에 대한 감정도 같이 좋아지게 된 이유는 무엇일까? '친구가 그 말을 전달해주었기 때문에'라고 생각하기도 한다. 더 확실한 이유는 친구도 그 칭찬의 말에 동의했기 때문이다. 친구가 그 칭찬이 말에 동의했기 때문에 나에게 전달해준 것이다. 그래서 친구에 대한 감정도 좋아진 것이다. 친구가 그 칭찬의 말에 전혀 동의하지 않았다면 나에게 전달하지 않았을 것이다.

이번에는 누군가가 나를 비난하는 말을 하였다. 그 말을 친구가 나에게 전달하였다. 그러면 나를 비난하는 말을 한 사람에 대한 호감도가 떨어진다. 동시에 그 말을 전달한 친구에 대한 호감도도 같이 떨어진다. 그 말을 전달했다는 것은 그 말에 동의한다는 뜻이기 때문이다. 친구도 그 비난의 말에 동의한 것이다. 그 말에 전혀 동의하지 않았다면 나에게 전달하지 않았을 것이다. 이렇게 남의 말을 자발적으로 전달하는 사람은 그 말에 동의하는 마음이 있는 것이다.

누군가의 말을 듣고 따라 했다가 손해를 입게 되었다고 해보자. 예를 들어, 남의 말을 듣고 투자를 해서 손해를 볼 수 있다. 이럴 때 그 사람을 탓하는 경우가 많다. 그런데 그 말을 따라 했다는 것은 스스로 그 말에 동의한 것이다. 동의하지 않았으면 따라 하지 않았을 것이다. 내가 잘 몰라서 따라 했다 하더라도 마찬가지다. 내가 잘 몰랐어도 결국 내가 동의한 것이다. '남의 말을 따라 해서 내가 손해를 볼 수 있다.'는 것을 알고 있는 것이 필요하다. 그때 남의 말을 따라 해서 손해를 보지 않기를 원하는 마음이 생긴다. 그 마음이 있을 때 손해를 보지 않을 수 있다. 남의 말을 따라 했어도 결국 자신의 책임이다. 이렇게 생각할 때만 손해를 방지할 수 있다. 타인에 의해 손해를 본 상황이 자신의 탓이 전혀 아니라고 생각한다면 손해를 보지 않기를 원하는 마음이 생기지 않는다. 그때 계속 손해를 보는 일이 발생한다.

자신에게 일어난 모든 일은 모두 '나의 영역'이다. 나의 영역에서 일어나는 모든 일은 내 생각의 결과물이다. 그래서 내 생각으로 상황을 바꿀 힘이 있다. 이것은 타인에 의한 상황이거나 남의 말을 따라 했다가 손해를 보는 경우도 마찬가지다. 그 일이 나의 영역이라고 생각하는 것이 필요하다. 그때 그 일이 나타나지 않기를 원하는 마음이나 해결되기를 원하는 마음이 생긴다. 이것은 나와 전혀 관련이 없는 일에도 적용된다. 그 일이 나의 영역이라고 생각한다면 자신과 관련이 없어 보이는 일도 해결할 수 있다.

04.
어떤 모습을 대단하다고
생각할 때 내가 그 모습이 되어간다

내가 먼저 실천할 때 상대방도 실천한다

상대방이 잘못을 했는데 사과를 하지 않는다고 생각하는 경우가 있다. 그런데 상대방이 사과를 하지 않는 이유는 자신 때문이다. 상대방의 모습이 나의 모습이기 때문이다. 상대방의 어떤 모습이 부러운 경우가 있다. 그런데 그 뒤에 그것을 깎아내리는 경우가 있다. '그 정도는 나도 할 수 있어.' 그러면 자신은 그 모습을 가질 수 없게 된다. 나도 당연히 할 수 있다는 것은 그것이 나의 본질이라는 뜻이다. 규정한 본질은 나타나지 않게 된다. 따라서 그 모습을 갖지 못하게 된다. 그 모습을 자신도 갖고 싶다면 그 모습을 대단하게 생각하는 것이 필요하다. 그 모습이 현재 자신이 가지지 못한 훌륭한 모습이라고 생각할 때 그 모습이 되어간다.

평소에 자신의 모습을 잘 안다고 생각하는 경우가 있다. 그런데 자신의 모습은 쉽게 파악할 수 없다. 유무의 법칙에 의해, 어떤 모습이 나의 모습이라고 생각할 때 그것은 나의 모습이 되지 않는다. 마찬가지로, 어떤 모습이 나의 모습이 아니라고 생각할 때 그것은 나의 모습이 된다. 아들이 나에게 장난감을 사달라고 떼를 쓰고 있다. 이때 '아들이 나에게 고집을 부린다.'고 생각한다고 해보자. 이 상황을 잘 보면 나도 아들에게 고집을 부리는 중이다. 나는 장난감을 사주지 않는 이유가 분명 있다. 하지만 아들도 본인 스스로 그 이유가 있을 것이다. 그래서 아빠가 자신에게 고집을 부린다고 생각한다.

이렇게 상대방의 모습은 곧 나의 모습이다. 이 세상은 거울이다. 내가 세상을 바라보는 모습이 곧 세상이 나를 바라보는 모습이다. 자신의 모습이 상대방을 통해 나에게 보이는 것이다. 나의 모습이 나의 모습이 아닌 상대방으로 모습으로 나에게 보인다. 상대방의 모습을 보고 비난하는 경우가 있다. '그것은 도덕적으로 맞지 않아.'와 같은 생각을 하게 된다. 그런데 그렇게 비난하면 나중에 자신도 그 행동을 하게 된다. 남의 모습이 결국 나의 모습이 되기 때문이다. 상대방의 모습을 비난한다는 것은 그 모습이 자신의 모습이 아니라고 생각한다는 뜻이다. 그 모습이 자신의 모습이 아니라고 생각할 때 자신의 모습이 된다. 남을 비난하면 나중에 자신이 그 행동을 하게 된다.

남이 자신에게 어떤 행동을 할 것 같은 생각이 들기도 한다. 그 모습은 사실 자신의 모습이다. 1차선에서 운전을 한다고 해보자. 중앙선의 반대편 차량이 나와 반대 방향으로 달려온다. 이때 반대편 차량이 중앙선을 침범하여 나를 덮칠 것 같은 생각이 들 때가 있다. 그럴 때 '중앙선을 절대 넘어가지 않도록 조심해야겠다.'고 생각해보자. 그러면 반대편 차량이 나를 덮칠 것 같은 생각이 서서히 사라진다. 내가 중앙선을 넘어가지 않도록 조심하는 마음이 없었다. 그래서 반대편 차량이 나를 덮칠 것 같다는 생각이 들었던 것이다. 남이 자신에게 어떤 행동을 할 것 같을 때는 내가 그 행동을 하지 않겠다고 마음먹으면 된다.

상대방이 무엇인가를 깨닫지 못하고 있다는 생각이 들 수 있다. 자신은 잘 실천하고 있는데 상대방은 실천하지 못하는 것 같은 것이다. 그렇다 하더라도 상대방의 모습은 곧 나의 모습이다. 내가 더 실천하려고 마음 먹는 것이 필요하다. '나는 잘 실천하고 있다.'는 생각은 나의 본질을 규정한 것이다. 본질을 규정하면 본질은 사라진다. 자신이 실천하고 있다고 생각할 때 실천하지 못하고 있는 것이다. 실천하기를 원하는 것이 필요하다. 인생은 항상 원하는 마음에 의해서만 흘러간다. 상대방이 실천하지 못하고 있음을 느꼈다면 '나도 실천하지 못할 수 있지.'라고 생각하는 것이 필요하다. 그때 실천하기를 원하는 마음이 생긴다.

서로 싸우는 경우 자신이 먼저 사과를 하는 것이 맞다고 이야기한다. 내가 먼저 사과하려고 할 때 상대방도 먼저 사과하려고 마음먹기 때문이다. 내가 사과하지 않으려고 할 때는 상대방도 사과하지 않으려고 한다. 서로의 마음은 항상 같다. 내가 먼저 실천할 때 상대방도 실천하게 된다.

노자는 언어로 표현하는 것을 좋아하지 않았다. 실천은 실천으로 전달된다는 것을 알고 있었기 때문이다. 노자가 산책을 나가면 사람들이 뒤따라갔다. 그러나 산책하는 동안 그 누구도 말하지 않았다. 사람들은 노자의 생각을 알고 있었기 때문이다. 오쇼 라즈니쉬 저자의『두드리지 마라 문은 열려있다』는 노자의 사상을 설명한다. 이 책에 다음의 말이 나온다. "오직 하나의 길은 그 경험에 도달한 사람과 함께 사는 것이다. 단지 그 경험이 도달한 사람 함께 있음으로써 어떤 신비스런 것이 그대에게 전달될 것이다. 언어에 의해서가 아니다. 그것은 에너지의 뛰어오름이다."

상대방의 모습을 대단하다고 생각할 때 그 모습이 되어간다

상대방의 불행한 모습이 나의 모습이 아니라고 생각할 때 나의 모습이 된다. 앞의 예시를 다시 이야기해보자. 운전하다가 교통사고가 난 현장을 발견하였다. 이때 '나는 사고가 나지 않고 있다.'라고 생각하면서 기쁨을 느끼는 경우가 있다. 이것은 붕 뜬 기쁨이다. 기쁨을 느낀 이유는 교통사고의 모습이 자신의 모습이 아니라고 생각했기 때문이다. '나는 사고가 나지 않아.'라고 생각했기 때문에 기쁜 것이다. 유무의 법칙에 의해, 교통사고의 모습이 자신의 모습이 아니라고 생각할 때 그 모습은 자신의 모습이 된다. 교통사고가 남의 모습이라고 생각할 때 자신에게도 교통사고가 나타나게 된다. 자신도 교통사고가 날 수 있음을 아는 것이 필요하다.

남의 불행이 자신에게도 일어날 수 있음을 알고 받아들이는 것이 필요하다. 그때 그 불행이 나타나지 않기를 원하는 마음이 생긴다. 그 원하는 마음이 불행이 나타나지 않도록 해준다. '타산지석(他山之石)'이라는 사자성어가 있다. 다른 사람의 하찮은 언행이라도 자신의 지덕을 닦는 데 도움이 된다는 뜻이다. 타인의 하찮은 언행을 자신도 하게 될 수 있음을 아는 것이 필요하다. 그때 자신이 그 언행을 하지 않기를 원하는 마음이 생긴다. 그 원하는 마음이 그 언행을 하지 않도록 해준다. '그 하찮은 언행은 나의 모습이 아니다.'라고 생각하며 붕 뜬 기쁨을 느낀다면 나중에 그 언행을 따라 하게 된다.

마음에 드는 상대방의 모습을 깎아내리는 경우도 있다. 자신은 아직 그것을 하지 못함에도 '그 정도는 나도 나중에 할 수 있어.'라고 생각한다. 유무의 법칙에 의해, 그것을 나중에 할 수 있다고 생각할 때 그것을 나중에 하지 못하게 된다. 깎아내리기보다는 부러워하는 것이 더 좋다. 부러워한다는 것은 그 모습이 나의 모습이 아니라고 생각한다는 뜻이다. 그 모습이 현재 나의 모습이 아니기 때문에 부러운 것이다. 유무의 법칙에 의해, 그 모습이 내 모습이 아니라고 생각할 때 그 모습을 갖게 되어간다. 누군가 마음에 드는 모습을 하고 있으면 부러워하면 된다. 그때 자신도 모르게 그 모습이 되어간다.

우리는 항상 부러워하는 것이 이루어지는 삶을 살고 있다. 부럽기 때문에 그렇게 되기를 원하는 마음이 자연스럽게 생긴다. 인생은 항상 원하는 마음에 의해 진행된다. 따라서 우리는 진심으로 부러워 하는 것이 이루어지는 길을 걷게 된다. 자신이 지금까지 이룬 것을 잘 보면 내가 과거에 부러워했던 것이 이루어졌음을 알 수 있다. 만약 이루어지지 않은 것이 있다면 과거에 그것을 별것 아니라고 생각했던 것이다. 별것 아닌 것은 진심으로 원하지 않게 된다. 내가 그것을 이루지 못할 것 같아도 부러워하는 것이 필요하다. 그때 자신도 모르게 그것이 이루어지는 길을 가게 된다.

부러워한다는 것은 대단하게 생각한다는 뜻이다. 뛰어난 외모를 갖고 싶다면 뛰어난 외모를 가진 사람을 대단하게 생각하면 된다. 똑똑한 사람이 되고 싶다면 똑똑한 사람을 대단하게 생각하면 된다. 부자가 되고 싶다면 부자인 사람을 대단하게 생각하면 된다. 이루어지지 않고 있는 것이 있다면 그것을 대단하게 생각하지 않기 때문이다. 인생은 원하는 대로 이루어진다. 따라서 자신의 관점에서 대단하지 않은 것은 이루어지지 않는다. 물론 대단하다고 생각한다고 해서 반드시 이루어지는 것은 아니다. 유무의 법칙은 유무의 법칙의 적용을 받기 때문이다. 대단하다고 생각한다고 해서 이루어진다고 생각할 수는 없다. 하지만 대단하다고 생각하는 것이 이루어지는 삶을 살게 된다.

상대방이 무엇인가를 실천하지 못하고 있다면 자신도 실천하지 못하고 있는 것이다. 상대방의 모습이 나의 모습이기 때문이다. 내가 먼저 실천할 때 상대방도 실천하게 된다. 상대방에게 마음에 드는 모습이 있다면 그 모습을 내난하다고 생각하는 것이 좋다. 그때 그 모습이 되어간다. 만약 마음에 드는 상대방의 모습을 깎아내린다면 나는 그 모습을 가질 수 없게 된다. 인생은 원하는 마음에 의해 진행되기 때문이다. 깎아내린 것은 진심으로 원하는 마음이 들지 않는다.

05.
실패를 받아들이면 꿈이 이루어지고
실패를 거부하면 실패가 현실이 된다

기저 생각을 받아들이면 사라지고, 기저 생각을 거부하면 유지된다

무엇인가를 원하면 그것이 이루어지지 않을 것 같은 생각이 든다. 이 생각이 기저 생각이다. 기저 생각을 받아들일 때만 원하는 것이 이루어진다. 받아들인 것이 사라지고 그 반대쪽이 현실화되기 때문이다. 기저 생각을 거부하기도 한다. 이루어지지 않을 것이라는 생각을 하고 싶지 않은 것이다. 이것은 원하는 것이 이루어질 것이라고 생각하고 싶은 것이다. 항상 받아들인 것은 사라진다. 이루어질 것이라는 생각을 받아들였으므로 이루어지지 않게 된다. 따라서 이루어지지 않을 것이라는 생각을 거부할 때 이루어지지 않게 된다. 거부한 것은 현실화된다.

이를 '유(有)'와 '무(無)'로 정리해보자. 이루어지는 것을 '유(有)', 이루어지지 않는 것을 '무(無)'에 대입할 수 있다. '유(有)'를 원하면 '무(無)'

가 나타날 것 같다는 생각이 든다. '무(無)'가 기저 생각이 된다. '무(無)'를 받아들이면 '무(無)'에서 '유(有)'를 향하는 유무력이 작동한다. 유무력은 항상 받아들인 쪽에서 출발하여 반대쪽으로 향한다. 그리고 유무력이 도착하는 쪽이 현실화된다. 그 결과 '유(有)'가 현실화된다. 반대로 '무(無)'가 나타날 것임을 거부한다면 '유(有)'를 받아들이게 된다. 한쪽을 거부한다는 것은 반대쪽을 받아들이는 것과 같다. '유(有)'가 기저 생각이 되는 것이다. 그 결과 '무(無)'가 현실화된다. '무(無)'를 거부할 때 '무(無)'가 나타난다.

시험을 본다고 해보자. '공부를 열심히 하면 합격할 것이다.'라고 생각하면서 공부를 하였다. 그런데 시험에 떨어졌다. '너무 방심했구나. 더 열심히 공부하면 합격하겠지.'라고 생각하면서 공부하였다. 하지만 시험에 또 떨어지게 되었다. 이제는 포기하는 상태가 되었다. '내 능력으로는 합격하지 못하겠구나.'라는 생각이 들었다. '에잇!

시크릿을 찾는 유무력의 법칙

시험에 합격하는 것 원하지 않아!'라고 생각하게 되었다. 시험을 보지 않기로 마음먹었다. 하지만 시험이 마음에서 떠나질 않았다. 합격할 것 같은 느낌은 전혀 없었다. 하지만 나도 모르게 공부를 하게 되었다. 그렇게 시험을 봤는데 생각지도 못하게 시험에 합격하게 되었다. '나에게도 합격하는 상황이 벌어질 수 있구나!'

　이것은 실제 나타나는 상황이다. 직장을 구할 때도, 사업을 할 때도, 결혼할 때도 이와 같은 과정을 거친다. 이 외에도 삶의 많은 것들이 비슷한 과정을 거친다. 설령 실패하지 않고 한번에 성공했다 하더라도 마찬가지다. 위의 과정은 크게 앞부분과 뒷부분으로 나눌 수 있다. 실패 없이 한 번에 성공한 사람은 실패하기 전에 뒷부분으로 넘어간 것이다. 앞부분은 시험에 합격하리라 생각하는 상태이다. 뒷부분은 시험에 합격하지 못할 것으로 생각하며 포기한 상태이다. 뒷부분의 상태일 때 합격할 수 있게 된다. 앞부분처럼 '시험에 합격할 것이다.'라는 생각이 있을 때는 합격할 수 없다.

　1) '합격하지 못할 것이다.'는 생각을 받아들임
　　a. 합격하지 못할 것이라고 생각함 (기저 생각)
　　b. 합격하기를 원하는 마음이 있음 (원하는 마음)
　　c. 합격하기를 원한다고 생각하지 않음

　2) '합격하지 못할 것이다.'는 생각을 거부함
　　a. 합격할 것이라고 생각함 (기저 생각)

b. 합격하기를 원하는 마음이 없음,

합격하지 않기를 원하는 마음이 있음 (원하는 마음)

c. 합격하기를 원한다고 생각함

앞에서 무한대로 원하는 것의 의미를 이야기하였다. 무엇이든 무한대로 원하는 상태일 때 이루어지게 된다. 무한대로 원한다는 것은 이루어질 것이라는 생각이 전혀 없이 원하는 것을 말한다. 따라서 합격할 것이라는 생각이 전혀 없이 합격하기를 원할 때 합격하게 된다. 그리고 자신이 원하는 마음은 스스로 인식할 수 없다고 하였다. 자신이 실제로 원하는 중인 것은 그것을 원한다고 생각하지 않는다. 합격하기를 원하고 있다면 스스로 합격하기를 원한다고 명확하게 생각하지 않는다. '내가 합격하기를 원하는구나.'라고 은근히 느낄 수는 있지만, '나는 합격하기를 원해.'라고 명확하게 생각하지는 않는다.

처음 시험 준비를 할 때는 분명 합격하지 못할 수도 있다는 생각이 떠오른다. 그런데 2)번과 같이 그 생각을 거부하였다. 한쪽을 거부하는 것은 반대쪽을 받아들이는 것과 같다. 그에 따라 2-a)처럼 합격할 것이라는 생각을 하는 상태가 되었다. '공부를 열심히 하면 합격할 것이야.'라고 생각하는 것이다. 그 상태로 공부를 하였다. 이때 2-c)처럼 '나는 시험에 합격하기를 원해.'라고 생각한다. 2-a)와 2-c)는 동시에 나타난다. 무엇인가를 원한다고 생각하면 그것이 이루어질 것이라고 생각하게 된다. 지금 자신이 원한다고 생각하는 것을 떠올려보면 알 수 있다. 2)의 상태일 때는 시험에 합격하지 못하게 된다. 2-b)처럼 잠재의식에 합격하기를 원하지 않는 마음이 존재하는 상태이기 때문이다.

몇 차례 시험에 떨어지고 나니 이제는 포기하는 마음이 들게 되었다. '나는 능력이 없으므로 시험에 합격하지 못할 것이다.'라는 생각이 든 것이다. 이것은 1)번과 같이 '합격하지 못할 것이다.'는 생각을 받아들인 상태이다. 동시에 1-c)처럼 시험에 합격하기를 원한다는 생각이 없게 된다. 무엇인가 이루어지지 않을 것이라고 생각할 때는 그것을 원한다고 생각하지 않는다. 1)의 상태일 때 1-b)처럼 합격하기를 원하는 마음이 잠재의식에 존재한다. '합격하지 못할 것이다.'는 생각을 받아들임으로써 합격할 것이라는 생각이 없어지게 되었다. 따라서 무한대로 원하는 상태가 되었다. 합격하기를 무한대로 원할 때 시험에 합격하게 된다.

운명을 사랑하여 받아들일 때 운명을 개척하게 된다

포기하는 마음은 운명을 사랑하는 마음이다. '받아들임'은 다른 말로 '사랑'이다. 살다 보면 원하는 것이 이루어지지 않을 것 같은 생각이 자주 든다. 이때 '이루어지지 않는다면 그것도 운명이겠지.'라고 사랑하여 받아들이면 된다. 유무의 법칙에 의해, 운명에 순응할 때 운명을 개척할 수 있게 된다. 독일의 철학자 니체의 운명관을 나타내는 'Amor fati(아모르파티)'라는 용어가 있다. '자신의 운명을 사랑하라.'는 의미를 가진다. 이때 말하는 운명은 부정적 운명을 말한다. 긍정적 운명을 사랑하기는 매우 쉽다. 일반적으로 사랑하기 쉬운 것을 사랑하라고 말하지 않는다. 사랑하지 못하는 경향이 있는 것을 사랑하라고 말하게 된다. 우리는 일반적으로 받아들이지 못하는 경향이 있는 부정적 운명을 사랑할 필요가 있다.

부정적 운명은 원하는 것이 이루어지지 않을 것 같은 생각을 말한다. 우리는 부정적 운명을 거부하고 싶어 하는 마음이 있다. 그러나 다가올 부정적 운명을 거부할 때 그 운명이 현실화된다. 위에서는 '나는 능력이 없으므로 시험에 떨어질 것이다.'는 생각이 부정적 운명에 해당한다. 이 생각을 거부한다는 것은 '나는 시험에 합격할 것이다.'라고 생각한다는 뜻이다. 그때 시험에 떨어지게 된다. 그 부정적 운명을 사랑으로 받아들일 때 그 운명과 반대의 상황이 나타나게 된다. 시험에 합격할 능력이 없음을 사랑으로 받아들일 때만 시험에 합격할 능력이 생긴다.

우리는 '자기 사랑'을 할 필요가 있다. '자기 사랑'은 자신의 부정적 운명, 부족함을 사랑하는 것을 말한다. 우리는 자신의 부족함을 싫어하기도 한다. 그 부족함이 자신의 모습이 아닌 것처럼 생각하고 싶을 수 있다. 그 부족함을 받아들이면 그 부족함이 영원히 해결되지 않을 것 같은 생각도 든다. 그러나 부족함을 거부할 때 그 부족함이 계속 유지된다. 부족함을 사랑으로 받아들일 때 부족함이 채워지게 된다. 그 부족함이 영원히 사라지지 않는다고 하더라도 부족함을 사랑하는 것이 필요하다. 그때에만 그 부족함이 채워진다.

많은 것을 이룬 사람은 능력이 많아서 이룬 것이 아니다. 자신의 부족함을 사랑하여 받아들였기 때문에 이루어진 것이다. 훌륭한 가수가 된 사람은 자신이 훌륭한 가수가 되지 못할 수도 있음을 사랑으로 받아들였던 것이다. 시험에 합격한 사람은 자신이 시험에 합격하지 못할 수도 있음을 사랑으로 받아들였던 것이다. 사랑하는 사람을 만난 사람은 사랑하는 사람을 만나지 못할 수도 있음을 사랑으로 받아들였던 것이다. 무엇이든 이루어지지 않을 수도 있음을 사랑으로 받아들일 때만 이루어지게 된다. 지금까지 자신이 이룬 모든 것을 살펴보면 알 수 있다. 그것이 이루어지지 않을 수도 있음을 사랑하였기 때문에 이루어진 것이다.

법칙에 의하면, 부정적 운명을 사랑할 때 그 부정적 운명이 사라진다. 그렇다고 '부정적 운명을 사랑하면 그 운명이 당연히 사라질 것이다.'라고 생각하는 것은 효과가 없다. 그 부정적 운명이 평생 나타난다고 하더라도 사랑하는 것이 진짜 사랑하는 것이다. 그때에만 효과가 나타난다. 우리는 부정적 운명을 사랑함으로써 부정적 운명이 사라지기를 원하면 된다. 자신에게 어떤 괴로운 상황이 반복적으로 나타날 수 있다. 그것을 계속 거부하고 있기 때문이다. 부정적 상황이 나타나는 그 운명을 받아들이라는 우주(신)의 뜻이다. 우주가 주는 대로 받으면 된다. 받은 것이 마음에 들지 않더라도 거부하지 않고 받다 보면 자신이 원하는 것을 받게 된다. 거부하면 거부한 것을 계속 받게 된다.

시크릿을 찾는 유무력의 법기

06.
받아들인 것은 나와 일치되어 사라진다

나와 질병이 일치될 때 질병이 사라진다

자신의 특징 중에는 마음에 드는 것이 있고, 마음에 들지 않는 것이 있다. 그중에서 마음에 들지 않는 것이 문제이다. 마음에 들지 않는 특징을 거부하고 싶은 마음이 들기도 한다. '그것은 나의 특징이 아니야.'라고 생각하고 싶어하기도 하다. 그러나 그 마음에 들지 않는 특징을 거부한다면 그 특징은 계속 살아남아 나를 괴롭힌다. 그 특징을 받아들일 때 사라진다. 이때 받아들인다는 것은 받아들인 것이 나와 일치되는 과정이다. 나와 일치되기 때문에 사라지는 것이다.

감기몸살에 걸렸다가 회복된 경우를 생각해보자. 감기에 걸린 후에 '감기에서 곧 나을 것이다.'라고 생각할 수 있다. 그런데 시간이 지나도 감기는 낫지 않는다. 감기가 계속 악화되어 병원이나 약국에 가기도 한다. 병원이나 약국에 갔다는 것은 자신이 확실하게 감기에 걸려 있음을 인정한 것이다. 감기를 받아들인 것이다. 감기몸살에서 회복되기 전날의 밤을 돌이켜보자. 하고 있던 생각을 모두 내려놓고 감기에 걸려 있는 상태를 깊이 느끼게 된다. 감기를 앓는 것이다. 이것은 '나의 상태'와 '감기의 상태'가 일치되었음을 느끼는 것이다. 앞으로도 계속 감기에서 나을 것 같지 않아 매우 걱정이 되는 상태이다. 이렇게 내가 감기에 걸려 있음을 깊이 느낄 때 자신도 모르게 건강을 찾아간다.

'감기에서 곧 나을 것이다.'는 생각을 할 때로 돌아가 보자. 이것은 자신의 상태가 감기의 상태와 별개라고 생각한 것이다. 자신이 감기를 앓을 정도로 약하지 않은 상태라고 생각한 것이다. 유무의 법칙에 의해, 자신이 감기에 걸릴 정도로 약하지 않다고 생각할 때 감기에 걸릴 정도로 약한 상태가 된다. 감기에서 계속 낫지 않자 그 후 자신이 감기에 걸렸음을 인정하고 받아들이게 된다. 받아들임으로써 나와 감기가 일치되어가는 것이다. 자신이 감기에 걸린 존재라는 것을 충분히 느끼고 나면 감기에서 낫게 된다. 유무의 법칙에 의해서도, 감기에 걸린 모습이 나의 모습이라고 생각할 때 나의 모습이되지 않게 된다. 나와 일치된 것은 사라진다.

우리는 항상 자신도 그 질병에 걸릴 수 있음을 아는 것이 필요하다. '나는 그 질병에 걸릴 만큼 약하지 않아.'라고 생각할 때 그 질병이 자신에게 다가온다. 질병은 '나(질병)에게 도전장을 내미는구나.

네가 센지 내가 센지 해보자.'는 마음으로 나에게 다가온다. 만약 질병에 걸렸으면 '나는 그 질병에 걸릴 정도로 약하구나.'라고 생각하는 것이 필요하다. 질병을 무시하지 않고 존중하는 마음을 갖는 것이다. 질병은 자신의 지위를 획득할 때 사라지게 된다. 질병을 별것 아닌 존재로 생각한다면 질병은 나를 계속 괴롭힌다. 다음은 간암과 폐암을 모두 이겨낸 전 서울대 병원장 한만청 박사의 저서 『암과 싸우지 말고 친구가 돼라』에 나오는 이야기이다.

> 암은 벗어나려고 발버둥치면 칠수록 더 깊이 빠져드는 늪과 같았다. '그래, 우리 함께 사는 동안만이라도 잘 지내보자.' 싸운다고 해서 물러날 것이 아니라면 차라리 친구로 삼아버리자는 것이 내가 내린 결론이었다.

내가 암을 존중하기 전까지 암은 점점 자라나게 된다. 암을 존중하지 않는다는 것은 '내가 암을 이길 수 있다.'고 생각한다는 뜻이다. 암을 포함한 모든 질병은 내가 떼어내려 한다고 떨어져 나가는 존재가 아니다. 내가 그 질병에 걸릴 만큼 약한 존재라는 것을 인정하는 것이 필요하다. 그렇게 생각하면 그 질병이 사라지지 않을 것 같은 생각이 든다. 그 생각 속에서 나와 질병이 일치되어간다. 질병이 사라지지 않을 것 같은 생각 속에 있을 때 질병이 사라지길 진심으로 원하는 마음이 생긴다. 그 마음이 질병을 낫게 해준다. 나와 질병이 온전히 일치될 때 그 질병이 사라진다.

일치된다는 것은 질병의 진동과 나의 진동이 맞춰지는 것이다. 질병의 진동이 내 온몸을 휘감도록 허용하는 것이다. 그러면 처음에는 소름 끼치는 느낌이 날 수도 있다. 징그럽다는 느낌이 들 수도 있다. 그러나 그것을 받아들여 질병과 내가 완전히 일치되면 더 이상 그런 느낌은 들지 않는다. 우리는 변화와 차이만을 느낄 수 있는 존재이기 때문이다. 질병이 느껴진다는 것은 내가 질병과 일치되지 않았다는 뜻이다. 내가 질병과 일치되면 나와 질병은 같은 존재이기 때문에 질병이 더 이상 느껴지지 않는다. 그때 질병이 사라지게 된다. 그 어떤 것이든 나와 일치된 것은 더 이상 느낄 수 없다. 그것을 느낄 수 없을 때 그것이 사라진다.

'왜 나만 그 질병에 걸려야 해?'라고 생각이 들 수도 있다. 그러나 질병에 걸리지 않은 사람은 그 질병에 걸릴 수 있음을 이미 받아들인 사람이다. '나는 그 질병에 걸리지 않는다.'라고 생각하는 사람이 그 질병에 걸리게 된다. 질병을 무시할 때 질병이 다가온다. 질병은 자신을 만만히 보는 사람에게 다가간다. 질병을 존중하는 마음을 가져야 한다. 동시에 질병에 걸린 자신을 사랑하는 마음을 갖는 것이 필요하다. '내가 질병에 걸렸어도 나를 사랑합니다.'

나와 가난이 일치될 때 가난이 사라진다

질병뿐만 아니라 마음에 들지 않는 것은 무엇이든 같은 원리에 의해 사라진다. 경제적 가난도 나와 일치될 때 사라진다. 가난한 상태가 걱정인 사람은 지금 자신이 가난하다고 느낀다는 뜻이다. 가난한 상태를 느낀다는 것은 내가 가난과 일치되어 있지 않다는 뜻이다. 나와 일치되어 있지 않은 것은 느껴지게 된다. 통장의 남은 금액을 확인하다가 가난을 느낄 수 있다. 사고 싶은 물건을 사지 못하는 상황에서 가난을 느낄 수 있다. 누군가가 자신의 가난한 상태를 일깨우는 말을 하기도 한다.

가난한 상태를 느낄 때마다 그것을 받아들이면 된다. '나는 가난한 사람이다. 그리고 가난에 약한 사람이다.'라고 생각하는 것이다. 그러면 질병을 받아들이는 것과 마찬가지로 가난이 나와 일치되어 간다. 내가 가난의 진동에 맞추어서 진동하는 것이다. 일치된 만큼은 느껴지지 않게 된다. 우리는 변화만을 느끼는 존재이다. 가난을 받아들일수록 가난을 느끼는 횟수가 점점 줄어든다. 통장의 남은 금액이 적더라도 별 감흥이 없게 된다. 금액이 적은 것이 당연하다고 생각하기 때문이다. 물건을 사지 못해도 불편한 느낌이 없다. 원래 그런 줄 아는 상태이기 때문이다.

다른 사람이 나의 가난을 일깨우는 말도 하지 않게 된다. 나와 일치된 부분은 남이 나에게 말하지 않는다. 나와 일치된 만큼은 그 어떤 느낌도, 어떤 생각도 들지 않게 된다. 그렇게 가난을 계속 받아들이면 앞으로도 지금과 같은 상태가 유지될 것이라는 생각이 든다. 그러면서 가난하지 않은 상태를 원하는 마음이 잠재의식 속에 존재하게 된다. 잠재의식 속 그 원하는 마음이 가난을 벗어나게 해준다. 내가 먼저 가난을 벗어나려 할 때 가난은 나를 계속 괴롭힌다. 내가 가난을 이길 수 있다고 생각할 때 가난이 나에게 도전장을 내밀 것이다. 가난을 친구로 생각할 필요가 있다. 가난을 원하지 않는다고 생각하고 있다면 가난을 원한다고 생각하라. 그때 자신도 모르게 부유해지기를 원하는 마음이 자라난다.

처음에 가난을 받아들이는 것은 쉬운 일이 아니다. 처음 자신을 가난한 존재로 규정할 때는 많이 힘들었을 것이다. 자신을 남보다 아래에 있는 존재로 생각해야 하기 때문이다. 그럼으로써 괴로움을 느끼게 된다. 다른 사람들은 이미 재산도 많고 소비도 많이 하는데 나만 가난하다고 생각해야 하기 때문이다. 만약 '왜 나만 가난해야 해?'라고 생각한다면 가난을 거부하는 것이다. 그러면 가난은 사라지지 않는다. 가난이 평생 사라지지 않는다고 하더라도 사랑으로 받아들이는 것이 필요하다. '내가 가난하더라도 나를 사랑합니다.'

그 외에 마음에 들지 않는 것도 나와 일치될 때 사라진다

평소에 자신도 모르게 거부하고 있는 것들이 많이 있다. 마음에 들지 않는 것이 반복적으로 나타난다면 자신도 모르게 거부하고 있다는 뜻이다. 싫어하는 마음이 들어 거부하던 것들을 사랑하는 마음이 필요하다. 그때 그것을 받아들이는 느낌이 난다. 심하게 거부하고 있던 것을 받아들이게 되면 소름 끼치는 느낌이 들기도 한다. 그것을 받아들이면 자신이 작아지는 느낌도 난다. 그것과 일치되어 가는 것이다. 그것과 내가 일치되면 그것이 더 이상 나타나지 않게 된다. 거부하고 있던 것을 그냥 받아들이려고 하면 잘 받아들여지지 않을 수 있다. 그때는 '사랑합니다.'를 하면서 받아들이면 된다.

자신의 외모가 불만이라면 '나의 외모를 사랑합니다.' 또는 '나의 외모가 마음에 들지 않아도 나를 사랑합니다.'라고 해보자. 외모가 훌륭하지 않아도 사랑할 줄 알 때만 훌륭한 외모를 갖게 된다. 평생 외모가 훌륭하지 않다고 하더라도 사랑하여 받아들이는 것이 필요하다. 예를 들어 성형수술을 한다고 해보자. 지금의 외모를 사랑하지 못하면 수술 후에도 외모에 문제가 발생한다. 수술 후 심한 부작용이 발생하는 것도 자신의 외모를 사랑하지 못하기 때문이다. 수술 후의 외모를 사랑할 수 있으려면 수술하기 전의 외모도 사랑할 수 있어야 한다.

물론 수술을 해야만 외모가 훌륭해지는 것은 아니다. 수술 없이 도 외모가 훌륭해지는 사람은 주위에 많다. 훌륭하지 않은 외모를 가진 자신을 사랑할 때 그것이 가능해진다. 지식을 외우는 능력이 부족하다고 해보자. 이 능력을 향상시키는 방법은 이 능력의 부족함을 사랑하는 것이다. '내가 외우는 능력이 부족해도 나를 사랑합니다.'라고 해보자. 태어날 때부터 잘 외우는 사람은 아무도 없다. 이미 외우는 것을 잘하는 사람은 외우는 능력이 부족함을 사랑하고 있는 사람이다. 부족함을 싫어하지 않고 사랑으로 받아들일 때 해결이 된다.

마음에 들지 않는 특징이나 부족함을 사랑으로 받아들일 때 그것이 해결되어 간다. 사랑으로 받아들인다는 것은 그것과 내가 일치되어간다는 뜻이다. 질병에 걸리게 되었다면 질병을 사랑으로 받아들임으로써 질병과 내가 일치된다. 그때 질병이 사라진다. 질병을 거부한다면 질병은 자신을 계속 괴롭힌다. 가난한 상태라면 가난을 사랑으로 받아들이는 것이 필요하다. 그러면 나와 가난이 일치되어가고 점점 가난이 느껴지지 않게 된다. 그때 실제로 가난에서 벗어나게 된다. 자신에게 부족한 것이 있다면 그 부족함을 사랑으로 받아늘이는 것이 필요하다. '나에게 부족한 것이 있어도 나를 사랑합니다.'

07.
인생의 모든 문제가 문제인 이유는
기저 생각이 나타나기 때문이다

문제가 문제인 이유는 기저 생각 때문이다

인생에는 무수히 많은 문제가 나타난다. 그 문제들에는 공통점이 있다. 문제들은 모두 기저 생각이다. 이루어지지 않을 것 같기 때문에 문제가 된다. 그 외의 문제는 사실상 없다. 몸이 아프다고 해보자. 우리는 몸이 아픈 것이 문제라고 생각한다. 그런데 몸이 아픈 것 자체가 문제는 아니다. 지금 몸이 아픈데 3초 뒤에 몸이 깨끗하게 나을 것임이 보장되어 있다고 가정해보자. 그러면 지금, 이 순간 몸이 아픈 것은 문제가 되지 않는다. 앞으로도 몸이 낫지 않을 것 같기 때문에 문제가 되는 것이다.

지금 가난하다고 해보자. 지금 가난한 것 자체가 문제는 아니다. 지금 가난하더라도 앞으로 원하는 돈을 벌 수만 있다면 아무런 문제가 없다. 단지 앞으로도 원하는 돈을 벌 수 없을 것 같기 때문에 문제가 된다. 어떤 고등학생이 이번 시험을 잘 못 봐서 걱정하고 있다고 해보자. 그런데 시험 성적이 낮은 것 자체가 문제는 아니다. 원하는 대학교에 진학하거나 원하는 삶을 사는 것이 보장되어 있다면 전혀 문제가 없다. 단지 원하는 대학교에 진학하지 못하거나 원하는 삶을 살지 못할 것 같기 때문에 문제가 된다.

따라서 현재 상태 자체보다는 원하는 것이 '이루어지지 않을 것 같다.'는 기저 생각이 문제이다. 그런데 기저 생각을 받아들일 때만 원하는 것이 이루어진다. 몸이 아픈 상태라면 '몸이 낫지 않을 것 같다.'는 생각을 받아들일 때만 몸이 낫게 된다. 지금 가난한 상태라면 '가난이 해결되지 않을 것 같다.'는 생각을 받아들일 때만 해결된다. 기저 생각이 문제인데, 기저 생각을 사랑으로 받아들일 때만 문제가 해결된다. 문제를 사랑함으로써 문제가 해결되는 것이다. 그 외에 문제를 해결하는 방법은 없다.

기저 생각은 원하는 마음을 가질 때 나타난다. 이루어지기를 원할 때 이루어지지 않을 것 같은 생각이 든다. 따라서 모든 문제는 원하는 마음 때문에 나타난다. 몸이 아픈 것이 문제라면 몸이 아프지 않기를 원하기 때문이다. 가난한 것이 문제라면 가난하지 않기를 원하기 때문이다. 원하는 마음 1개당 문제점 1개가 동시에 존재한다. '유(有)'와 '무(無)'가 동시에 존재하는 것과 같다. 아무것도 원하지 않는다면 문제는 전혀 나타나지 않는다. 그러나 우리는 무엇인가를 계속 원하게 된다. 그래서 문제점이 나타나는 것은 어쩔 수 없다. 그 문제점을 사랑하여 받아들이는 것이 원하는 것을 이루는 방법이다.

　자신의 문제점을 사랑하는 것을 실천한다고 해보자. 문제를 사랑하려고 하니 또 다른 기저 생각이 떠오른다. 문제를 사랑하려고 하니 문제가 계속 유지될 것 같다는 생각이 든다. 자신의 어떤 성격이 불만이라고 해보자. 그 성격을 고치고 싶은 마음이 있다. 이 성격이 유지되는 이유는 그 성격을 스스로 싫어하고 거부하기 때문이다. 그 성격을 고치는 방법은 그 성격을 사랑하여 받아들이는 것이다. 그래서 자신의 그 성격을 사랑하여 받아들이려고 하였다. 그랬더니 그 성격이 더 유지될 것 같다는 생각이 드는 것이다. 이때 그 생각도 받아들이면 된다. '내 성격이 유지되겠구나.'라고 생각하면 된다. 그때 성격이 개선될 수 있다. 첫 번째 의미의 측정을 함으로써 사라지게 된다.

원하는 마음은 신경쓰는 마음이다

　기저 생각을 받아들이면 원하는 마음이 유지되는 상태가 된다. 이 상태는 다른 말로 신경쓰는 상태이다. 원하는 마음은 신경쓰는 마음과 같다. 신경 쓸 때 이루어진다. 감기에서 회복되는 것에 신경 쓸 때 감기에서 회복된다. 감기에 걸리지 않는 것에 신경 쓸 때 감기에 걸리지 않게 된다. 감기에 걸리지 않은 상태라면 감기에 걸릴 수도 있음을 받아들이는 것이 필요하다. 그때 감기에 걸리지 않는 것에 신경쓰는 상태가 된다. 그 마음이 감기에 걸리지 않도록 해준다.

포기하는 마음을 갖는 것은 기저 생각을 받아들이는 마음과 같다. '이루어지지 않을 것이다.'는 생각을 받아들임으로써 포기하는 상태가 된다. 우리는 포기함으로써 더 이상 신경쓰지 않는다고 생각한다. 본인이 생각하기에 포기함으로써 더 이상 신경쓰지 않는 상태가 되는 것은 맞다. 그러나 포기함으로써 실제로 가장 신경쓰고 있는 상태가 된다. '이루어지지 않을 것이다.'는 생각을 받아들임으로써 가장 신경쓰는 상태가 된다. 잠재의식 속에는 신경쓰는 마음인 원하는 마음이 작동하고 있다.

오히려 포기하지 못하고 있는 상태가 신경쓰지 않는 상태이다. 포기하지 못한다는 것은 그것을 이루기 위해 노력한다는 뜻이다. 포기하지 못해서 어떤 행동을 계속하게 된다. 앞에서 아기를 갖는 것을 포기할 때 아기가 생긴다고 하였다. 아기를 갖는 것을 포기하지 못할 때로 돌아가 보자. 오히려 이때 많은 행동을 하게 된다. 아기를 갖기 위해 큰 노력을 기울인다. 그런데 '내가 이렇게까지 행동했으니 아기가 생기겠지.'라고 생각하게 된다. '아기가 생기겠지.'라는 생각을 함으로써 오히려 방치하는 상태가 된다. 아기가 생길 것이니까 신경쓰지 않아도 되는 상태가 된다. 신경쓴다고 생각하면서 행동하지만 잠재의식 속에서는 신경쓰지 않는 것이다.

반대로 '이루어지지 않을 것이다.'는 생각을 할 때 오히려 신경쓰게 된다. 생각으로는 포기했지만, 잠재의식은 포기하지 않고 신경쓰고 있다. 잠재의식과 표면의식은 서로 반대이다. 내가 포기함으로써 잠재의식은 포기하지 않는 상태가 된다. 나는 생각으로 포기를 함으로써 아무 행동도 하지 않게 된다. 그때 잠재의식 속에 신경쓰는 마음인 원하는 마음이 존재하게 되어 이루어지게 된다. 그래서 무위자연(無爲自然)이 된다. 포기한 상태에서 행동하지 않을 때가 잠재의식이 가장 신경쓰고 있다. 잠재의식의 작용으로 이루어지게 된다.

'그렇다면 아무 행동도 하지 않으면 이루어지는가?'라고 질문할 수도 있다. 일부러 아무 행동을 하지 않는 것도 행동하는 것이다. '무위(無爲)'라는 것은 움직임이 없다는 뜻이 아니다. 운명을 받아들여 포기하는 상태가 될 때를 말한다. 이때 행동이 줄어들기도 한다. 그러나 행동을 아예 하지 않는 것도 아니다. 어떤 행동을 하기를 원하는 마음이 들면 그 행동을 하는 것이 '무위(無爲)'이다. '오늘따라 왠지 이 길로 가고 싶다.'는 생각이 들 때 그 길로 가는 것을 말한다. 우주가 알려주는 영감에 따라 행동하는 것이 '무위(無爲)'이다. 영감에 따르는 행동이란 '그 행동을 한다고 해서 원하는 것이 이루어지는 것은 아니다.'라는 생각임에도 하고 싶은 마음이 드는 행동을 하는 것을 말한다.

이루어질 것이라는 생각이 없을 때만 이루어진다. 그래서 포기하려는 마음을 실천한다고 해보자. 포기하려는 마음을 가지려는데 포기하는 마음이 들지 않는 경우도 있다. 도저히 포기하는 마음이 생기지 않는 것이다. 그럴 때는 포기하지 못하는 마음을 거부하지 말고 받아들이는 것이 필요하다. 포기하는 마음을 갖는 것을 포기하는 것이다. 그때 자신도 모르게 포기하는 마음을 자연스럽게 가질 수 있게 된다. 포기하지 못함을 싫어하고 거부한다면 계속 포기하지 못하게 된다. 포기하지 못해 이루어지지 않는다고 하더라도 그것을 사랑으로 받아들이는 것이 필요하다. 그것이 진짜 포기하는 것이다.

인생에 문제점이 나타나는 이유는 무엇인가를 원하고 있기 때문이다. '유(有)'를 원할 때 '무(無)'가 문제점이 된다. 그 문제점이 계속 유지될 것 같은 생각이 들 때 그 생각을 사랑으로 받아들이면 된다. 그러면 문제를 해결하는 것을 포기하는 상태가 된다. 그때 문제가 해결되는 것에 가장 신경쓰는 상태가 된다. 생각으로는 포기했지만, 잠재의식은 가장 신경쓰고 있다. 신경쓰는 마음인 원하는 마음에 의해 그 원하는 것이 이루어지게 된다. 무엇인가 이루어지지 않고 있다면 그것을 이루는 것을 포기하지 못하는 상태이나. 그것이 자신에게 이루어지지 않을 수도 있음을 받아들이는 것이 필요하다.

08.
자신에게 이루어진 것이 자신의 본질인 것처럼 생각하면 사라지게 된다

긍정적 운명도 받아들이면 사라진다

'사랑'은 받아들인다는 의미를 갖는다. 무엇인가를 사랑하여 받아들이면 사라지게 된다. 부정적 운명이 느껴질 때 그것을 사랑하여 받아들이는 것이 필요하다. 그때에만 그 부정적 운명이 사라질 수 있다. 그렇다면 '긍정적 운명을 사랑해도 사라지는가?'라고 질문할 수도 있다. 그렇다. 긍정적 운명을 사랑해도 사라진다. 우주는 좋은 것과 나쁜 것을 차별하지 않는다. 그래서 마음에 드는 것과 마음에 들지 않는 것이 모두 존재한다. 지금의 좋은 상황이 미래에도 유지될 것이라고 생각할 때 유지되지 않게 된다.

무엇인가를 사랑으로 받아들이면 그것이 나의 본질이라고 생각하게 된다. 살다 보면 어떤 미래가 나타날 것임이 느껴질 수 있다. 떠오른 그 미래를 받아들인다는 것은 그 미래가 나의 본질이라고 생각한다는 뜻이다. 떠오른 그 미래를 나의 본질로 규정한 것이다. 어떤 대상의 본질을 규정한다는 것은 '본질'과 '대상'을 일치시킨다는 뜻이다. 그 미래가 나의 본질이라고 생각한다면 그 미래와 나를 일치시키는 것이다. 나에게 그 미래가 나타날 것이므로 그 미래와 나는 같은 존재가 되는 것이다. 일치된 것은 사라지게 된다. 나와 일치된 본질은 사라져 나타나지 않는다. 이것은 마음에 드는 쪽과 마음에 들지 않는 쪽 모두에 해당한다.

'나는 건강하므로 당연히 질병에 걸리지 않을 것이다.'라고 생각할 수 있다. 미래에도 건강한 상태일 것임을 사랑하여 받아들인 것이다. '건강'이라는 본질과 '나'라는 대상을 일치시켰다. 나와 일치된 것은 사라지게 된다. '나는 건강할 것이다.'고 본질을 규정하면 〈건강함〉에서 〈허약함〉으로 향하는 유무력이 작동한다. 그 결과 허약한 상태로 바뀌게 된다. 실제로 건강한 사람은 오히려 자신이 허약하다고 생각한다. 자신이 허약하다고 생각할 때 건강하기를 원하는 마음이 생긴다. 그 마음이 존재할 때 건강하게 된다. 인생은 원하는 마음에 의해 진행되기 때문이다.

지금까지 오랫동안 건강했다 하더라도 마찬가지다. '지금까지 건강했으므로 앞으로도 건강할 것이다.'고 생각할 수 있다. 이것은 '지금까지 건강했으므로 나는 본질이 건강하다고 볼 수 있다. 건강은 나의 본질이므로 앞으로도 건강할 것이다.'와 같은 생각이다. 본질을 규정하면 그 본질이 사라지게 된다. 그리고 과거의 건강이 미래의 건강을 보장하지 않는다. 내일 당장 건강을 잃을 수 있는 것이 인생이다. 이것을 알 때 건강하기를 원하는 마음이 생기게 된다. 건강에 신경쓰는 상태가 되는 것이다. 그때 건강해질 수 있다.

과거에 잘 되던 방법도 미래에는 되지 않을 수 있다. 자신이 건강을 위해 행동한 것이 있을 수 있다. 예를 들어 자신이 매주 2회씩 10년 동안 자전거를 탔다고 해보자. 10년간 건강한 상태가 유지된 것이다. '어쩜 그렇게 오랫동안 건강할 수 있어요?'라는 칭찬의 말을 듣기도 했다. 그래서 자전거를 타는 것이 건강의 비결이라고 생각하게 되었다. 그렇다 하더라도 자전거를 타는 것이 건강을 보장해주지 못한다. 유무의 법칙에 의해, 앞으로 자전거를 탐으로써 건강할 것이라고 단정지어 생각할 때 자전거를 타도 건강하지 않게 된다. 지금까지 항상 적용됐던 방법이라 할지라도 미래를 보장해주지 못한다.

'나는 자전거를 타므로 앞으로도 계속 건강할 것이다.'라고 생각하면 '붕 뜬 기쁨'이 느껴진다. 그때 자전거를 타다가 넘어져 사고가 날 수도 있다. 사고는 항상 붕 뜬 기쁨을 느낄 때 나타난다. 또는 예상치 못한 다른 방식으로 건강하지 않은 상태가 될 수 있다. 자전거를 타더라도 언제든지 건강을 잃을 가능성이 있다는 것을 아는 것이 필요하다. 자전거를 탐으로써 건강하기를 원하는 마음을 갖는 것이다. 그 어떤 운동이라도 마찬가지다.

자신에게 이루어진 것이 자신의 본질이라 생각할 때 사라지게 된다

이루어진 것이 자신의 본질이라 생각할 때 사라지게 된다. 좋은 것이든 나쁜 것이든 자신의 본질로 규정하면 그것은 사라진다. 이루어진 것이 자신의 본질이라고 생각한다는 것은 그것이 사라지지 않을 것이라고 생각한다는 뜻이다. 예를 들어 자신이 높은 직책에 올랐다고 해보자. 그 직책에 오른 것이 자신의 본질이라고 생각할 수 있다. 이것은 '이 직책에 올라온 것은 내 능력이다. 따라서 그 직책을 당연히 잃지 않을 것이다.'라고 생각하는 것과 같다. 이것은 이 직책과 나를 일치시키는 것과 같다. 일치된 것은 사라지게 된다.

유무의 법칙에 의해서도, '그 직책에 오른 것이 나의 능력이다.'라고 생각할 때 그것이 나의 능력이 아님을 깨닫는 상황이 발생한다. 그 직책에 오른 것이 나의 능력이라고 생각할 때 붕 뜬 기쁨이 느껴진다. 그때 그 직책에서 내려오게 되는 상황이 발생할 수 있다. 자신에게 이루어진 것은 자신의 능력이 아니다. '자신이 아닌 존재'에 의해 이루어졌다고 생각하는 것이 필요하다. 자신이 아닌 존재를 다른 사람 또는 우주라고 생각해도 좋고 신(GOD)이라고 생각해도 좋다. 그러면 그 직책에 오른 것에 감사하는 마음이 든다. 그러한 마음일 때 그 직책에 계속 머물러 있을 수 있다.

사랑하여 받아들이면 사라지게 된다. 그렇다면 '지금까지 이루어진 것을 사랑하지 말라는 뜻인가?'라고 질문할 수 있다. 이루어진 것이 사라질 수 있음을 아는 상태라면 이루어진 것을 사랑하는 것이 좋은 효과를 갖는다. 이루어진 것이 사라질 수 있을 가능성을 받아들이는 효과를 갖게 된다. 그때 그것은 계속 유지될 수 있다. 그러나 이루어진 것이 사라지지 않을 것이라고 생각하면서 사랑하는 것은 그것을 사라지게 만든다.

살다 보면 과거에 갖고 있던 것을 잃게 되는 경우도 있다. 그 이유는 '그것이 당연히 사라지지 않을 것이다.'라고 생각하면서 신경 쓰지 않고 있었기 때문이다. 그런데 갖고 있던 것이 사라졌다고 해서 꼭 불행한 삶을 사는 것은 아니다. 이제부터 또 다른 삶을 살기 위해 갖고 있던 것을 놓아 보내준 것일 수 있다. 새로운 삶을 위해 잠재의식이 그것이 유지되는 것에 신경쓰지 않은 것이다. 처음에 그것을 잃었을 때는 매우 괴로울 수 있다. 하지만 오랜 시간이 흘러 과거를 돌이켜본다면 그것 또한 잠재의식(=우주=신)의 뜻이었음을 알 수 있다. 인생의 흐름은 지금 판단할 수 없다. 오랜 시일이 흘러야 판단이 된다.

부정적 운명뿐만 아니라 긍정적 운명도 사랑하여 받아들일 때 사라지게 된다. 자신의 미래가 당연히 건강할 것이라는 것을 받아들이면 건강을 잃어가게 된다. 지금까지 계속 건강했다 하더라도 마찬가지다. 과거의 건강이 미래를 보장하지 않는다. 지금까지 계속 꾸준히 운동해서 건강했다 하더라도 마찬가지다. 그 운동이 미래의 건강을 계속 보장하지는 않는다. 자신에게 이루어진 것이 자신의 본질인 것처럼 생각해도 그것은 사라지게 된다. 이루어진 것은 자신의 능력 때문에 이루어진 것이 아니다. 우주가 이루어준 것이다. 그것을 알 때 이루어진 것이 유지되기를 원하는 마음이 생긴다. 그 마음이 존재할 때 그것이 유지될 수 있다.

시크릿을 찾는 유무력의 법칙

PART
05

실천 적용편, 감사합니다, 미안합니다의 힘

감사함은 '무(無)'를 받아들일 때 느껴지는 감정이다

우리는 감사함을 갖는 것이 중요하다는 이야기를 많이 듣는다. 『시크릿』에서는 '감사하기'를 원하는 것을 이루는 강력한 도구로 설명하고 있다. 『호오포노포노의 비밀』에서도 4가지의 중요한 말에 '감사하기'가 포함되어 있다. 그 외에도 감사의 중요성은 수없이 많이 언급되고 있다. 감사하기가 중요한 이유는 감사함의 감정이 원하는 마음과 관련 있기 때문이다. 인생은 잠재의식 속 원하는 마음에 의해서만 진행된다. 그런데 감사함은 원하는 마음이 잠재의식 속에 저장되어 있을 때만 느껴진다. 그래서 감사함이 느껴진다면 이루어지게 된다. 감사함이 느껴지지 않는 것은 이루어지지 않는다.

앞에서 '사랑합니다.'의 의미를 살펴보았다. 먼저 이에 대해 간단히 정리해보자. 사랑은 받아들임의 의미이다. 사랑하여 받아들인 것은 나와 일치되어 사라진다. '무(無)'를 사랑하여 받아들이면 '무(無)'가 나와 일치된다. 동시에 '무(無)'에서 '유(有)'를 향하는 유무력이 발생한다. 그 유무력은 '유(有)'를 원하는 마음과 같다. 그 결과 '유(有)'가 현실화된다. 인생에 마음에 들지 않는 것이 있을 수 있다. 그것이 사라지기를 원하는 마음이 있을 것이다. 그때 그것이 사라지지 않을 수 있음을 사랑하여 받아들이면 된다. 그럼으로써 그것이 나와 일치되어 사라지게 된다.

이제 감사의 의미를 살펴보자. 운전하는데 저쪽에서 트럭이 다가오고 있다. 부딪힐 것 같은 상황이다. 그러나 다행히 부딪히지 않았다. 정말 아슬아슬하게 다가오는 트럭을 피할 수 있었다. 이때 감사함을 느낄 것이다. 여기에서 감사함을 느끼는 이유는 트럭을 피했기 때문이다. 조금 더 명확하게 말하면, 트럭을 피하지 못할 수도 있었는데 트럭을 피했기 때문이다. 다른 말로 바꾸면, 다칠 수도 있는 상황이었는데 다치지 않았기 때문이다. 또 다른 말로 바꾸면, 〈다치다-다치지 않다〉의 유무요소에서 〈다치다〉가 현실화될 뻔했는데 〈다치지 않다〉가 현실화되었기 때문에 감사함이 느껴지는 것이다.

오랫동안 직장을 구하지 못하고 있었다. 친구들은 취직을 잘하는데 나만 못하고 있다는 생각이 들었다. 어느 날 괜찮은 회사의 면접을 볼 기회가 생겼다. 그 후 합격 통보를 받게 되었다. 이때 감사함이 느껴질 수 있다. 괜찮은 회사에 취직했기 때문이다. 더 구체적으로 말하면, 취직하지 못할 수도 있었는데 취직을 했기 때문이다. 〈취직함-취직하지 않음(못함)〉의 유무요소에서 〈취직하지 않음(못함)〉이 계속 현실화될 수도 있었는데 〈취직함〉이 현실화되어 감사함이 느껴지는 것이다.

결혼을 오랫동안 하지 못하고 있었다. 인생을 함께할 사람이 전혀 나타나지 않았기 때문이다. '나는 결혼할 운명이 아닌가 보다.'라고 생각하게 되었다. 그런데 어느 날 갑자기 마음에 드는 사람이 나타나게 되었다. 그 사람과 결혼을 하게 되었다. 이때 감사함이 느껴질 수 있다. 감사함이 느껴지는 이유는 결혼하지 못하고 있었을 수도 있었는데 결혼을 하게 되었기 때문이다. 〈결혼함-결혼하지 않음(못함)〉의 유무요소에서 〈결혼하지 않음(못함)〉이 계속 현실화되고 있었을 수도 있었는데 〈결혼함〉이 현실화되었기 때문에 감사함이 느껴지는 것이다.

이 3가지를 간단하게 말하면, 원하는 것이 이루어지지 못할 수도 있었는데 이루어졌기 때문에 감사한 것이다. 다시 말해, '무(無)'가 나타날 수도 있었는데 '유(有)'가 나타나게 되어 감사한 것이다. 여기에서 '무(無)'가 나타날 수도 있었음을 생각했다. 이것은 '무(無)'가 나타날 수 있음을 '받아들인' 것이다. '무(無)'가 나타날 수 있음을 받아들였기 때문에 감사한 마음이 든다. '무(無)'가 나타날 수 있음을 받아들이지 않는다고 해보자. 이것은 원하는 것이 당연히 이루어질 것이라고 생각한다는 뜻이다. 당연히 이루어질 것이라고 생각하고 있을 때 이루어진다면 감사함이 느껴지지 않는다.

'무(無)'를 받아들이는 것은 '유(有)'를 현실화시키는 데 필수조건이다. '무(無)'를 받아들인 상태에서 '유(有)'를 원하고 있을 때 '유(有)'가 현실화된다. 이것이 유무의 법칙이다. 그런데 '무(無)'를 받아들였을 때만 감사함이 느껴진다. '무(無)'를 받아들인 상태에서 '유(有)'를 원하고 있을 때 '유(有)'가 이루어짐에 감사함이 느껴진다. 따라서 유무의 법칙의 상태와 감사함이 느껴지는 상태는 같은 상태이다. 따라서 인생이 항상 유무의 법칙에 의해 흘러간다면 감사함이 느껴지는 것은 이루어지게 된다.

감사함이 느껴지는 상태는 무한대로 원하는 상태와 같다

우리는 일반적으로 미래의 일이 아닌 과거의 일에 감사함이 느껴진다고 생각한다. 방금 트럭에 부딪히지 않았기 때문에 감사함이 느껴진다고 생각한다. 취직하게 되어 감사함이 느껴진다고 생각한다. 결혼하게 되어 감사함이 느껴진다고 생각한다. 그러나 과거의 일을 통해 감사함을 느꼈어도 감사함은 미래를 향하는 감정이다. 감사함이 느껴지는 것은 항상 미래와 관련이 있다. 그 이유를 알아보기 위해 트럭에 부딪히지 않게 된 상황으로 돌아가 보자.

‘트럭을 피해 다치지 않게 된 사건’ 때문에 감사함을 느낀다고 생각할 수 있다. 그런데 그 사건 자체 때문에 감사함이 느껴진 것이 아니다. 자신의 미래에 대한 ‘원하는 마음’ 때문에 감사함이 느껴진 것이다. 방금 전에 트럭을 피해 다치지 않은 사건이 일어났다. 그런데 이제는 트럭에 부딪혀서 다치고 싶다고 가정해보자. 물론 트럭에 부딪히고 싶은 사람은 없지만, 가정해서 생각해보는 것이다. 이제 트럭에 부딪히고 싶다면 조금 전에 트럭을 피한 것에 감사함이 느껴지지 않게 된다. 트럭에 부딪히는 것이 더 나았던 상황이기 때문이다. 따라서 방금 전에 트럭을 피한 것에 감사함이 느껴지는 이유는 ‘트럭에 부딪히고 싶지 않은 마음’이 지금 존재하기 때문이다.

취직하게 되어 감사함이 느껴진다고 생각할 수 있다. 그런데 직장생활을 전혀 하고 싶지 않다고 가정해보자. 그러면 취직하게 된 것에 감사함이 느껴지지 않게 된다. 앞으로 직장생활을 하고 싶을 때만 취직한 것에 감사함이 느껴지게 된다. 결혼하게 되어 감사함이 느껴진다고 생각할 수 있다. 그런데 결혼생활을 하고 싶지 않다면 결혼을 한 것에 감사함이 느껴지지 않게 된다. 앞으로 결혼생활을 하고 싶을 때만 결혼한 것에 감사함이 느껴지게 된다. 과거의 사건에 감사함이 느껴졌어도 그 감사함은 미래를 향하는 ‘원하는 마음’에 의해 결정된다.

따라서 감사함은 항상 미래와 관련이 있다. 원하고 있을 때만 그것에 감사함이 느껴진다. 무엇인가 감사하다는 것은 그것이 앞으로 이루어지기를 원한다는 뜻이다. 잠재의식 속에 '원하는 마음'이 존재하고 있을 때만 감사함이 느껴진다. 앞에서 인생은 항상 무한대로 원하고 있을 때만 이루어진다고 하였다. 무한대로 원한다는 것은 당연히 이루어질 것이라는 생각이 전혀 없이 원하는 것을 말한다. 따라서 이루어지는 데에는 2가지의 조건이 필요하다. 첫 번째, 그것이 이루어지기를 원하고 있어야 한다. 두 번째 그것이 당연히 이루어질 것이라는 생각이 전혀 없어야 한다. 감사함이 느껴지는 상태는 2가지 조건에 모두 충족된다.

위의 설명처럼 감사함이 느껴진다는 것은 그것이 이루어지기를 원한다는 뜻이다. 따라서 첫 번째 조건을 충족한다. 두 번째 조건도 충족한다. 감사함이 느껴질 때는 그것이 이루어질 것이라고 전혀 생각하지 않기 때문이다. 다치지 않은 것에 감사함이 느껴질 때 '나는 당연히 다치지 않을 것이다.'라고 생각하지 않는다. 취직을 한 것에 감사함이 느껴질 때 '나는 직장생활을 당연히 하게 될 것이다.'라고 생각하지 않는다. 따라서 감사함이 느껴지는 상태는 무한대로 원하고 있는 상태와 같다. 무한대로 원하는 것은 이루어지므로 감사함이 느껴지는 것도 이루어진다.

트럭을 피할 수 있었던 이유는 다치지 않는 것에 감사함이 느껴지는 상태였기 때문이다. 실제로 엄청나게 큰 교통사고를 당해도 다치지 않고 멀쩡한 상황이 나타나기도 한다. 다치지 않는 것에 감사함이 느껴지는 상태이기 때문이다. 그러나 안전 운전을 하는 것에는 감사함이 없었던 것이다. 그 결과 교통사고가 나면서 다치지 않게 되었다. 교통사고가 나지 않는 것에도 감사함이 느껴지는 상태였다면 교통사고도 나지 않게 된다. 취직을 할 수 있었던 이유는 직장생활을 하는 것에 감사함이 느껴지는 상태였기 때문이다. 만약 직장생활에 감사함이 느껴지지 않는 상태라면 큰 능력을 갖추고 있어도 취직하지 못하게 된다.

회사의 면접에 합격하는 것에는 감사함이 느껴지고, 직장생활을 하는 것에는 감사함이 느껴지지 않을 수 있다. 그러면 면접에 합격한 후에 직장생활을 하지 않게 된다. 결혼을 할 수 있었던 이유는 결혼생활을 하는 것에 감사함이 느껴지는 상태였기 때문이다. 결혼을 하는 것에는 감사함이 느껴지고, 결혼생활을 하는 것에는 감사함이 느껴지지 않을 수도 있다. 그러면 결혼을 하고 나서 결혼생활을 하지 않게 된다. 모든 것은 감사함이 느껴지는 것에 대해서만 이루어진다.

'무(無)'를 받아들이면 감사함이 느껴진다

무엇인가 이루어지기를 원하는 마음이 있을 때 그것에 감사함이 느껴지는지 확인해보면 된다. 상대방이 나에게 잘해주기를 원한다고 해보자. 상대방이 나에게 잘해주는 것에 감사함이 느껴지는지 스스로 확인해볼 수 있다. 만약 감사함이 느껴지지 않는다면 그것은 이루어지지 않게 된다. 그것에 대해 감사함이 느껴지는 상태에서만 이루어지게 된다. 감사함이 느껴지는 상태로 바꾸는 방법은 '무(無)'를 받아들이는 것이다. '상대방이 나에게 잘해주는 것이 항상 보장된 것은 아니다. 상대방이 나에게 잘해주지 않을 가능성은 언제든지 있다.'고 생각하는 것이다. '무(無)'의 가능성을 생각함으로써 '무(無)'를 받아들일 수 있다. 그때 감사함이 느껴진다.

위와 같이 생각했는데 '내가 왜 상대방이 나에게 잘해주지 않을 가능성을 받아들여야 해?'라는 생각이 들 수도 있다. 이것은 '상대방이 나에게 잘해주기를 원하는 마음'이 없는 것과 같다. 그러면 그것은 이루어지지 않는다. 어차피 원하지 않고 있으므로 이루어지지 않아도 상관없는 상태이다. 감사하는 마음이 느껴지지 않는다면 '내가 실제로는 원하지 않고 있구나.'라고 생각하면 된다. 결혼하고 싶다면 결혼을 하는 것에 감사함이 느껴지는지 확인해보면 된다. 감사함이 느껴지지 않는다면 결혼을 원하지 않는 것이다. 결혼을 아직 원하지 않는 것일 수도 있고, 계속 원하지 않을 수도 있다. 대략 언제쯤 결혼하는 것에 감사함이 느껴지는지 확인해볼 수도 있다.

무엇인가 반복적으로 잘 이루어지고 있던 것이 잘 이루어지지 않는 경우도 있다. 잘 되던 것이 어느 날 갑자기 잘 안 되기 시작했다면 감사함을 잊었기 때문이다. 어떤 학생이 성적이 잘 나오다가 성적이 갑자기 떨어지게 되었을 수 있다. 성적이 잘 나오는 것에 감사함을 잊었기 때문이다. 그동안 다친 적이 없었는데 다치게 되었을 수 있다. 다치지 않는 것에 감사함을 잊었기 때문이다. 친구와 잘 지내다가 사이가 멀어졌을 수 있다. 친구와 잘 지내는 것에 감사함을 잊었기 때문이다. 그것이 언제든지 이루어지지 않을 수 있음을 아는 것이 필요하다. 이루어지지 않을 수 있음을 받아들일 때 그것이 이루어짐에 감사함이 느껴지게 된다.

우리는 감사함을 말로 표현하기도 한다. 감사함을 마음으로 느끼기도 한다. 이 두 가지는 일치될 수도 있고, 일치되지 않을 수도 있다. 이 책에서 이야기하는 감사함의 의미는 실제로 감사함을 느끼는 마음을 말한다. 감사하는 말을 표현하든 표현하지 않든 상관없다. 그런데 말이 마음에 영향을 줄 수도 있다. 감사의 말을 표현함으로써 감사함을 더 느끼게 될 수 있다. 감사함을 표현하지 않음으로써 스스로 감사함을 느끼는 정도가 약해질 수 있다. 또는 감사의 말이 감사하는 마음에 영향을 전혀 주지 않을 수도 있다. 감사의 말을 억지로 함으로써 감사하는 마음이 사라지기도 한다.

이렇게 감사의 말이 감사하는 마음에 영향을 줄 수도 있고, 주지 않을 수도 있다. 영향을 주었으면 준 대로 주지 않았으면 주지 않은 대로 감사함을 느끼는 마음이 감사함의 의미이다. 사랑하여 받아들이는 것의 의미도 마찬가지다. 사랑의 말과 사랑하는 마음이 서로 다를 수도 있고 같을 수도 있다. 사랑의 말을 함으로써 사랑하는 마음이 커질 수도 있다. 또는 상관없을 수도 있다. 뒤에 나오는 '미안합니다.'도 마찬가지다. 이 책에서는 말이 마음에 영향을 주었든 주지 않았든 실제로 느끼는 상태를 이야기한다.

'말'에 대해서 잠깐 이야기해보고자 한다. 앞에서 이야기하였듯이 생각(표면의식)과 마음(잠재의식)은 서로 반대이다. 그런데 우리는 생각을 말로 표현하기도 하고 마음을 말로 표현하기도 한다. 상대방의 말이 생각을 표현한 것인지, 마음을 표현한 것인지를 쉽게 알 수 없다. 그리고 본인이 말을 할 때 자신의 생각을 말하는지 자신의 마음을 말하는지 스스로 명확히 알지 못하기도 한다. 따라서 말로 모든 것을 명확히 판단할 수는 없다. 상대방의 말을 들을 때는 그 말에서 느껴지는 느낌을 파악하는 것이 필요하다.

감사함이 느껴진다는 것은 그것을 무한대로 원하고 있다는 뜻이다. 무한대로 원하는 것은 이루어지므로 감사함이 느껴지는 것도 이루어지게 된다. 감사함이 느껴지는 상태에서만 이루어진다. 지금까지 잘 되던 것이 잘 안 되기 시작했다면 감사함을 잊었기 때문이다. 감사함은 '무(無)'를 받아들일 때 느껴지게 된다. 지금까지 잘 되었어도 앞으로 안 될 가능성은 존재한다. 이루어지지 않을 가능성을 받아들임으로써 감사하는 마음을 가질 수 있다. '무엇이든 이루어지지 않을 수도 있지.'라고 생각하는 습관이 필요하다.

02.
원하는 것이 이루어지는 데에는
과한 노력보다 감사함이 필요하다

우리는 무엇인가를 이루기 위해 노력하기도 한다. 그런데 노력했음에도 그것이 이루어지지 않는 경우도 많다. 노력한다고 해서 반드시 이루어지는 것은 아니다. 우리는 노력한다고 반드시 이루어지는 세상이 아니라는 것을 경험으로 느끼고 있다. 오히려 노력하지 않는 것처럼 보이는 사람에게 이루어지기도 한다. 인생은 감사함이 느껴질 때 이루어지기 때문이다. 노력함으로써 오히려 감사하는 마음이 사라질 수 있다. 노력했으므로 이루어지는 것은 당연하다고 생각하는 것이다. 그것이 당연히 이루어질 것이라고 생각할 때 이루어지지 않게 된다. 그것이 이루어짐에 감사하는 마음이 느껴질 때 이루어진다.

어떤 회사에 다니는 사람이 '시키는 일 열심히 했는데 나만 승진되지 않았다. 오히려 나보다 일을 많이 안 했던 동기가 승진되었다.'고 말하는 경우가 있다. 이것은 '내가 일을 열심히 하면 승진될 것이다.'라고 생각하고 있었다는 뜻이다. 이 생각은 승진을 자신의 능력으로 이루는 것이라고 생각하는 것과 같다. 그런데 인생의 모든 것은 자신의 능력으로 이루는 것이 아니다. 유무의 법칙에 의해, 승진을 자신의 능력으로 이루는 것이라고 생각할 때 승진을 자신의 능력으로 이루지 못하게 된다.

이 세상은 굉장히 복잡하다. 나의 승진에는 타인의 수많은 생각들과 수많은 상황과 조건들이 반영된다. 우리가 사는 이곳은 나비의 날갯짓 하나로도 태풍이 만들어지는 곳이다. 누군가의 사소한 생각 하나가 바뀜으로써 결과가 완전히 바뀔 수 있다. 내가 그것을 모두 조절할 수는 없다. 심지어 자신의 생각마저도 자신이 하는 것이 아니다. 자신의 생각도 자동으로 생성되고 있다. 내 생각마저도 내가 하는 것이 아닌데 원하는 것을 이루는 것은 더더욱 내가 하는 것이 아니다. 내가 이루는 것이 아니라고 생각할 때 그것이 이루어지기를 원하는 마음이 든다. 그때 그것이 이루어짐에 감사함이 느껴진다. 감사함이 느껴질 때 이루어진다.

그래서 오히려 나보다 일을 덜 하는 것처럼 보이는 사람이 승진될 수 있다. 자신이 노력한다고 해서 반드시 이루어지는 것이 아님을 알고 있는 것이다. 그때 승진이 되기를 원하는 마음이 생긴다. 승진되는 것에 감사함이 느껴지게 된다. 그러나 '내가 노력했으므로 당연히 승진되어야 한다.'고 생각한다면 감사하는 마음이 없는 것이다. '노력하면 이루어지겠지.'라고 생각하면서 하는 노력은 결국 도움이 되지 않는 노력이 된다. '그것이 이루어지는 데 필요한 노력이 있으면 하겠다.'는 마음을 먹는 것은 필요하다. 일부러 노력하지 않으려는 것은 원하지 않는 것과 같다. 하지만 '노력한다고 반드시 이루어지는 것은 아니다.'라는 생각도 필요하다.

모든 것은 신께서 이루어주시는 것으로 생각하면 된다. 그때 떠오르는 행동을 하면 된다. 영감이 나에게 시키는 대로 하는 것이다. 영감에 따라 하는 노력이 진짜 도움이 되는 노력이 된다. 그때 그것이 이루어지는 가장 빠른 길을 가게 된다. 이와 같은 생각을 하는 사람을 보면 노력을 안 하는 것처럼 보일 수도 있다. 그러나 그 순간에는 행동하지 않는 것이 최선이기 때문에 행동하지 않은 것이다. 영감에 따라 행동할 때 필요 없는 행동을 하지 않게 된다. 반대로, 원하는 것을 자신이 이룰 수 있다고 생각할 때 필요 없는 행동을 하게 된다. 승진에 도움이 될 것이라고 생각하며 했던 행동이 모두 승진에 상관없는 행동이 될 수 있다.

다음날 수능을 보는 학생이 있었다. 그 학생은 오늘이 수능 전날임에도 계속 게임만 했다. 주위 친구들은 특이하게 생각했다. 노력하지 않는 것처럼 보였기 때문이다. 하지만 그 학생은 수능에서 만점을 받았다. 성적이 좋은 학생들은 오히려 공부를 덜 하는 것처럼 보이는 경우가 많다. 우리는 그 학생이 머리가 똑똑하기 때문이라고 결론을 내리기도 한다. 그러나 그 학생은 성적이 잘 나오기를 가장 원하고 있다. 잠재의식 속에서 성적이 잘 나오는 것에 가장 신경쓰고 있다. 이 학생은 성적이 잘 나오는 것이 자신의 뜻이 아님을 알고 있다. 성적이 잘 나오는 것에 감사함이 느껴지는 상태이다. 이 상태에서는 필요 없는 행동을 굳이 하지 않게 된다.

반대로 성적을 자신이 올리는 것이라고 생각하는 학생은 더 행동하려고 한다. 공부에 시간 투자를 더 함으로써 성적을 올릴 수 있다고 생각한다. 다른 사람이 보면 이 학생이 엄청나게 노력하는 것처럼 보일 수 있다. 자신 스스로도 노력한다고 생각한다. 그러나 이 학생은 성적이 오르는 것에 감사함이 부족한 상태이다. 만약 성적이 오르게 되면 '내가 열심히 공부해서 성적을 올린 것이다.'라고 생각할 것이기 때문이다. 이렇게 생각한다면 크게 도움이 되지 않는 공부를 하게 된다. 시간 투자는 많이 했으나 효과가 별로 없는 것이다. 성적이 오르는 것은 내 뜻이 아님을 알고 공부를 하는 것이 필요하다. 그때 필요한 공부를 하게 된다.

나는 지금 이 글을 쓰고 있다. 내 머릿속에서 나오는 내용을 내 손으로 쓰고 있다. 그럼에도 이 글은 내 능력으로 쓰는 것이 아니다. 가끔 '이번 목차의 글을 빨리 완성해야 하는데.'라는 생각이 들 때가 있다. 빨리 컴퓨터 앞에 앉아서 글을 쓰고 싶은 생각도 든다. 그때 나는 컴퓨터 앞에 바로 앉지 않는다. 이 글은 내 능력으로 완성하는 것이 아니기 때문이다. 이 글이 완성되기를 원하는 마음을 가진 상태로 글이 완성되기를 기다린다. 그러면 기다리기만 하고 결국 글이 완성되지 못할 수도 있다는 생각도 든다. 원하는 마음에 해당하는 기저 생각이 떠오르는 것이다.

이때 기저 생각을 받아들인다. '이 글이 완성되지 못해도 어쩔 수 없지. 내가 노력해서 쓴다고 완성되는 것은 아니니까.'라고 생각하면서 받아들인다. 그때 '글이 완성되면 감사할 것 같다.'는 생각이 든다. 그리고서 일상생활을 하고 있으면 어느새 글을 쓰고 있게 된다. 나도 모르게 컴퓨터 앞에서 내 머릿속에서 나오는 글을 쓰고 있다. 내가 컴퓨터 앞에 앉아서 글을 쓴 것이 내 노력이라고 말하는 것도 가능하다. 글이 써지기를 원하는 마음을 가진 것이 내 노력이라고 말할 수도 있다. 그러나 나는 '내가 노력한다고 글이 완성되는 것은 아니다.'라고 생각하는 상태에서 글을 쓰게 된다. 글을 쓰기를 원하는 것이 아니고, 글이 써지기를 원하는 것이다.

우리는 자신의 노력으로 무엇인가를 이룰 수 있다고 생각하기도 한다. 그러나 내 인생은 내가 만드는 것이 아니라고 생각하는 것이 필요하다. 내가 만드는 인생이 아니라고 생각할 때 내가 만드는 인생이 되기 때문이다. 노력하더라도 원하는 것이 이루어지는 것은 아니다. 이렇게 생각할 때 원하는 마음이 커지고 그것이 이루어짐에 감사하는 마음이 든다. 그때 자연스럽게 떠오르는 행동을 하면 된다. 영감이 떠오르면 그에 따라 행동하는 것이다. 이렇게 생각할 때 하게 되는 행동이 진짜 노력이 된다. 그때 자신도 모르게 그것이 가장 빨리 이루어지는 길을 가게 된다.

03.
상상할 때는 부러운 느낌으로 상상하라

우리는 상상을 통해 무엇인가를 이루려고 하기도 한다. 『시크릿』에는 '그림 그리기'라는 것이 나온다. 원하는 것이 이루어진 상태를 상상함으로써 그것을 이루려고 하는 것이다. 상상하는 행위는 그것을 원한다는 뜻이다. 상상할 때는 자신의 모습인 것처럼 상상하는 것은 좋지 않다. 상상한 모습이 자신의 모습이라고 생각하면 그것을 원하는 마음이 생기지 않기 때문이다. 이미 자신의 모습이므로 굳이 원할 필요가 없는 것이다. 상상할 때는 남의 모습인 것처럼 상상하는 것이 필요하다. 그래야만 그것을 원하는 마음이 생기고 그것이 이루어짐에 감사하는 마음이 든다.

『시크릿』의 내용을 알게 된 지 얼마 안 됐을 때였다. 상상을 통해 실제로 원하는 것이 이루어지는지 확인하고 싶은 마음이 있었다. 그때 상상을 통해 원하는 것을 이룬 경험을 했다. 식사 모임을 하는 날이었다. 장소를 전해 듣고 도착할 시간에 맞춰 출발하였다. 그런데 그 날따라 차가 심하게 막히는 것이었다. 불편한 느낌이 들었다. 식사를 하는 중에 혼자만 늦게 들어가고 싶지 않았기 때문이었다. '더 일찍 나올걸.' 하는 후회가 들었다. 막히는 길을 따라 느릿느릿 운전했다. 겨우 목적지 근처에 도착했다.

정확한 장소를 확인하기 위해 전화를 했다. 그런데 알고 보니 그 장소가 아니었다. 다른 위치로 착각한 것이었다. 지금까지 왔던 거리만큼 다시 다른 곳을 향해 가야 했다. 불편한 마음이 더 강해지는 느낌이 들었다. '장소를 정확히 들었어야 했는데.'라는 후회가 들었다. 막히는 길을 따라가고 있는데 저 앞에 사거리가 보였다. 그러고도 한참 지나서 사거리 근처에 도착했다. 천천히 가고 있는데 왠지 내 앞에서 신호등에 딱 걸릴 것 같은 느낌이 들었다. 불길한 예감은 맞아떨어졌다. 내 바로 앞에서 신호등이 바뀌어 멈추게 되었다. 불길한 예감까지 맞으니 더 불편해지는 느낌이 들었다.

갑자기 『시크릿』이 생각났다. 상상을 이용해 보고 싶은 마음이 들었다. 상상하면 실제로 이루어지는지 확인해보고 싶은 마음도 있었다. 어떤 장면을 상상할지 생각해보았다. 지금의 상황에서 여유 있게 먼저 도착하는 것은 불가능할 것 같았다. 잘못된 목적지에 갔다 오느라 매우 늦은 상태였기 때문이다. 그러나 식사에는 늦고 싶지 않았다. 그렇게 생각하다가 마음에 드는 장면이 떠올랐다. 내가 식당에 들어갈 때 모임원이 처음 고기를 굽기 위해 고기를 집게로 들어 불판으로 옮기는 중인 장면을 상상하기로 한 것이다. 이 장면이라면 출발이 늦은 상황에서 식사에는 늦지 않기에 적절할 것 같다는 생각이 들었다. 원하는 마음을 담아 그 장면을 상상했다.

그때 신호등이 파란색으로 변했고 다시 출발했다. 길을 가다보니 어느새 식당에 도착했다. 주차를 한 후 식당 문을 열고 들어갔다. 그런데 상상했던 장면과는 다른 장면이 보였다. 어떤 분이 모임원들 테이블 옆에서 고기를 준비해주고 계셨다. '원했던 것이 이루어진 것인가?'라는 의문이 들었다. 식사를 하기 전에 도착했으므로 식사에 늦지 않은 것은 이루어졌다고 볼 수 있다. 그렇다고 정확히 이루어졌다고 보기엔 무리가 있어 보였다. 상상했던 장면이 그대로 이루어진 것은 아니기 때문이다. 식사에 늦지 않아서 기분이 좋았다. 하지만 상상한 것이 그대로 이루어지지 않아 아쉬움이 느껴졌다.

모임원들이 있는 테이블로 걸어갔다. 그때 갑자기 화장실에 가고 싶어졌다. 화장실은 방금 들어온 입구 바로 옆에 있었다. 바로 화장실에 갔다가 나왔다. 그런데 그 순간 깜짝 놀라게 되었다. 아까 상상했던 그 장면이 내 눈앞에서 진행되고 있는 것이 아닌가? 모임원이 처음 고기를 집어서 불판으로 옮기고 있었던 것이다. 그 모임원이 앉아있는 방향도 상상했던 장면과 같았다. 나를 정면으로 바라보고 있었다. 상상했던 것이 완벽히 이루어진 것이다. 이 사건을 계기로 상상했던 것이 이루어지는 것도 가능하다는 것을 알게 되었다. 이 경험을 하고 나서부터는 일부러 상상하는 습관이 생기게 되었다.

수년간 많은 상상을 해보았다. 그러나 이루어지지 않는 것이 대부분이었다. 지금은 상상에 관하여 다음과 같이 생각한다. 원하는 것 자체가 상상의 형태를 갖는다. 무엇을 원한다는 것은 머릿속으로 원하는 것이다. 무엇인가를 원할 때 반드시 원하는 것을 떠올리게 된다. 그 떠올리는 것이 상상에 해당한다. 따라서 우리는 상상의 형태를 통해 원할 수밖에 없다. 일부러 상상하지 않아도 원하는 것 자체가 상상하는 과정이 된다. 현실은 내가 상상한 것 중에서 이루어지게 된다. 단지 상상했었는지 기억하지 못할 뿐이다. 기억하지 못해도 상관없다. 상상했었는지를 기억한다고 더 잘 이루어지는 것은 아니다.

일부러 상상해볼 수도 있다. 그것이 이루어지기를 원하는 마음으로 상상하는 것이다. 그런데 상상할 때는 남의 모습인 것처럼 상상하는 것이 필요하다. 남의 모습이라고 생각할 때 자신의 모습이 되기 때문이다. 유무의 법칙에 의해, 어떤 모습이 자신의 모습이 아니라고 생각할 때 자신의 모습이 된다. 상상하는 것이 남의 모습인 것처럼 생각하면서 부러운 느낌을 느끼면 된다. 그때 '나도 그렇게 되었으면 좋겠다.'는 마음이 일어난다. 그렇게 되면 감사할 것 같다는 생각이 든다. 인생은 원하는 마음에 의해 진행되고, 감사함이 느껴지는 것이 현실화된다.

반대로 자신의 모습인 것처럼 상상하는 것은 이루어지지 않는다. 유무의 법칙에 의해, 어떤 모습이 자신의 모습이라고 생각할 때 자신의 모습이 되지 않는다. 자신의 모습인 것처럼 상상하면 그것이 이루어지기를 원하는 마음이 사라진다. 이미 나의 모습이기 때문이다. 원하는 마음이라는 것은 '그렇게 되기를' 원하는 마음이다. 그런데 이미 나의 모습이라고 생각하면 그렇게 되기를 원하는 마음이 생기지 않는다. 이미 나의 모습이므로 그렇게 되는 것에 감사함이 느껴지지 않는다. 따라서 자신의 모습이라고 상상한 것은 이루어지지 않게 된다.

'이미지 트레이닝'이라는 훈련법도 상상을 이용한 것이다. 스포츠에서 많이 쓰이는 훈련법이다. 자신이 운동 경기에서 할 행동을 미리 상상을 통해 연습하는 것이다. 그렇게 상상했던 상황이 실제로 경기 도중 나타나기도 한다. 나 또한 평소에 이미지 트레이닝을 활용하기도 한다. 그러나 일부러 '이미지 트레이닝 해야지.'라고 생각하지는 않는다. 그 장면이 이루어지기를 원하는 마음이 있으므로 자연스럽게 상상하게 되는 것이다. 이는 여러 분야에서 사용되는데 운전할 때도 사용된다.

사거리에서 우회전을 할 때 횡단보도의 신호등을 확인하지 못한 경우가 생겼다. 왼쪽에서 차가 오는지 확인하느라 거기까지 신경쓰지 못한 것이다. 그래서 우회전할 때 미리 횡단보도의 신호등을 확인하면서 빠르게 왼쪽에서 오는 차도 확인하는 연습을 한다. 상상을 통해 연습하는 것이다. 그러면 실제로 그것이 효과를 나타낸다. 효과가 확실하지 않았다면 같은 방식으로 한 번 더 연습한다. 한 번

실패해봤기 때문에 더 진심으로 원하는 마음으로 상상하게 된다. 부족한 부분을 채우고 싶기 때문이다. 그 부분에 더 신경쓰면서 상상을 통해 연습한다.

상상한 후에 '상상했으므로 이루어질 것이다.'라고 생각할 수는 없다. 이것은 '상상을 통해 내가 원하는 것을 이루겠다.'는 생각과 같다. 인생의 모든 것은 내가 이루는 것이 아니다. 내가 이루는 것이 아니라고 생각할 때 자연스럽게 원하는 것을 상상하게 된다. 그것이 이루어짐에 감사하는 마음이 들게 된다. 그때 그것이 이루어질 수 있다. 상상한 것은 이루어질지 알 수 없지만 이루어지기를 원하는 것이다. 상상한 후에 '상상했으므로 이루어질 것이다.'라고 생각할 때 상상한 것은 이루어지지 않는다.

04.
천천히 하려고 할 때 빨리 이루어진다

우리는 원하는 것이 빨리 이루어졌으면 좋겠다고 생각한다. 일을 빨리 진행하려고 노력하기도 한다. 그러나 빨리하려고 한다고 해서 빨리 이루어지는 것이 아니다. 빨리하려고 할 때 일을 그르치게 된다. 유무의 법칙에 의해, 일을 빨리 끝낼 수 있다고 생각할 때 일을 빨리 끝내지 못하게 된다. 일을 빨리 끝낼 수 있다고 생각할 때 붕 뜬 기쁨이 느껴진다. 붕 뜬 기쁨이 느껴지는 것은 이루어지지 않는다. 오히려 천천히 할 마음을 먹는 것이 더 좋다. 천천히 하려고 할 때 '벌써 이루어졌네?'라는 생각이 드는 상황이 발생하게 된다.

퇴근 시간에는 도로에 차가 많다. 도로의 빈 곳을 찾아 집에 빨리 가려고 노력하기도 한다. 오히려 그것 때문에 늦어지는 경우가 발생한다. 2차선으로 가고 있었는데 1차선에 차량이 없었다. 1차선으로 가면 빨리 갈 수 있을 것 같아서 1차선으로 옮겼다. 그런데 앞에서 좌회전 차량이 1차선까지 길게 서 있어서 1차선을 막고 있었다. 그래서 다시 2차선으로 돌아가는 것이 더 빠른 상황이 되었다. 빨리 가려고 했던 것이 오히려 더 늦어지는 상황을 만든 것이다. 1차선으로 옮기지 않고 2차선에 있었으면 오히려 더 빨리 지나갔을 것이다.

빨리 가려다가 오히려 늦어지는 상황을 여러 번 경험하고 났더니 포기하기에 이르렀다. '퇴근 시간에는 원래 막혀.'라고 생각하게 된 것이다. 그렇게 생각하면서 집으로 향했다. 그런데 그 날따라 집에 일찍 도착하게 된 것이다. 평소보다 10분 이상 일찍 도착하였다. 느긋한 마음을 먹을 때 오히려 빨리하게 된다. 만약 무엇인가를 끝내려고 노력했는데 이루어지지 않았다면 한 박자 쉬는 것이 좋다. 이것은 이루어지지 않을 가능성을 받아들이는 것이다. 이루어지지 않을 가능성을 받아들이면 빨리 이루기를 포기하는 마음이 든다. 포기할 때 오히려 이루어지게 된다. 유무의 법칙에 의해, 천천히 하려고 할 때 빨리 이루어진다.

다시 처음의 상황으로 돌아가 보자. 아까와 똑같이 2차선으로 가고 있는데 1차선에 차량이 없었다. 이번에는 1차선으로 들어가지 않고 일부러 2차선에 있었다. 천천히 할 때 오히려 빨리 이루어진다는 것을 생각하면서 1차선으로 들어가지 않은 것이다. 그런데 이번에는 좌회전 차량이 거의 없어서 1차선이 뻥 뚫린 상태였다. 아까 1차선으로 들어갔으면 빨리 갔을 텐데 2차선에 버티고 있어서 늦어지게 되었다. 그 결과 '천천히 해도 빨리 되지 않는구나.'라고 생각하게 되었다. 유무의 법칙이 틀렸다고 생각하는 상황이 벌어진 것이다. 유무의 법칙에 의해, 유무의 법칙이 맞다고 생각할 때 유무의 법칙이 틀리게 된다.

1) 천천히 할 때 빨리 이루어진다.
2) 천천히 해야지.
3) 빨리해야지.   1) + 2) = 3)

'천천히 할 때 빨리 이루어진다.'는 것을 생각한 상태에서 천천히 하는 것은 천천히 하는 것이 아니다. 일부러 천천히 하려는 것은 빨리하려는 것과 같다. '일부러 노력하지 않으려고 하는 것은 노력하는 것과 같다.'는 것과 같은 원리이다. 1)번은 유무의 법칙의 내용이다. 1)번과 같이 생각하는 상태에서 2)번처럼 생각하는 것은 3)번과 같이 생각하는 것과 같다. 천천히 할 때 빨리 이루어진다고 알고 있기 때문이다. 유무의 법칙은 직접 활용할 수 없다. 1)번의 생각이 없을 때 천천히 하는 것이 진짜 천천히 하는 것이다. 천천히 하려고 했을 때 실제로도 천천히 이루어질 수 있다. 실제로 천천히 이루어져도 괜찮을 때만 빨리 이루어지는 효과가 나타난다.

무엇인가를 빨리 이루려고 하는 것은 '내가 빨리함으로써 빨리 이루어질 것이다.'라고 생각하는 것이다. 이것은 '인생을 내가 조절할 수 있다.'고 생각하는 것과 같다. 앞에서 이야기하였듯이 인생의 모든 것은 내가 이루는 것이 아니다. 인생에 나타나는 것은 내가 조절할 수 없다고 생각하는 것이 필요하다. 그때 느긋한 마음을 갖게 된다. 나에게 빨리 이루는 능력이 없다고 생각할 때 빨리 이루어지는 것에 감사하는 마음이 생긴다. 그때 빨리 이루어지는 상황이 만들어진다.

 잠재의식 속 원하는 마음은 신경쓰는 마음과 같다. 나에게 빨리 이루는 능력이 없다고 생각할 때 가장 신경쓰는 상태가 된다. 나에게 빨리 이루는 능력이 있다고 생각할 때 오히려 신경쓰지 않는다. 빨리 끝날 것이므로 신경쓰지 않아도 되는 상황이 된다. 천천히 하려고 할 때 더 신경쓰는 상태가 된다. 천천히 하려고 생각했으므로 오히려 신경쓰지 않는다고 생각될 수 있다. 그러나 표면의식과 잠재의식은 반대이나. 생각으로 신경쓰지 않을 때 잠재의식은 가장 신경쓰는 상태가 된다. 그 결과 더 빨리 이루어질 수 있게 된다.

 깨지기 쉬운 물건을 옮기려고 한다. 빨리 옮기려고 할 때 떨어뜨릴 수 있다. 천천히 하려고 마음먹는 것이 좋다. 조심하는 마음으로 천천히 옮기다 보면 '와! 다 옮겼다.'는 생각이 들게 된다. 돈을 벌려고 한다. 돈을 빨리 벌고 싶은 마음이 있을 수 있다. 그러나 돈을 빨리 벌려고 한다고 해서 빨리 벌어지는 것이 아니다. 천천히 벌려고 마음먹을 때 오히려 빨리 벌게 된다. 주위 사람들은 일이 빨리 진행되고 있음을 알고 조급한 마음이 들 수도 있다. 그때 그 사람을 보고 부러워하면 된다. 그리고 그 사람은 더 이상 신경쓰지 말고 나만의 길을 가면 된다. 천천히 하는 것이 나만의 길을 가는 것이다.

어떤 일을 천천히 하려고 마음먹으니 제한 시간 안에 다 못할 것 같은 생각이 들 수 있다. 그래도 천천히 하는 것이 맞다. 빨리하려고 한다고 해서 제한 시간 안에 끝낼 수 있는 것이 아니다. 제한 시간 안에 끝내는 것을 포기한 상태로 천천히 하는 것이 좋다. 그때 오히려 제한 시간 안에 끝낼 가능성이 있다. '제한 시간 안에 끝내기를 원하지만 끝내지 못해도 어쩔 수 없다.'는 마음 상태로 천천히 하면 된다. 이루어지지 않을 수 있음을 받아들일 때 이루어진다.

거대한 것이라도 천천히 하는 것이 좋다. 거대한 것을 천천히 하려고 마음먹으면 이번 생애 안에 끝내지 못할 것 같은 느낌이 들 수도 있다. 그것을 이루지 못하고 늙어 죽을지도 모른다는 생각이 들수 있다. 그래도 천천히 하는 것이 좋다. 유무의 법칙에 의해, 이번 생애 안에 이루지 못할 것이라고 생각할 때 이번 생애 안에 이루게된다. 빨리하려고 한다고 해서 이루어지는 것은 아니다. 만약 이번 생애에 이루어지지 않을 것 같다면 다음 생애에라도 이루어지기를 원하는 마음을 갖는 것이 필요하다. 그것이 진심으로 원하는 것이다. '이번 생애 안에 이루어지지 않으면 끝나는 것이지.'라고 생각한다면 진심으로 원하는 것이 아니다.

우리의 인생은 수많은 것들이 이루어지는 과정이 모여서 흘러간다. 그 과정들을 빨리 이루고 싶은 생각이 들기도 한다. 그러나 빨리 이루려고 생각할 때 일을 그르치게 된다. 빨리 이루려고 한다는 것은 그것을 내가 조절해서 이룰 수 있다고 생각하는 것과 같다. 그러나 인생은 내가 이루는 것이 아니다. 인생을 내가 조절할 수 없다고 생각하고 느긋하게 하는 것이 좋다. 그때 자신도 모르게 신경쓰는 상태가 되고 집중하는 상태가 된다. 자신도 모르게 빨리 이루어지는 결과가 나타나게 된다.

05.
미안함을 느낌으로써 상황을 바꿀 수 있다

상황을 바꾸고 싶을 때는 미안함을 갖는 것이 필요하다

우리는 어떤 상황에서 미안함 감정을 느끼기도 한다. 그 미안함 감정이 상황을 바꿔주는 역할을 한다. 친구에게 사과함으로써 멀어진 사이가 가까워질 수 있다. 반대로 '내가 왜 미안해해야 해?'라고 생각할 수도 있다. 미안한 감정을 거부하는 것이다. 미안함을 거부한다면 상황은 바뀌지 않는다. 미안하지 않다는 것은 지금의 상황을 유지하고 싶다는 뜻이다. 멀어진 친구에게 미안함을 느끼지 않는다는 것은 계속 멀리 지내고 싶다는 뜻과 같다. 마음에 들지 않는 것이 바뀌지 않고 있다면 미안함을 느끼는 것을 거부하기 때문이다. 미안함을 느낌으로써 마음에 들지 않는 상황을 바꿀 수 있다.

앞에서 감사함의 의미를 이야기하였다. 감사함의 의미를 잠시 살펴보자. 감사하다는 것은 그것을 계속 원하고 있을 때 느껴지는 감정이다. 지금 신체가 건강하다고 느낀다면 감사함이 느껴지게 된다. 이것은 앞으로도 건강하기를 원한다는 뜻이다. 만약 앞으로는 건강해지고 싶지 않다면 지금 건강한 것에 감사함이 느껴지지 않게 된다. 따라서 지금 건강한 것에 감사함이 느껴진다는 것은 앞으로도 건강하고 싶은 마음이 있다는 뜻이다. 감사함이 느껴지는 상태는 잠재의식 속에서 그것을 원하고 있는 상태이다. 인생은 잠재의식 속 원하는 마음에 의해 진행된다. 그래서 감사함이 느껴지는 것은 이루어지게 된다.

감사하다는 것은 '무(無)'를 받아들인 상태일 때 느껴진다. 지금 자신이 건강하다는 것을 느끼게 되었다. 이때 '건강한 것이 당연하다.'고 생각한다고 해보자. 그러면 건강한 것에 감사함이 느껴지지 않게 된다. 건강하지 못할 수도 있는데 건강한 것이라고 생각할 때 감사함이 느껴진다. 이것은 '건강하지 못할 수도 있음'이라는 '무(無)'의 가능성을 받아들인 것이다. '무(無)'를 받아들일 때 '유(有)'가 나타나게 됨에 감사함이 느껴지게 된다. 그때 '유(有)'가 현실화된다.

미안함에 관해 이야기해보자. 친구와 싸우게 되었다. 자신도 모르게 친구에게 상처가 되는 말을 하였다. 나는 친구에게 상처가 되는 말을 했다는 것을 알지 못했다. 처음에 그 친구는 '서로 친구니까 그 정도는 말할 수 있지.'라고 생각했다. 그런데 그런 일이 반복되니 친구는 상처를 받게 되었다. 친구도 나한테 상처가 되는 말을 했다. 나는 '친구가 나한테 왜 이러지?'라고 생각했다, 그 후 서서히 친구와 멀어지게 되었다. 그런데 시간이 흘러 친구에게 미안한 감정이 들기 시작하였다. 왜 미안함이 느껴지게 되었을까? '친구에게 상처가 되는 말을 했으니까.'라고 대답할 수 있다.

그런데 친구와 멀어진 상태를 계속 유지하고 싶다고 가정해보자. 친구와 가까워지고 싶지 않고 멀어진 상태 그대로 지내고 싶은 것이다. 그러면 친구에게 느끼는 미안함이 많이 줄어든다. 친구가 자신에게 상처가 되는 말을 한 것을 떠올리며 '모두 친구 때문이야.'라고 생각하게 된다. 친구와 다시 가까이 지내고 싶다고 해보자. 그때 친구에게 미안함을 느끼게 된다. 그제야 친구에게 상처가 되는 말을 한 것에 미안함을 느끼게 된다. 친구와 가까이 지내고 싶지 않다면 친구가 나에게 상처가 되는 말을 한 것만 기억한다. 친구와 가까이 지내고 싶다면 내가 친구에게 상처가 되는 말을 한 것에 대해 미안함을 느끼게 된다.

따라서 친구와 가까이 지내고 싶은 마음이 있을 때 미안함을 느끼게 된다. 친구에게 사과를 할 때는 '상처가 되는 말을 해서 미안해.'라고 할 수 있다. 그러나 미안함을 느끼게 만드는 더 명확한 원인은 친구와 가까이 지내고 싶은 마음이 있기 때문이다. 원하는 마음은 신경쓰는 마음과 같다. '친구와 가까이 지내고 싶은 마음'은 '친구와 가까이 지내는 것에 신경쓰는 마음'과 같다. 따라서 미안하다는 것은 '너와 가까이 지내고 싶은데 그동안 신경쓰지 못해서 미안해.'라는 뜻이다.

친구와 가까이 지내는 것에 신경쓰는 마음은 '친구와 가까이 지내지 못할 수도 있음'에서 나온다. 친구와 가까이 지내고 싶은데(1) 언제든지 사이가 멀어질 수 있음(2)을 알 때 신경쓰게 된다. 그동안은 사이가 멀어질 수 있음을 생각하지 못했었다. 그래서 친구에게 상처가 되는 말도 하게 되었던 것이다. '우리는 당연히 가까이 지낼 것이니까 이렇게 말해도 괜찮겠지.'라고 생각한 것이다. 이제는 친구와 사이가 멀어질 수 있음(2)을 받아들였기 때문에 미안함을 느끼게 되었다.

이것을 '유(有)'와 '무(無)'로 나타내보자. '유(有)'에 〈친구와 가까이 지냄〉을, '무(無)'에 〈친구와 멀게 지냄〉을 대입할 수 있다. 가까이 지내고 싶다는(1) 것은 '유(有)'를 원한다는 뜻이다. 언제든지 사이가 멀어질 수 있음(2)은 '무(無)'의 가능성을 말한다. 그동안은 '무(無)'의 가능성을 생각하지 않았던 것이다. 그래서 친구에게 상처가 되는 말도 하게 되었다. 친구와 멀어지게 되니 '무(無)'의 가능성을 받아들이게 되었다. '친구와 멀어질 수도 있구나.'라고 생각하게 된 것이다. 그때 신경쓰지 못했음에 미안함이 느껴진다.

'유(有)'를 원하는 마음(1)이 다시 생겼고, '무(無)'의 가능성(2)을 받아들임으로써 미안함이 느껴지게 된다. 따라서 미안하다는 것은 '유(有)'를 원하는데 '무(無)'의 가능성을 생각하지 않고 있어서 미안하다는 뜻이 된다. 그래서 이제부터 '무(無)'를 받아들이고 신경쓰겠다는 뜻이다. 이것은 '무(無)'를 받아들이고, '유(有)'를 원하는 마음 상태

시크릿을 찾는 유무력의 법칙

에 있겠다는 뜻이다. 이 상태는 '유(有)'가 나타남에 감사함이 느껴지는 상태와 같은 상태이다. 멀어진 친구에게 미안함을 느끼면 친구와 가까워짐에 감사하는 마음이 들게 된다.

정리하면, '무(無)'를 거부하고 있다가 '무(無)'를 받아들이고자 할 때 미안함이 느껴지게 된다. 동시에 '무(無)'를 받아들임으로써 '유(有)'가 나타나는 것에 감사함이 느껴지게 상태가 된다. 감사함이 느껴지지 않는 상태에서 감사함이 느껴지는 상태로 넘어올 때의 감정이 미안함이다. 인생은 감사함이 느껴지는 것만 이루어진다. 일이 잘 풀리지 않는다는 것은 그 일이 해결됨에 감사함을 느끼지 않고 있기 때문이다. 일이 잘 풀리지 않을 때 우리가 해야 할 일 중 하나는 미안함을 느끼는 것이다. 그때 '유(有)'가 나타남에 감사함이 느껴지게 된다. 감사함이 느껴질 때 이루어지게 된다.

일이 잘 풀리지 않을 때는 미안함을 갖는 것이 필요하다

미안함은 '무(無)'를 거부하고 있다가 '무(無)'를 받아들이면서 느끼는 감정이다. 만약 '무(無)'를 계속 거부하는 상태에 있고 싶다면 미안함을 느낄 필요는 없다. 그러나 '무(無)'를 받아들여 '유(有)'가 이루어지기를 원하는 상태에 있으려면 미안함을 느끼는 것이 필요하다. '유(有)'가 이루어지기를 원하는 상태일 때만 '유(有)'가 이루어진다. 미안함은 꼭 상대방에게만 느끼는 감정은 아니다. '무(無)'를 거부하고 있었던 상태 모두에 가질 수 있는 감정이다. 자신에게 마음에 들지 않는 상황이 나타나고 있다면 미안함을 느낌으로써 상황을 바꿀 수 있다.

자신이 돈을 잘 벌지 못하고 있을 수 있다. '돈이 나에게 들어와야만 한다.'는 생각을 하고 있었기 때문이다. 이것은 '돈이 나에게 들어오지 않을 수 있음'이라는 '무(無)'를 거부하고 있는 상태이다. 이를 해결하고 싶을 때 첫 번째 할 일은 미안함을 갖는 일이다. '돈이 나에게 당연히 들어와야 해.'라고 생각하고 있었다는 것에 미안함을 갖는 것이다. 미안함을 느끼게 되면 돈이 나에게 들어오지 않을 수 있음을 받아들인 상태가 된다. 그러면 돈이 나에게로 들어와야 한다는 압박감이 사라지게 된다. 돈이 나에게 들어오게 됨에 감사함이 느껴지는 상태가 된다. 그때 비로소 돈이 나에게 들어올 수 있게 된다.

자신에게 고쳐지지 않는 질병이 있을 수 있다. '나는 당연히 건강해야 한다.'는 생각을 하고 있었기 때문이다. 그 질병이 사라져야만 한다는 생각이 있었기 때문이다. '질병이 생길 수 있음'이라는 '무(無)'를 거부하고 있는 상태이다. 이때 미안함을 갖는 것이 필요하다. '내 신체가 당연히 건강해야 한다.'고 생각하고 있었다는 것에 미안함을 갖는 것이다. 이때 신체가 건강하지 않을 수 있음을 거부하는 상태에서 받아들이는 상태로 바뀌게 된다. 그러면 건강해야 한다는 압박감이 사라지게 된다. 신체가 건강하게 됨에 감사함이 느껴지는 상태가 된다. 그때 비로소 건강이 찾아올 수 있게 된다.

핸드폰을 들고 있다가 떨어뜨렸다. 핸드폰은 사람이 아니므로 미안할 필요가 없다고 생각할 수 있다. 그러나 미안함은 인간에게만 갖는 감정이 아니다. '핸드폰을 떨어뜨릴 수도 있음'이라는 '무(無)'를 생각하고 있지 않아서 미안한 것이다. 미안함을 느낌으로써 '핸드폰을 떨어뜨릴 수 있음'을 받아들이고, 핸드폰을 떨어뜨리지 않는 것에 신경쓰는 상태가 된다. 따라서 핸드폰에 미안함을 느낄 때 앞으로 핸드폰을 떨어뜨리지 않게 된다. 만약 미안해하지 않는다면 핸드폰을 계속 떨어뜨리게 된다.

어떤 부분에 미안함을 가져야 할지 잘 모르는 상황이 있을 수 있다. 일이 잘 풀리지 않고 있는데 어떤 부분에 미안함을 갖는 것이 필요한지 정확히 떠오르지 않는 것이다. 또는 직접적으로 미안한 감정을 갖는 것에 거부감이 느껴질 때가 있다. 도저히 미안한 마음이 가져지지 않는 것이다. 그때는 '내가 미안함을 가져야 할 부분이 있다면 미안해.'라고 생각하면 도움이 된다. 억지로 미안해하는 것은 도움이 되지 않는다. 따라서 '미안해야할 부분이 있다면 미안해.'라고 생각함으로써 억지로 미안한 상황을 만들지 않을 수 있다.

자신에게 어떤 일이 잘 풀리지 않고 있다면 미안함을 갖지 않기 때문이다. '무(無)'를 거부하고 있을 때 일이 잘 풀리지 않는다. '무

(無)'를 거부하고 있던 것에 미안함을 가지면 '무(無)'를 받아들인 상태가 된다. 그때 '유(有)'가 이루어짐에 감사함이 느껴지게 된다. 지금 바로 '내 인생에 미안해야 할 부분이 있으면 미안해. 이 세상에 미안해야 할 부분이 있으면 미안해.'라고 해보자. 이 말은 특정 대상이 없어도 할 수 있다. 미안함을 가지면 스스로 치유가 되는 느낌이 난다. 꽉 막혔던 것이 뚫리는 느낌이 난다. 미안함을 느낄 때 원하는 것이 이루어짐에 감사함이 느껴지게 된다. 감사함이 느껴질 때 그것이 이루어진다. 따라서 미안함을 느낌으로써 원하는 것이 이루어지는 길을 가게 된다.

에필로그

신경 쓸 때 이루어진다

　인생은 항상 100% '원하는 마음'이라는 유무력에 의해서만 흘러 간다. 따라서 원하는 것이 이루어지기 위해서는 원하는 마음이 커 지는 방향으로 생각하는 것이 필요하다. 원하는 마음이 커지는 쪽 으로 생각하는 것이 원하는 것을 이루는 방법이다. 원하는 마음이 커진다는 것은 신경 쓰는 마음이 커진다는 뜻이다. 원하는 것이 이 루어지는 것에 신경 쓰는 상태일 때 그것이 이루어지게 된다. 그런 데 우리는 신경 쓰지 않았는데 이루어진 경험을 하기도 한다. 그것 은 마음(잠재의식)에서 신경 쓰고 있었기 때문이다. 우리는 생각이 아닌 마음이 신경 쓰는 상태를 만들어야 한다.

　인생의 모든 것은 100% 마음(잠재의식)이 신경 쓰고 있을 때만 이 루어진다. 예를 들어 매일 식사를 잘 하고 있다면 매일 식사를 하는 것에 마음이 신경 쓰는 상태이다. '나는 식사를 하는 것에 크게 신경 쓰지는 않는데 자연스럽게 매일 식사를 하게 된다.'고 이야기 할 수 있다. 그렇다 하더라도 매일 식사를 하는 것에 신경 쓰고 있는 것이다. 식사를 하지 않으면 배고픔, 영양부족 등의 크고 작은 문제들이 생길 수 있다고 생각할 것이다. 이런 생각이 든다면 식사를 하는 것에 신경 쓰는 중이다. 무엇인가 잘 이루어지고 있다면 그것이 이루어지는 것에 신경 쓰고 있는 것이다.

우리는 변화와 차이만을 인식하는 존재이다. 처음 신경 쓰기 시작할 때는 신경 쓰는 마음이 잘 느껴진다. 그러나 신경 쓰는 상태가 유시되면 찜찜 느껴지지 않게 된다. 깃난 아기 시절로 돌아가보자. 이 세상 빛을 본지 얼마 안 된 나는 모유나 분유를 먹는 것에 엄청 신경 쓰고 있다. 아기는 그냥 살아있는 것이 아니다. 배가 고프면 울음으로 부모에게 자신의 상태를 알린다. 아기도 스스로 음식을 먹는 것에 마음으로 신경 쓰고 있는 것이다. 우리는 어린 시절 음식을 먹는 것에 신경 쓰는 마음이 습관이 되어 지금까지 살아온 것이다. 평소에 자신이 식사를 하는 것에 많이 신경 쓰는지 잘 모를 수 있다. 하지만 식사를 하는 것에 계속 신경 쓰고 있기 때문에 식사를 잘 할 수 있는 것이다.

직장을 잘 다니고 있다면 직장을 잘 다니는 것에 마음으로 신경 쓰고 있는 것이다. 직장을 잘 다니고 있는 사람이 '나는 내가 직장을 잘 다니는 것에 관심 없다.'고 생각하지 않을 것이다. 팔을 자유롭게 움직일 수 있다면 팔을 자유롭게 움직이는 것에 신경 쓰는 상태이다. 팔을 다쳐 깁스를 하여 움직이지 못하게 되었을 수 있다. 그렇다면 팔을 자유롭게 움직이는 것에 마음이 신경 쓰지 않는 상태였기 때문이다. 그 결과 팔을 움직이지 못하게 된 것이다.

내가 어떤 생각이나 행동, 노력을 하면서 '나는 그것이 이루어지는 것에 신경 쓰는 상태이다.'라고 생각한다고 이루어지는 것은 아니다. 다시 말해, 생각으로 신경 쓴다고 이루어지는 것은 아니다. 생각이 아닌 마음(잠재의식)이 신경 쓸 때 이루어진다. 팔에 깁스를 했을 때 '나는 팔이 낫는 것에 신경 쓰고 있다.'고 생각하지 않는다. 팔이 낫기를 원하는 마음을 가질 뿐이다. 그 마음 상태가 바로 팔이 낫는 것에 신경 쓰는 상태이다. 생각(표면의식)이 아닌 마음(잠재의식)으로 신경 쓸 때 이루어진다. 원하는 것이 이루어지는 것은 어떤 것이든 모두 같은 원리에 의해 진행된다. 단지 원하는 것마다 과정이 다를 뿐이다. 그 원리가 유무력의 법칙에 의한 원리이다.

반대로 생각할 때 신경 쓰는 상태가 된다

우리가 할 일은 잠재의식이 신경 쓰는 상태에 있도록 하는 것이다. 그 방법들을 이 책의 전체에 걸쳐 이야기하였다. 그런데 신경 쓰고 있는 상태는 생각보다 불편한 상태이다. 그리고 거기에 신경 쓸

으로써 다른 곳에 신경 쓸 수 있는 여력이 줄어든다. 그래서 신경 쓰는 상태로 들어가는 것을 거부하고 싶을 수 있다. 신경 쓰지 않고 마음 편하게 인생을 즐기고 싶은 것이다. 하지만 신경 쓰는 상태로 들어가지 않으면 원하는 그것은 이루어지지 않게 된다. 신경 쓰지 않아 마음이 편하면 원하는 것은 이루어지지 않는다. 신경 쓰는 상태에 있으면 마음은 불편하지만 원하는 것은 이루어진다. 둘 중에 하나를 선택하는 것이다.

신경 쓰는 상태로 들어가는 방법은 나의 본질이 내가 원하는 것과 반대라고 생각하는 것이다. 그때 원하는 것이 이루어지는 것에 신경 쓰는 상태가 된다. 인생은 내가 규정한 본질과 반대로 들어가게 된다. 만약 인생이 잘 풀리지 않는 사람은 인생이 쉽다고 생각하기 때문이다. 인생의 본질이 쉬운 것이라고 생각할 때 인생이 어렵게 된다. 유무의 법칙에 의해, 인생이 쉽다고 생각할 때 인생이 쉽지 않게 된다. 인생이 쉽다고 생각하면 마음은 편하다. 그러나 원하는 것은 이루어지지 않는다. 원하는 것이 잘 이루어지기 위해서는 인생이 어렵다고 생각하는 것이 필요하다. 인생이 어렵다고 생각하면 마음은 불편하다. 하지만 원하는 것은 잘 이루어지게 된다.

인생이 어렵다고 생각할 때 인생이 잘 풀리기를 원하는 마음이 생긴다. 이 상태가 인생이 잘 풀리는 것에 마음(잠재의식)이 신경 쓰는 상태이다. 그때 인생이 잘 풀리게 된다. '인생은 원래 어려워.'라고 생각하면 된다. 그것이 인생을 잘 사는 방법이다. 예를 들어 아기를 편하게 낳은 것 같이 보이는 산모가 있다고 해보자. 이 산모는 '아기를 낳는 것은 원래 어려워.'라고 생각하고 있었기 때문이다. 아기를 낳는 것이 원래 어렵다고 생각할 때 아기를 편하게 낳는 것에 신경 쓰는 상태가 된다. 그 결과 아기를 편하게 낳을 수 있게 된다. 잠재의식이 신경 쓴 만큼 이루어진다.

만약 아기가 잘 나오지 않고 있다면 '아기를 낳는 것은 쉬워.'라고 생각하고 있기 때문이다. 아기를 낳는 것이 쉽다고 생각할 때 아기를 잘 낳는 것에 신경 쓰지 않게 된다. 당연히 쉽게 나올 것이므로 신경 쓸 필요가 없는 것이다. 그때 아기를 낳는 것이 어렵게 된다. '아기를 낳는 것은 어려워.'라고 생각하기 전에는 아기가 나오지 않는다. 아기가 잘 나오지 않고 있다면 '아기가 잘 나오지 않을 수 있구나. 아기를 낳는 것은 어렵구나.'라고 생각하면 된다. 그렇게 생각을 바꿀 때 아기가 나오게 된다.

병원에서 주사를 맞는다. 주사를 맞을 때 '주사는 원래 아파.'라고 생각하고 마음의 대비를 할 때 오히려 아프지 않게 된다. 마음의 대비를 하는 것이 잠재의식이 신경 쓰는 상태이다. '저번에 주사 맞아봤는데 하나도 안 아프더라. 이번에도 당연히 아프지 않을 것이야.'라고 생각할 때 아프게 된다. 이 생각은 '주사는 원래 아프지 않아.'라는 생각과 같기 때문이다. 주사는 원래 아프지 않다고 생각할 때 마음의 준비를 하지 않게 된다. '저번에 주사를 맞아봤는데 아프지 않았었다. 이번에도 저번처럼 아프지 않았으면 좋겠다.'라고 생각할 때는 마음이 준비가 이루어진다. 이 생각은 '주사는 원래 아파.'라는 생각과 같기 때문이다.

　자신의 인생에 있는 것은 무엇이든 쉽다고 생각하며 만만하게 볼 때 잘 이루어지지 않게 된다. 지금 자신이 하는 일이 잘 풀리지 않고 있다면 그것을 만만하게 보고 있다는 뜻이다. '그 정도는 이룰 수 있지.'라고 생각하고 있기 때문에 잘 풀리지 않는 것이다. 만약 사업이 잘 되지 않고 있다면 '사업에 성공하는 것은 할만해.'라고 생각하고 있기 때문이다. 항상 '그것을 이루는 것은 어려워.'라고 생각하자. '사업에 성공하는 것은 어려워.'라고 생각하기 전에는 사업에 성공할 수 있다.

　'사업에 성공하는 것은 어려워.'라고 생각했을 때 '그렇다면 사업을 왜 해?'라고 대답할 수도 있다. 그렇게 대답한다면 사업을 하지 않는 것이 좋다. 사업에 성공하는 것이 어려워도 하겠다는 사람만 사업에 성공할 수 있다. '공부를 열심히 하더라도 성적이 오르는 것은 어렵다.'고 생각할 때 '그렇다면 공부를 왜 해?'라는 생각이 들면 공부를 하지 않는 것이 맞다. 공부를 해서 성적을 올리는 것이 어려워도 하겠다는 사람만 성적이 오른다. 직장 생활을 하고 있다면 직장 생활을 하는 것은 원래 어렵다고 생각하는 것이 필요하다. 그때 직장 생활을 잘 할 수 있게 된다. 결혼 생활을 하는 것은 원래 어렵다고 생각하는 것이 필요하다. 그때 결혼 생활을 잘 할 수 있다.

앞에서 '받아들임'에 대해 이야기하였다. 이루어지지 않을 수도 있음을 받아들일 때 이루어지게 된다. 이루어지는 것이 어렵다고 생각할 때 이루어지지 않을 수 있음을 받아들이게 된다. 쉽다고 생각하면 그것이 이루어지지 않을 수도 있음을 받아들이지 못하게 된다. '쉬운데 왜 이루어지지 않지?, 이루어질만 한데 왜 이루어지지 않지?'라는 의문만 들 뿐이다. 이루는 것이 쉽다고 생각할 때 이루어지지 않을 수도 있음을 거부하게 된다. 이루어지는 것이 어렵다고 생각하면 이루어지지 않는 것이 흔한 것이기 때문에 수월하게 받아들여진다. 이루어지지 않을 수 있음을 받아들일 때 이루어지게 된다.

결국 어떤 일이든 어렵다고 생각하면 된다. 이 세상에 쉬운 일은 없다. 쉽다고 생각할 때 일이 잘 풀리지 않게 된다. 아무리 쉬워보이는 일도 실제로 쉽지 않다. 가끔은 쉽다고 생각함으로써 일이 잘 풀리는 경우도 있다. 그렇다 하더라도 어렵다고 생각하는 것이 맞다. 어렵다고 생각하고 있었기 때문에 쉽다는 생각이 들면서 일이 잘 풀린 것이다. 만약 쉽다는 생각이 들면서 일이 잘 풀릴 때 '쉽네.'라는 생각을 유지한다면 그 일은 서서히 잘 풀리지 않게 된다. 일은 언제든지 잘 이루어지지 않을 수 있음을 아는 것이 필요하다. 자신에게 잘 풀리지 않고 있는 일이 있다면 다음의 밑줄에 그 일을 넣으면 된다.

_____ 이루어지는 것은 원래 어렵다.(쉽지 않다.)

주위 사람들과 잘 지내는 것은 원래 어렵다. 몸이 건강한 것은 원래 어렵다. 공부를 잘 하는 것은 원래 어렵다. 외모가 훌륭해지는 것은 원래 어렵다. 친구를 사귀는 것은 원래 어렵다. 결혼을 하는 것은 원래 어렵다. 돈을 잘 버는 것은 원래 어렵다. 번 돈을 유지하는 것은 원래 어렵다. 원하는 물건을 사는 것은 원래 어렵다. 안전운전을 하는 것은 원래 어렵다. 아이를 낳고 키우는 것은 원래 어렵다. 자신감을 갖는 것은 원래 어렵다. 여기에 적혀 있지 않는 것이라 하더라도 그것을 이루는 것은 어려운 것이다. 인생은 원래 어렵다. 어렵다는 것은 이루어지지 않기를 원한다는 뜻이 아니다. 이루어지기를 원하지만 이루어지기 어렵다는 뜻이다.

원하는 것을 자신이 이루는 것이 아니라고 생각할 때 이루어진다

원하는 것이 이루어지는 것은 어려운데, 그것이 이미 이루어진 사람도 있다. 그때 우리는 그 사람을 대단하다고 생각하고 부러워하면 된다. 그것이 이루어지는 것이 어렵기 때문에 그것이 이루어진 상태는 대단한 것이고 부러운 것이다. 그것이 이루어진 상대방의 모습이 부럽다는 것은 그 모습이 현재 나의 모습이 아니라고 생각한다는 뜻이다. 내 모습이 아니므로 부러운 것이다. 유무의 법칙에 의해, 나의 모습이 아니라고 생각할 때 나의 모습이 된다.

내가 원하는 것이 이미 이루어진 사람을 보고 대단하다고 생각하며 부러워하는 것이 원하는 것이 이루어지는 길이다. 상대방의 대단한 모습을 자신도 당연히 갖게 될 것이라고 생각하며 부러워하지 않을 때 그것은 이루어지지 않는다. 상대방의 모습을 자신도 갖게 될 가능성이 있는 것이지 당연히 갖게 되는 것은 아니다. 상대방의 대단을 모습을 갖게 되기를 원하는 것이다.

원하는 것을 이루는 것이 쉽다고 생각한다는 것은 '내가 그것을 이룰 수 있다.'고 생각한다는 뜻이다. 예를 들어 '성적을 올리는 것은 쉽다.'고 생각한다면 '성적을 내가 올릴 수 있다.'고 생각한다는 뜻이다. 유무의 법칙에 의해, 성적을 내가 올릴 수 있다고 생각할 때 성적을 내가 올릴 수 없게 된다. 성적을 내가 올리는 것이라고 생각할 때 성적이 오르지 않는 공부를 하게 된다. 시험을 볼 때도 긴장하게 된다. 내가 잘해야만 성적이 오른다고 생각하므로 긴장하고 실수하게 된다.

성적을 올리는 것은 어렵다고 생각하는 것이 필요하다. 그때 성적이 오르는 것에 감사하는 마음이 생긴다. 이 상태가 성적이 오르는 것에 신경 쓰는 상태이다. 이때 자신도 모르게 성적이 오르게 되는 공부를 하게 된다. 시험을 볼 때 긴장하지 않게 된다. 성적이 오르는 것은 원래 어렵다고 생각하고 있으므로 긴장하지 않게 된다. 두려움이 없어진다. 시험을 못 봐도 원래 시험을 잘 보는 것은 어려운 것이므로 아무런 문제가 없다. 그때 시험을 잘 보게 된다.

'안전 운전을 하는 것은 쉽다.'라고 생각한다고 해보자. 이것은 '안전 운전을 하는 것을 내 능력으로 이룰 수 있다.'고 생각한다는 뜻이다. 내 능력으로 안전 운전을 할 수 있다고 생각할 때 안전 운전을 하지 못하게 된다. 순간적으로 실수를 하게 된다. 나도 모르게 사고가 나는 상황이 발생한다. 안전 운전을 하는 것은 어렵다고 생각하는 것이 필요하다. 그때 안전 운전을 하게 되는 것에 감사하는 마음이 생긴다. 그 상태가 안전 운전을 하는 것에 신경 쓰는 상태이다. 그때 안전 운전을 할 수 있게 된다.

아무리 사소해 보이는 것이라도 어렵다고 생각할 때 잘 이룰 수 있다. 어렵다고 생각할 때 '그것은 내 능력으로 이루는 것이 아니다.'라고 생각하게 된다. 그때 그것이 이루어지는 것에 감사하는 마음이 든다. 무엇이든 '그것은 내가 이루는 것이다.'라고 생각할 때 붕 뜬 기쁨이 느껴진다. 붕 뜬 기쁨이 느껴지는 것은 이루어지지 않는다. 예를 들어 '나는 언제든지 인기 있는 사람이지.'라고 생각할 때 기쁨이 느껴진다. 자신의 인기를 자신의 능력으로 언제든지 만들 수 있다고 생각하는 것이다. 그때 그 인기는 점점 사라져간다. '나의 인기는 내가 만드는 것이 아니다.'라고 생각하는 것이 필요하다. 그때 그 인기가 있게 됨에 감사하는 마음이 들게 된다. 감사함이 느껴질 때 인기가 생기거나 유지될 수 있다.

내가 원하는 것은 내가 만드는 것이 아니라고 생각할 때 내가 원하는 대로 이루어지기를 원하는 마음이 강하게 든다. 따라서 내가 원하는 것은 내가 만드는 것이 아니라고 생각하는 것이 원하는 것이 이루어지는 방법이다. 이때 원하는 것이 이루어지는 것에 가장 신경 쓰는 상태가 된다. 잠재의식이 가장 신경 쓰는 상태인 것이다. 동시에 내 생각은 신경 쓰지 않는 상태가 된다. 내가 만드는 것이 아니므로 나는 더 이상 할 수 있는 것이 없다. 따라서 나는 '원하는 것이 이루어지기를 원하는 마음' 속에서 가만히 있을 수 밖에 없다. 그 상태에 있을 때 이루어지게 된다. 내가 어떤 행동을 하더라도 이 마음 속에 있을 때만 이루어진다.

원하는 것을 내가 이루는 것이 아니라고 생각할 때 과하게 노력하지 않게 된다. 과한 행동이란 '내가 이 행동(노력)을 하면 이루어질 것이다.'라고 생각하며 하는 행동을 말한다. 과한 행동을 할 때 그것은 이루어지지 않는다. 영감이 떠오를 때 그 영감대로 행동하는 것이 진짜 원하는 것이 이루어지는 과정이 된다. '그 행동을 한다고 해서 원하는 것이 이루어지는 것은 아니다.'라는 생각임에도 하고 싶은 마음이 드는 행동을 하면 된다. 이렇게 생각했는데 아무 행동도 하지 않는 것이 낫겠다는 생각이 든다면 아무 행동도 하지 않는 것이 좋다.

내가 무엇인가 계속 노력했는데도 이루어지지 않았다면 포기하는 마음을 갖는 것이 필요하다. 포기하는 이유는 '원하는 것을 이루는 것은 내가 하는 것이 아니다.'라는 것을 깨달았기 때문이다. 원하는 것을 내 능력으로 이룰 수 있다고 생각할 때 이루어지지 않게 된다. 그때 '내 능력으로 이룰 수 있는 것이 아니구나.'라고 깨달음으로써 포기하는 마음이 드는 것이다. 그때 원하는 것이 이루어지는 길을 가게 된다. 포기할 때 잘 이루어진다. 내 능력으로 이루려고 하지 말고, 영감에 따라 행동하면 된다. 원하는 것은 '이루는' 것이 아니고, '이루어지는' 것이다.

무엇인가 일이 잘 풀리지 않는다면 그 부분에 미안함을 가질 필요가 있다. 일이 잘 풀리지 않는 상태에서 잘 풀리는 상태로 넘어가는 과정에서 느끼는 감정이 미안함이다. 어떤 일이든 만만하게 볼 때 잘 이루어지지 않는다. 일이 잘 풀리지 않는다는 것은 만만하게 보고 있있다는 뜻이다. 미안하다는 뜻은 '만만하게 봐서 미안해. 쉽게 이루어질 것이라고 생각해서 미안해. 내가 이룰 수 있다고 생각해서 미안해.'라는 뜻이다. 또는 '신경쓰지 못해서 미안해.'라는 뜻이다.

미안함을 느끼는 상태일 때만 그것이 잘 이루어지기를 원하는 마음을 갖게 된다. 미안함을 느낌으로써 그것이 잘 이루어지는 것에 감사함이 느껴지는 상태가 된다. 잘 이루어지지 않는 것에 대해 미안함을 느낄 때만 잘 이루어지게 된다. 미안함이 느껴지지 않는다면 상황은 계속 유지된다. 때에 따라선 이미 미안함을 느끼는 상태일 수 있다. 그래서 자신이 미안함을 느끼는 상태인지 잘 모를 수도 있다. 우리는 변화만을 느끼기 때문이다. 그럴 땐 '내가 미안해야 할 부분이 있으면 미안해.'라고 함으로써 적절한 미안함을 가질 수 있다.

무엇이든 원하는 것이 이루어지지 않을 것 같은 느낌이 들면 '미안해.'라고 하면 된다. 그것이 이루어지지 않으면 결국 내 탓이기 때문이다.

우리는 자유의지를 느낀다. 그런데 자유의지는 신께서 이루어주시는 감정이다. 신을 믿지 않고 싶어할 수 있다. 그렇다면 신을 믿지 않는 것 또한 신께서 이루어주시는 것이다. 신을 믿는 이유는 단 한 가지이다. 원하는 것을 신께서 이루어주시는 것이라고 생각할 때 원하는 것을 가장 많이 이룰 수 있기 때문이다. 유무의 법칙에 의해, 원하는 것을 내가 이루는 것이 아니라고 생각할 때 내가 이루게 된다. 내가 이루는 것이 아니므로 신(우주)께서 이루어주시는 것이다. 인류의 역사는 신의 역사와 같다. 인류는 오래전부터 신을 믿을 때 원하는 것이 가장 잘 이루어진다는 것을 알고 있었다.